Damals war's • Ausgabe 2015

DAMALS WAR'S

ZEITZEUGEN ERZÄHLEN AUS IHREM LEBEN

Ausgabe 2015

Mit dem Sonderthema

»DAS ENDE DES ZWEITEN WELTKRIEGES«

Zusammenbruch und Neubeginn vor siebzig Jahren

Herausgegeben von

Dr. Johann-Friedrich Huffmann

FRIELING

Was die geneigten Leser vorab wissen sollten:

Wir geben unseren Autoren die Freiheit, selbst über den Gebrauch von alter, neuer oder Schweizer Rechtschreibung zu entscheiden, daher variiert auch die Schreibweise in dieser Anthologie.

Bibliografische Information der Deutschen Nationalbibliothek
Die Deutsche Nationalbibliothek verzeichnet diese Publikationsreihe in der Deutschen Nationalbibliografie; detaillierte bibliografische Daten zur Reihe sind im Internet über http://dnb.d-nb.de abrufbar.

Eine Marke der Frieling & Huffmann GmbH & Co. KG
Rheinstraße 46, 12161 Berlin
Telefon: 0 30 / 76 69 99-0 · Fax: 0 30 / 7 74 41 03
Internet: www.frieling.de · E-Mail: redaktion@frieling.de

ISBN 978-3-8280-3253-8
1. Auflage 2015
Umschlaggestaltung: Michael Reichmuth
Bildnachweis: Abbildungen der Autoren entstammen den jeweiligen Archiven der Teilnehmenden.

Printed in Germany

INHALTSVERZEICHNIS

– Sonderthema –

»DAS ENDE DES ZWEITEN WELTKRIEGES.
ZUSAMMENBRUCH UND NEUBEGINN
VOR SIEBZIG JAHREN«

HORST JESSE

Leben mit der geschichtlichen Entwicklung Deutschlands

Jeder Mensch gestaltet seine Lebensvorstellung nach seinen Ideen, als Ausdruck seiner Freiheit, so weit wie er kann und wie es die Verhältnisse zulassen, in der geschichtlichen Entwicklung seiner Zeit. Mit seinem Beruf und seiner Familie gibt ein jeder seine Antwort auf die Fragen nach dem Lebenssinn und der Mitarbeit in der Gesellschaft.

Ich wählte den Beruf des Pfarrers, um die christliche Botschaft und christliche Werte weiterzugeben. Ich bin gerne Pfarrer. Denn für mich ist der christliche Glaube mehr als eine Philosophie, sondern vielmehr ein Standpunkt und eine Lebenskraft. Als Pfarrer spüre ich immer wieder die Missionstätigkeit in mir. So nützte ich die Möglichkeiten, während der großen Schulferien in Deutschland und in Österreich für vier Wochen als Urlauberseelsorger zu wirken. 1974 erlebte ich im oberbayrischen Jodbad, Bad Endorf, ein Unwetter mit Überschwemmungen. Ich half bei der Beseitigung der Unwetterschäden mit. Die Kurgäste nahmen die Angebote der Gottesdienste und meiner Gesprächskreise an, denn sie hatten Zeit zum Wandern, zum Schauen, zum Nachdenken und zum Philosophieren. Ihr Kururlaub war für sie eine Zeit der geistigen und körperlichen Erholung und der Neuausrichtung ihrer Lebenseinstellung. Sie hatten Zeit für Lebensfragen, die sie sonst im Alltagsleben mit seiner Hektik und seinen Ereignissen kaum reflektieren konnten. In Briefen teilten sie mir mit, dass sie den Urlaub als eine gute Zeit ihres Lebens ansahen.

Im September 1974 wurde ich auf die 2. Pfarrstelle der Evangelischen Sankt-Ulrichs-Kirche in Augsburg installiert, wo auch zwei meiner Kinder geboren wurden, sodass meine Frau und ich fünf Kinder großzogen, ihnen die Schul- und Berufsausbildung ermöglichten. Trotz der vielen Arbeit in der Pfarrei und den Schulen hatte ich auch Zeit für das Familienleben und wir unternahmen mit den Kindern nach ihren 10. Lebensjahren Bildungsreisen nach England und viele Wanderungen in den Alpen. Jetzt sind alle verheiratet und haben bereits eigene Kinder. Meine Frau als Theologin gab Religionsunterricht an Augsburger Schulen. Ein Pfarrhaus hatten wir nicht, sondern lebten in einem Hochhaus und später in einer Dachwohnung des Gemeindehauses. Gerne machte ich bei der Neugestaltung der Innenstadt Augsburgs und bei der Sanierung des Ulrichviertels mit.

Meine Pfarrerstelle war in Augsburgs Innenstadt, die auf die Römerzeit zurückgeht und seitdem immer Handelsstadt gewesen ist. Die Stadtgebäude repräsentieren noch heute die Wirtschaftsgröße der einstigen Kaufmannsgeschlechter. Kirchengeschichtlich ist Augsburg interessant und wichtig. Hier fand das Verhör Dr. Martin Luthers durch den Kardinal Cajetan statt, bei dem Luther seine Glaubenserkenntnis nicht widerrief. Auf dem Augsburger Reichstag 1530 legten die deutschen evangelischen Fürsten wie auch zwei Reichsstädte vor Kaiser und Reich ihr evangelisches Glaubensbekenntnis, das Augsburger Bekenntnis, Confessio Augustana, ab. Durch zwei Veröffentlichungen: „Das Augsburger Bekenntnis" und „Die Jahrhundertfeiern der Confessio Augustana" verwies ich auf seine Bedeutung für die Evangelische Kirche. Der Augsburger Religionsfriede von 1555 ermöglichte ein friedliches Zusammenleben der Religionsgemeinschaften in der Stadt. Dies bezeugen die paritätisch nebeneinander stehenden Konfessionskirchen in Augsburg. Die Evangelische Sankt-Ulrichs-Kirche war einst Zugang zur Klosterkirche St. Ulrich und Afra. Sie wurde dann Predigerkirche und während der Reformationszeit evangelische Kirche, weil der Rat der Stadt Gelder zu ihrer Errichtung gegeben hatte. Mit der Übernahme des evangelischen Glaubens durch die Kirchengemeinden übergab der Rat der Stadt den Evangelischen die von ihm mitfinanzierten Kirchen wie auch die aufgelassenen Klosterkirchen. Bis 1806 waren zwei Drittel der Augsburger Stadtbevölkerung evangelisch. Erst durch den Fall der Stadtmauern 1814 wuchs die katholische Bevölkerung durch den Zuzug aus dem Umland.

Alle durch die Geschichte entstandenen Baustile, wie die der Gotik, Renaissance, des Barocks und der Moderne, gestalten harmonisch Augsburgs Stadtpanorama. Deshalb ist es schwierig, den für die Stadt prägenden Baustil zu benennen, auch wenn sie an der „Romantischen Straße“ liegt, die aus dem Fränkischen ins Schwäbische führt. Trotz seiner geschichtlichen Bedeutung durch Kaiser und Reichstage ist Augsburg auch eine wichtige Industriestadt. Die Stadt hat zwei Gesichter. Auf dem Bergrücken aus dem Lechtal von den beiden Ulrichskirchen bis zum Dom sind die Patrizierhäuser, das Rathaus, die Kirchen, Klöster, Schulen und die Evangelische Diakonissenanstalt zu sehen. Die Industrieanlagen und die „Fuggerei“, als eine aus der Renaissance bis heute bestehende Sozialsiedlung, wie auch die Arbeitersiedlungen befinden sich im Lechtal. Die vielen Lechkanäle, die zur Verbesserung der Luft wieder aufgedeckt wurden, betrieben einst die Handwerksstätten, deren Häuser heute zu Wohnungen ausgebaut wurden. An einem der Lechkanäle liegt das Geburtshaus des Dichters Bertolt Brecht (1898-1956), der meinte, das Beste an Augsburg sei die Rückfahrkarte nach München.

Augsburg verlor durch seine Eingemeindung in das Königreich Bayern 1806 seine Reichsfreiheit und damit seine Eigenständigkeit. Zur Bedeutungslosigkeit versank Augsburg, als um 1900 seine Börse der Münchner angeschlossen wurde. Damit war Augsburg nicht mehr der Finanzplatz, der es einst im Mittelalter durch die Fugger und Welser lange Zeit gewesen war. Wegen seiner Maschinenindustrie wurde Augsburg im II. Weltkrieg schwer bombardiert. Die zerstörten Kirchen und Gebäude sind wieder restauriert worden. Durch die neu errichtete Universität gewann Augsburg an Leben und durch die alljährlich stattfindenden Brechtfestivals im Februar zeigt die Stadt ihre kulturelle Eigenständigkeit, sodass nicht mehr gesagt werden kann, dass um 20 Uhr seit alters her die Bürgersteige hochgeklappt werden. Die Augsburger Mentalität, „wir sind wir", ist mir als Bürger der einstigen freien Reichsstadt Regensburg bekannt. Die Reichsstädte wussten, dass sie geschichtlich, kulturell und wirtschaftlich zur Gestaltung des deutschen Reiches beitrugen und weiter wichtige kulturelle und wirtschaftliche Zentren sind. Typisch für die Augsburger ist, dass sie sich bei den Innenstadtfesten gerne in den Renaissancetrachten der Fuggerzeit zeigen.

Mein eigener Seelsorgesprengel war im Südteil der Innenstadt um die beiden Kirchen und um das Rote Tor. Als Pfarrer war ich 1. Vorsitzender des Evangelischen Gemeindevereins mit seinen 350 Mitgliedern, mit einem dreizügigen Kindergarten, Diakoniestation und der Jugendarbeit, die ich leider allein leiten musste, weil die Schulen die Jugendlichen stark beanspruchten, sodass sie selbst keine Jugendgruppe leiten konnten. In meinem Sprengel waren drei Altenheime, ein moderner Neubau der Stadtsparkasse mit eigenem Gottesdienstraum, dann das Altenheim des Heiligen-Geist-Spitals am Wollmarkt und das Altenheim der Arbeiterwohlfahrt am „Sieben Tischwald". Die 2. Pfarrstelle war eigentlich die Fortsetzung der 6. evangelischen Augsburger Pfarrstelle „Zur Heilig-Geist-Kirche am Roten Tor", die 1806 der Evangelischen Sankt-Ulrichs-Kirche zugeordnet wurde. Sie verkörperte wie der Namen schon sagt, den Heiligen Geist, der die christliche Nächstenliebe an Alten, Kranken und

Armen verwirklicht. In der Kirche zum Heiligen Geist hielt ich monatlich für die Bewohner des Altenheims Gottesdienst, wie auch im Sparkassenheim.

Da ich mich sehr für Erziehung interessierte und an einem städtischen Mädchengymnasium und an der Hauptschule Religionsunterricht gab, vertiefte ich mich in die neuen Unterrichtsmethoden, die vor allem Gruppenarbeit und Schüleraktivitäten betonten und so die Eigeninitiative der Schüler förderten. Trotzdem musste ich als Lehrer auch weiter Frontalunterricht betreiben, um neues Wissen zu vermitteln. Es galt im lebendigen Unterricht die Balance von Frontalunterricht und Gruppenarbeit zu halten. Mit meinem Unterrichtsstil strebte ich an, dass die Schüler nicht nur den auswendig gelernten Stoff konnten, sondern ganzheitlich den Stoff beherrschen und ihn als etwas Praktisches für ihr Leben ansahen. Die Schulatmosphäre war gut, sodass die ideologischen Ideen, sich vom Religionsunterricht abzumelden, von den Schülerinnen und Schülern nicht angewendet wurden. Meine in Nürnberg am Pädagogischen Institut aufgenommene Lehrtätigkeit setzte ich noch einmal im Monat für ein Jahr lang fort. Über die Moralstufen Lawrence Kohlbergs schrieb ich meine pädagogische Magisterarbeit an der Fern-Universität Hagen.

Die Gemeindearbeit in Augsburg verlangte von mir Führungsqualität und auch seelsorgerliche Fähigkeiten. Schwerpunkt war in der Evangelischen Sankt-Ulrichs-Kirche mit ihren 1500 Sitzplätzen der Gottesdienst mit Predigt. „Die Augsburger legen einen Wert auf eine gute Predigt“, wurde mir gleich von Anfang an gesagt. Als geschichtlich interessierter Pfarrer nahm ich die Gelegenheit wahr, an der Augsburger Volkshochschule Vorträge über die evangelische Kirchengeschichte Augsburgs zu halten, was positiv von den Augsburgern aufgenommen wurde. 1983 habe ich dann „Die Geschichte des Evangelischen Dekanats Augsburg“ im Verlag der Ilmgaudruckerei, Pfaffenhofen an der Ilm veröffentlicht. In die kirchliche Vernetzung der Stadt wuchs ich schnell hinein. Die schwäbische evangelische Kirchlichkeit war anders als die fränkische. Die Evangelischen Augsburgs standen durch die Reformationsereignisse in ihrer Stadt an exponierter Stelle und mussten sich in der katholischen Bischofsstadt und gegenüber dem katholischen Bayernland behaupten. Gerade in der schwierigen Zeit des Dreißigjährigen Krieges (1618–1648), in der den Evangelischen die Kirchen weggenommen wurden und nur zwei evangelische Augsburger Prediger die 18 000 Gemeindemitglieder über 13 Jahre seelsorgerlich betreuten, bis dann der Westfälische Friede die konfessionelle Parität im deutschen Reich wieder rechtlich herstellte. Seit dem II. Weltkrieg wird in Erinnerung daran der 8. August als „Hohes Friedensfest" als ein gesetzlicher Feiertag, den die bayerische Regierung genehmigte, festlich begangen.

Inhaltlich wird er durch Gottesdienste und Festvortrag im Rathaus und Musik in den Kirchen gestaltet. In Erinnerung an den alten Brauch erhalten die heutigen Jugendlichen, die den Gottesdienst besuchen, so um die 500, ein von den Schülerinnen und Schülern prämiertes Friedensgemälde mit einem Rosinenwecken. Mit einem Zeichenlehrer habe ich diese Aktion mit dem Friedensgemälde initiiert, die vom Evangelischen Dekanat, von den Schulen und der Stadt gefördert wurde. Die Stadt verleiht alle drei Jahre einen dotierten Friedenspreis an eine politische Persönlichkeit, die sich für den Frieden einsetzt. Die beiden Kirchen richten im ökumenischen Sinne abwechselnd das „Hohe Friedensfest" aus. So erinnert Augsburg seine Bürger immer wieder an den Frieden und ein friedliches Zusammenleben. Die Bilder zum „Hohen Friedensfest" in Augsburg von 1650–1806 habe ich als Buch herausgegeben.

Der II. Weltkrieg wie auch die Studentenbewegung der späten Sechzigerjahre veränderten grundlegend die hierarchisch ausgeprägte deutsche Gesellschaft. Die westlichen Besatzungsmächte förderten seit 1945 ihre Demokratisierung und legten damit den Grundstein zu einer Zivilgesellschaft. Bonn am Rhein wurde Regierungssitz. Damit war Berlin nicht aufgegeben, sondern auf Zukunft hin wurde das ehemalige Reichstagsgebäude restauriert und die Wahl des jeweiligen Bundespräsidenten in Berlin abgehalten, das die Scharnierstelle zwischen Ost- und West-Deutschland blieb. Durch die wirtschaftliche Hilfe des Marshallplans glückte der wirtschaftliche Aufschwung der BRD durch die freie Marktwirtschaft. Der Wohlstand ermöglichte das neue Kulturleben in der Bundesrepublik. Westdeutschland gliederte sich politisch und militärisch in die NATO und in die Europäische Gemeinschaft ein. Es war gegenüber der DDR auf der glücklicheren Seite. Ostdeutschland, eingebunden in den Machtbereich der Sowjetunion und des Warschauer Pakts, wurde von der sowjetisch-kommunistischen Ideologie und der Planwirtschaft bestimmt. Zwei verschieden geprägte weltanschauliche Deutschlands standen sich gegenüber, die beide von dem Gedanken der Wiedervereinigung beseelt waren.

Viele in der Gemeinde hatten Verwandte im anderen Teil Deutschlands, sodass der Kontakt untereinander in der Bevölkerung trotz gegensätzlicher politischer Prägung aufrechterhalten blieb. Vertieft wurde dies durch den Besuch einer ostdeutschen Pfarrerin, die über die kirchliche Situation in der DDR berichtete. Ich selbst war durch mein literarisches Interesse Mitglied der Goethe-Gesellschaft in Weimar, der alle Ortsgruppen der Welt angeschlossen sind. Dies ermöglichte es mir, Weimar alle zwei Jahre zu besuchen und so den Kontakt zu den Verwandten in Ostdeutschland aufrechtzuerhalten. Erst nach der Wiedervereinigung gründete sich eine Goethe-Gesellschaft in Augsburg.

Die demokratische Weltanschauung Westdeutschlands ermöglichte eine bürgernahe Politik mit ihrer Parteienvielfalt. Neu war, dass die Parteien nicht mehr konfessionsgebunden waren, sondern offen für alle politisch interessierten Bürger. Die jeweiligen Parteien arbeiteten über die nationalen Grenzen europaweit zusammen. Zwischen der CDU Deutschland und der englischen konservativen Tory-Partei entwickelten sich gute Kontakte zum Thema des Konservatismus als politischer Größe, die auch zu inhaltlichen Vertiefungen führten und die Grundlage einer europäischen konservativen Gesellschaftsordnung gegenüber jener der sozialistischen und liberalen Parteien wurden. Erst Mitte der Achtzigerjahre unter Margaret Thatcher trübte sich das Verhältnis ein, weil sie einen strikten Kurs gegen die Gewerkschaften führte und sich der konservativen US-Regierung des Präsidenten Ronald Reagans näherte. Trotz guter Kontakte zu den Deutschen sprachen sich Margaret Thatcher wie auch François Mitterand gegen eine deutsche Wiedervereinigung aus. Unter den westdeutschen Parteien öffnete sich die SPD durch ihr „Godesberger Programm" der neuen politischen Situation in der BRD und nahm dadurch dem sich neubildenden Bürgertum die Furcht vor ihr. Gerade Augsburg aufgrund seiner Arbeiterschaft wählte meistens einen SPD-Oberbürgermeister. Was sich auf der kommunale Ebene als möglich erwies, wurde auf der bundesdeutschen auch ausprobiert. Der Regierungswechsel von der CDU-, CSU- und FDP-geführten Regierung zur Regierung der Großen Koalition aus SPD und Union weckte das politische Interesse der bundesdeutschen Bevölkerung für das neue politische Programm der SPD. Dies brachte ihr im Laufe der Zeit auch die Stimmen des bürgerlichen Lagers ein, das mit dem Konservatismus der C-Parteien nicht immer einverstanden war. Mit ihrem Programm für eine neue Gesellschaftsordnung und der Betonung der Bildungs-, Familien- und Sozialpolitik konnte die SPD die Bundestagswahlen gewinnen und die Regierungsverantwortung übernehmen. Ihr Parteivorsitzender und Kanzler Willy

Brandt mit seinen internationalen Beziehungen machte die SPD mit den anderen europäischen sozialistischen Parteien zu einem Gegengewicht gegenüber den konservativen Parteien in Europa. Wie die CDU/CSU-Regierung die Aussöhnung mit Frankreich ermöglichte, so strebte die SPD-Regierung eine Aussöhnung mit Polen und eine politische Verbesserung der Beziehungen zur DDR an wie auch eine Mitgestaltung der Europäischen Union. Die Evangelische Kirche Deutschlands unterstützte durch ihre Ost-Denkschriften die Aussöhnungspolitik mit Osteuropa. Ihre Schriften wurden in den Kirchengemeinden diskutiert und auch der Kirche wurde eine politische Verantwortung zugestanden. Westdeutschland als Mitte Europas hatte eine politische Bedeutung für den Frieden und die Freiheit in Europa.

Zu einem politischen Bewusstsein und zur Festigung der Demokratie trugen die Jugendproteste und die Studentenunruhen bei. Besonders die Einflüsse des sich zu einem Marxismus mit humaner Prägung verändernden sowjetischen Marxismus beeinflussten die Studentenbewegung. Die chinesische Revolution mit ihrer „Mao-Bibel" wurde als neue Weltanschauung von den linken Studenten begeistert studiert. Maos Interesse an der unterdrückten Bauernschaft an Stelle der bedrängten Arbeiterschaft veranlassten auch die linken Studenten, Kommunen auf dem Land aufzubauen. Es entstand eine Gegenbewegung zu der hochtechnischen Stadtkultur. Das Interesse an der Natur und der Ökologie wurde zum politischen Thema gemacht. In Libyen machte Gaddafi mit seinem „Grünen Buch" Furore für eine neue Lebens- und Gesellschaftskultur. Mit seinem Ölreichtum ermöglichte er Libyen einen wirtschaftlichen Aufschwung. Trotzdem benötigte er das Militär zur Sicherung seiner Macht und seiner diktatorischen Herrschaft.

Leider wurde die neu begonnene human-marxistische Bewegung durch Gewalt in China niedergeschlagen. Den Intellektuellen gelang es nicht, ihre neuen Ideen in die Praxis umzusetzen und der Bevölkerung verständlich zu machen. Die permanente Revolution kehrte sich gegen ihre Initiatoren. Der einmal freigesetzte Gedanke der gesellschaftlichen Veränderung wirkte trotzdem weiter und führte 1990 zum Zusammenbruch des ideologischen Systems der Sowjetunion, weil diese mit ihrer Planwirtschaft die Bevölkerung nicht versorgen konnte. Das Verlangen der Menschen nach einem würdigen und lebenswerten Leben erwies sich als stärker als alle Macht der Ideologien. Auch im Osten entdeckten die Menschen persönlich erstrebenswerte Lebensziele. Sie erkannten, dass ihnen dazu der erwirtschaftete Wohlstand fehlte, um als Menschen mit Eigenverantwortung leben zu können. Somit wurde die Wirtschaft das Thema der globalen Politik. Kurz gesagt, das ideologische System des Ostens scheiterte am westlichen Wohlstand und seiner Freiheit.

Auch die Auseinandersetzung mit der deutschen Vergangenheit des Dritten Reiches, mit der Wiederbewaffnung der Bundesrepublik und der sich ergebenden Friedensfrage führte zu einem Generationenwechsel und brachte die junge Generation in die demokratischen politischen Ämter. Das politisch-kulturelle deutsche Gedächtnis, gespeist durch die zwei verlorenen Weltkriege, die NS-Zeit mit ihrem Antisemitismus wie auch den Wiederaufbau, strebte in die Zukunft zur Neugestaltung Deutschlands und vor allem der Wiedervereinigung des geteilten Vaterlandes. Zum Neuaufbau Deutschlands trug der verstärkte Ausbau des deutschen Bildungswesens und der soziale Ausgleich der deutschen differenzierten Gesellschaftsschichten bei. Ziele der SPD-Regierung waren eine Chancengleichheit der Jugendlichen, ein sozialer Friede und eine freie soziale Marktwirtschaft.

Das politische Spektrum der BRD wurde durch die gewalttätig agierende Rote-Armee-Fraktion (RAF) belastet, die nicht vor Anschlägen, Entführungen und Morden zurückschreckte. um Deutschland politisch in ihrem Sinne zu verändern. Die sozialdemokratische Regierung unter Kanzler Helmut Schmidt widerstand diesen Gruppierungen durch die Notstandsgesetze. Die RAF löste sich auf, nachdem sie ihre Ziele nicht mit Gewalt verwirklichen konnte.

Gesellschaftspolitische und ökologische Fragen bestimmten den Alltag der Menschen, nachdem durch die KSZE–Konferenz von Helsinki 1974 und die OSZE-Beschlüsse ein Friedenszustand in Europa ermöglicht wurde. Die Umweltfragen, die durch den Bericht des „Club of Rome“ ausgelöst wurden, verlangten nach einem verantwortlichen Umgang mit der Natur. Die politische Sprache richtete sich nicht mehr an der „Dialektischen Marxistischen Ideologie“ aus, sondern an der praktischen Notwendigkeit. Dies führte zur sprachlichen Unschärfe, die mehr von der persönlichen Betroffenheit geprägt war und zu pseudorevolutionären Bewegungen beitrug wie dem Feminismus, der von Alice Schwarzer in Anlehnung an Simone de Beauvoir nach Deutschland transferiert wurde.

Der Feminismus strebte die Stärkung der Frau im Berufsleben an. In der Evangelischen Kirche erlangten die studierten Frauen den Zugang zum Pfarramt. Gleichzeitig wandte sich der Feminismus gegen den Sexismus, vor allem gegen Mädchenhandel und Prostitution. Die Schwulenbewegung, also die Bewegung der Homosexuellen, strebte eine Gleichberechtigung bis hin zur rechtlichen Anerkennung ihrer Verpartnerung an. Gerade der aus der USA importierte „Christopher Street Day“ und die „Love-Parade“ wurden in den Großstädten Deutschlands öffentlich gefeiert. Der demokratische Staat war so tolerant, dass er diesen beiden gesellschaftlich unzufriedenen Randgruppen Öffentlichkeit gewährte, die bald wie jede einseitige Bewegung an öffentlichem Interesse verloren. „Lustig sein, Spaß haben“

waren keine Lebensmodelle. Das gesellschaftliche Verhalten zu diesen Gruppen war geduldete Toleranz. Es wurde eingesehen, die „Große Freiheit“ gibt es nicht. Es bleibt bei den Fragen „Freiheit wovon?“ und „Freiheit wozu?“ Die gegenseitigen Grenzen blieben trotz des Wunsches nach Nivellierung bestehen. Das Recht des Anderen galt es zu respektieren. Diese ethischen Spielregeln verhandelte ich im Unterricht an den Schulen und in den Jugendgruppen.

Die Bevölkerung war politisch engagiert und formulierte ihre politischen Ziele und drückte ihre Kritik gegenüber der Regierung durch Protestmärsche gegen die Atomanlagen in Wackersdorf, Gorleben und anderswo aus. Manche der evangelischen Pfarrer erklärten sich solidarisch mit den protestierenden Gruppen und marschierten für eine menschengerechte Politik mit. „Politische Nachtgebete“, als Ausdruck einer politische Theologie für eine gute Gesellschaftsordnung, fanden in Augsburgs Kirchen im Gegensatz zu anderen Großstädten der BRD nicht statt. Augsburgs religiöse Mentalität hatte für Politik in der Kirche kein Verständnis.

All dieses gesellschaftspolitische Engagement stärkte die demokratische Zivilgesellschaft Westdeutschlands. Teile der Bevölkerung wirkten mit an den Friedensdemonstrationen, Antiatomdemonstrationen und Umweltfragen. Gerade die Atomkatastrophe in Tschernobyl 1986 zeigte, wie wichtig eine Bürgerbeteiligung in den ökologischen und gesellschaftspolitischen Fragen ist.

Gegenüber den etablierten politischen großen Parteien bildete sich die Partei der „Grünen“ als eine neue Alternative, die sich aus der jungen Generation, Akademikern, Männern und Frauen mit Kleinkindern zusammensetzte. Ihre Parteifarbe war grün mit einer Sonnenblume, und ihr Parteiprogramm wurde bestimmt von Umweltschutz, Ökologie und Friede. Die alternative

Bewegung holte die Natur in die technisierte und automatisierte Gesellschaft zurück. Es war keine romantische Naturbewegung im Sinne von Jean-Jacques Rousseaus, sondern ein Interesse, bestimmt von der Verantwortung für die nachkommende Generation und von dem Versuch einer menschlicheren Gesellschaftsordnung in der Industriegesellschaft.

Auch in der Theologie rückten die Schöpfung und ihre Bewahrung als eine Aufgabe für die Christen in den Vordergrund und forderten zu einem verantwortungsbewussten Nachdenken und Handeln aus dem Glauben auf. Die evangelischen Jugendgruppen machten in der neuen politischen Bewegung mit und nahmen an den um die Osterzeit stattfinden Ostermärsche und an dem Protest gegen Naturverschmutzung und für die Erhaltung der Naturbiotope teil. Das konservative Bürgertum sah in der Aktivität der Jugendlichen linke und revolutionäre politische Tendenzen, sodass gegen sie offen Kritik ausgesprochen wurde. „Die evangelische Jugendgruppe ist sozialistisch." Die Jugendlichen wollten eigentlich nur ihre Lebens- und Weltvorstellung ausdrücken.

Durch die Studentenunruhen erwachte die Bevölkerung aus ihrer politischen Lethargie und stellte sich den aktuellen gesellschaftspolitische Fragen. Die Zeit nach dem II. Weltkrieg war eine Zeit des Aufbruchs. Die Menschen waren nicht nach rückwärts gewandt, wie die nach dem I. Weltkrieg, sondern wollten es aufgrund ihrer politischen Erfahrungen besser machen. Ziel war es, die Konfrontation der Gruppen zu überwinden und auf die globale Weltgemeinschaft hinzuarbeiten. Dazu trug besonders die Idee eines vereinten Europas bei, wie auch die Städte Straßburg, Luxemburg und Brüssel mit ihrem europäischen Parlament, Gerichtshof und Regierungssitz. Trotz der vielen europäischen Verträge und Gesetze fehlte Europa eine gemeinsame Verfassung. Politik, so wurde erkannt, ist ein Spiel der Kräfte, der Ideen und der Mächte. Gegenüber einem zentralistischen Europa meldeten sich jetzt die europäischen Regionen als eine eigenständige ökonomische und politische Größe. Es gilt politisch die Balance zu halten. Europa gewann im Großen und Ganzen durch die weitgehende gemeinsame europäische Währung, und durch den gemeinsamen Markt wirtschaftlich und politisch an Bedeutung in der Welt. Die EU wurde Vorbild in anderen Kontinenten.

Die politischen Aufbruchsstimmung erfasste ebenfalls die Kirchen. Die Evangelische Kirche in Deutschland gab ein einheitliches, gemeinsames Gesangbuch heraus. Sie besann sich der Osterbotschaft als Aufbruchsstimmung und Botschaft der Hoffnung angesichts politischer und persönlicher Depressionen. Der Besuch der Evangelischen Kirchentage als theologischer kirchlicher Laienveranstaltung mit ihrer Themenvielfalt erlebten ich und die Gemeindemitglieder als eine große Bereicherung. Die römisch-katholische Kirche gab ihren Pomp auf und versuchte sich durch das II. Vaticanum 1962–1965 neu auf die Gegenwart auszurichten. Der Gedanke der Ökumene ergriff das Kirchenvolk. Leider bremste die römisch-katholische Kirche durch ihr Kirchenrecht den geistigen Elan des Kirchenvolkes, das sich eine religiöse Gemeinsamkeit wünschte. Bereits 1971 besuchte ich das „Ökumenische Pfingsttreffen" in Augsburg, das durch eine von den beiden Kirchen nicht erlaubte Interkommunion (= gemeinsames Abendmahl) mit einem Eklat endete. Gerade die konfessionsverschiedenen Ehepaare verlangten eine gemeinsame rechtliche Anerkennung ihrer Ehe. Dieses Problem zu lösen, erwartete ich mir von der Ökumene und so beteiligte ich mich an den ökumenischen Gesprächskreisen, gestaltete ökumenische Gottesdienste, hielt Vorträge und Bibelarbeit. Besonders wichtig war für Augsburg die Feier des 450. Jahrestags der Verlesung des Augsburger Bekenntnisses, Confessio Augustana, in dem die evangelischen deutschen Fürsten und Reichsstädte auf dem Reichstag in Augsburg 1530 vor Kaiser und Reich ihr evangelisches Glaubensbekenntnis verlesen ließen und dem Kaiser übergaben, der es annahm. Die römisch-katholische Kirche formulierte ihr Bekenntnis erst als Antwort auf das Augsburger Bekenntnis auf dem Konzil von Trident 1545–1563. Deutlich stellten die Vorträge anlässlich des 450. Gedenkens der CA heraus, dass Luther keine Kirchenspaltung anstrebte, sondern eine Reform der Kirche an Haupt und Gliedern wollte. Die ökumenischen Gespräche zwischen den Konfessionen gehen weiter. 1999 wurde in Augsburg, in der St.-Anna-Kirche, schriftlich festgehalten, dass die evangelische Rechtfertigungslehre, dass Gott durch den Glauben an Christus den Menschen gerecht macht, nicht mehr kirchentrennend ist. Die heutige Fragestellung in Punkt einer kirchlichen Einheit ist das Bekenntnis zu Jesus als dem alleinigen Erlöser. 1986 besuchte Papst Johannes Paul II. Augsburg auf seiner Deutschlandreise. Es war ein schönes Fest trotz regnerischem Wetters.

Die Jugend, die ihr Leben gestalten will, setzte sich stark reflektierend mit Glaubens- und Lebensfragen auseinander. Sie ergriff den religiösen Aufbruch, der gerade durch die Jugendtreffen der Taizé-Gemeinschaft unter Roger Schutz in der Nähe der alten Klosterstadt Cluny/Burgund stattfanden. Mit meinen Jugendgruppen besuchte ich dreimal um die Osterzeit Taizé, um geistliche Erfahrungen in der Begegnung mit der Gemeinschaft von Taizé zu sammeln und auch praktische Anleitung zu einem Glaubensleben für mich und die Jugendlichen zu erhalten. Einige der Jugendliche sind dann später öfters nach Taizé gefahren und haben dann auch in der Gemeinde an den Taizégebeten teilgenommen. Leider wurde Roger Schutz später von einem bulgarische Agenten ermordet. Trotzdem wirkt die Taizé-Bewegung positiv weiter mit ihren alljährlichen Neujahrstreffen in den europäischen Hauptstädten. Gerade durch die übergreifende Mission der Christusbotschaft wird Europa geistlich zusammengeschlossen.

Der Ökumenische Weltbund der protestantischen Kirchen veranstaltet in Chateau Bossey am Genfersee immer wieder Ökumenische Tagungen, die sich mit dem Christentum und den Kulturen beschäftigen. An drei dieser Treffen nahm ich teil und gewann tiefe Einblicke in das Wechselverhältnis von Kultur und Christentum. Der Glaube ist zwar eine persönliche Angelegenheit, wirkt aber durch das persönliche Verhalten in die Gemeinschaft. Die atheistischen Ideologien des Kommunismus konnten dem persönlichen Glauben nichts anhaben. Er bleibt immer Ausdruck des persönlichen Standpunkts. Dies zeigte der Zusammenbruch des atheistischen Kommunismus 1990. An der Ökumenischen Tagung des Lutherischen Weltbundes in Budapest 1984, der unter dem Thema „Christus, Hoffnung der Welt" stattfand, konnte ich teilnehmen und die Aktivität der Lutherischen Kirche in der Welt kennenlernen. Die Kirche mit ihrer Botschaft der Hoffnung richtet Menschen in den ideologisch beherrschten Staaten auf und festigt die religiöse Gemeinschaft und gibt Sinn. Die Lutherischen Christen unterstützen sich weltweit in Glaubensfragen und in diakonischen Anliegen und tragen zu einer menschengerechten Welt bei. Die Kirche geht von der Bibel aus auf die Probleme der Welt ein und versucht von ihrem biblischen Glaubensgut her eine lebensfähige Antwort in der modernen Welt dem Glaubenden zu geben. In der Evangelischen Theologie gibt es durch Luthers biblische Theologie der Rechtfertigung keine „Theologie der Befreiung" wie in der römisch-katholischen Kirche Lateinamerikas. Die Rechtfertigung des Sünders durch Gott schließt auch eine praktische Ethik des Einzelnen für das Alltagsleben in der Gesellschaft ein.

1983 übertrug mir das Evangelische Dekanat Augsburg die Verwesung (= Verwaltung) der unbesetzten Evangelischen Stadtpfarrstellen „Zu den Barfüßern" in Augsburg, wie auch die der Paul-Gerhardt-Gemeinde. Die Barfüßer-Kirchengemeinde ist von der Arbeiterschaft, die der Paul-Gerhardt-Gemeinde von Akademikern und Technikern geprägt. Ich hatte in beiden Gottesdienste und Konfirmandenunterricht zusätzlich zu denen in St. Ulrich zu halten. In der einst größten evangelischen Pfarrkirche „Zu den Barfüßern", mit ihren 2000 Sitzen, wurde der Dichter Bertolt Brecht (1898–1956) getauft und konfirmiert. Er war ein fleißiger Kirchengänger und hat viel aus den gehörten Predigten gelernt und in seine Stücken übernommen. Die Bibel schätzte er laut einer Umfrage „als das ihm persönlich wichtigste Buch" ein. Ältere Gemeindemitglieder kannten ihn noch. Er selbst war mir aus dem Deutschunterricht im Gymnasium bekannt. Ich mochte seine Gedichte, Theaterstücke und Prosa und besonders seine klare logische Sprache. Im Gespräch mit den Gemeindemitgliedern entwickelte sich der Gedanke, zu Ehren Bertolt Brechts einen literarischen Kreis zu gründen. Mit meinem Buch „Spaziergang mit Bert Brecht durch Augsburg" bemühte ich mich, die Wechselbeziehung zwischen Brecht und Augsburg aufzuzeigen. Dahinter stand auch die Absicht, den Augsburgern Brecht nahezubringen. Er war ja in ihren Augen ein „Kommunist" und wurde nicht gelesen. Besonders die Mütter warnten damals ihre Töchter vor Brecht, der für sie Zeit hatte. Diese Vorurteile ließen sich durch eine sachliche Einführung in sein Werk beheben.

Der Kreis gründete sich und ich wurde zu seinem 1. Vorsitzenden gewählt. Natürlich war ich dann in den Augen des Augsburger Bürgertums ein Kommunist. Das Theater Augsburg und die Stadt Augsburg begannen eine Brecht-Woche jedes Jahr im Februar zu Brechts Geburtstag zu veranstalten, die von den Augsburgern positiv aufgenommen wurde. Damit wurde er wieder als ihr Dichter akzeptiert. Als 1. Vorsitzender des Brecht-Kreises wurde ich zu den Brecht-Veranstaltungen nach Ost-Berlin eingeladen. Ich besuchte seine Wohnstätte in der Chausseestraße 125 in Ostberlin, genoss die Brechtaufführungen des Berliner Ensembles am Schiffbauerdamm. Brecht wollte mit seinen Theaterstücken die Zuschauer nicht unterhalten, sondern zum Mitdenken auffordern, sodass sie verändert das Theater verlassen sollten. In München schrieb ich an der Ludwig-Maximilians-Universität in Neuerer deutscher Literatur meine Dissertation über Brechts Lyrik unter dem Titel „ars vivendi angesichts der Todesbedrohungen“ und promovierte mit ihr zum Dr. phil. Nach meiner Meinung gehören Theologie und Literatur zusammen, weil sie sich von ihrem jeweiligen Standpunkt mit den Menschen und seinen Lebensfragen beschäftigen und ihre je eigenen Antworten auf sie abgegeben. Die Literatur zeigt phänomenologisch die Schwierigkeit des Lebens auf, während die Theologie eine Antwort auf Lebensfragen vom Glauben an den sich offenbarenden Gott in Jesus Christus gibt.

Nach 14 Jahren pfarramtlicher Tätigkeit an Evangelisch St. Ulrich wollte ich mich verändern, weil die Zusammenarbeit mit dem Kollegen sich schwierig gestaltete und weil auch ein eigenartiger Geist durch den Feminismus in der Kirche aufkam. Der Evangelische Landeskirchenrat bot mir aufgrund meiner geschichtlichen Arbeiten eine Stelle in München an, die Geschichte des Evangelischen Dekanats München zu erforschen und zu schreiben, was noch keiner vor mir bisher fertiggebracht hatte. Nach Beendigung meiner Arbeit mit Veröffentlichung wurde mir schriftlich eine neue Pfarrstelle zugesagt, was der Landeskirchenrat aber nicht einhielt. Ich erhielt ein Arbeitszimmer mit Computer im Kirchengemeindeamt in München in der Landwehrstraße und wohnte mit meiner Familie in Oberschleißheim.

In der evangelischen Offenbarungskirche in Berg am Laim/ München wurde ich als Pfarrer in München installiert und hatte eine Predigtstelle an der Offenbarungskirche.

In Oberschleißheim erlebte ich die politische Veränderung Deutschlands und ihre Wiedervereinigung. Die politische Stimmung ab 1988 drängte auf eine politische Neugestaltung Europas. Die osteuropäische Bevölkerung wünschte sich eine nationale Befreiung von der kommunistischen Ideologie und von der Sowjetunion. Gerade die Evangelische Kirche mit ihren Friedensgebeten und besonders in der DDR mit ihren Aktionen „Macht Schwerter zu Pflugscharen“ appellierte an den Frieden. Bereits der amerikanische Präsident Roland Reagan richtete bei seinem Berlinbesuch an der Mauer an den sowjetischen Präsidenten die Worte: „Mr. Gorbachev, open this gate!“ Die ungemeine Hochrüstungen des Ostens wie des Westens weckten Kriegsfurcht in der Bevölkerung. Die Bewohner der DDR meldeten ihre persönlichen Wünsche auf Reisefreiheit an. Die Feierlichkeiten zum 40-jährigen Bestehen der DDR wurden großartig gestaltet. Der sowjetische Präsident Michael Gorbatschow sprach die geheimnisvollen Worte: „Wer zu spät kommt, den bestraft die Geschichte.“ Die DDR-Bevölkerung demonstrierte auf friedliche Weise für eine politische Veränderung in der DDR nach den Montagsgebeten in der Nikolaikirche zu Leipzig, sodass die DDR-Regierung keine Gewalt gegen sie anwenden musste.

Durch eine Fernsehnachricht aus dem Politbüro der SED wurde die Mauer am Abend des 9. November 1989 geöffnet. Die Bewohner Ostberlins strömten nach Westberlin und kehrten dann wieder nach Ostberlin zurück. Die deutsche Wiedervereinigung war somit vollzogen. Die politischen 4-plus-2-Verhandlungen besiegelten die Wiedervereinigung Deutschlands. Die gesamtdeutschen Wahlen erbrachten eine Regierung aus CDU/

CSU und Liberalen. Der wirtschaftliche Ausgleich mit der ehemaligen DDR und der Wiederaufbau ihrer Industrie ereigneten sich ohne Schwierigkeiten. Bundeskanzler Dr. Helmut Kohl prophezeite „blühende Landschaften in den neuen Bundesländern", die sich im Laufe der Zeit einstellten.

Ich engagierte mich in dem Predigtdienst in den evangelischen Kirchengemeinden Münchens und war im Prodekanat München Mitte-Süd eingebunden, das einen Gemeindebesuch nach Schwerin machte, um die kirchlichen Verhältnisse nach der Wiedervereinigung kennenzulernen. Die dortigen Kirchengemeindemitglieder waren voller Hoffnung und Zuversicht für ihre evangelische Kirche. Die kirchliche Situation begann sich zu bessern. Während der DDR-Zeit erwies sich die evangelische Kirche als Freiraum für gesellschaftspolitische Gespräche und ermöglichte somit die friedliche Veränderung der DDR.

Persönlich begann ich nun Predigten und theologische Aufsätze für theologische Fachzeitschriften zu schreiben. Ich wurde Mitglied der „Luther-Akademie Sondershausen-Ratzeburg" und nahm an interessanten Akademietagungen teil. Meine theologischen Arbeiten über das Leben und die Theologie Philipp Melanchthons veröffentlichte ich als Buch. Ich schätzte ihn als Weggefährten Dr. Martin Luthers und als klaren theologischen Denker und Pädagogen und wegen seines Dialogs mit der Philosophie, der gegenüber er die theologische Glaubensposition herausstellte.

Unter den neueren Theologen fand ich seit meinem Studium Ernst Friedrich Daniel Schleiermacher als Denker und Prediger wichtig, der als Theologieprofessor auch Gemeindepfarrer in Berlin war. In seiner Glaubenslehre arbeitete er den Glauben im biblischen Sinne als schlechthinnige Abhängigkeit von Gott heraus. Er wurde der Stammvater der modernen Theologen des 20. Jahrhunderts. In Stirlung, Großbritanien, besuchte ich die

„Konferenz Europäischer Kirchen (KEK)“, die ein kirchlicher Zusammenschluss Europäischer Kirchen im Sinne der politischen Gruppierungen und Staaten war, um mit einer Stimme ihre kirchlichen Belange in der europäischen Politik vortragen zu können. Dabei besuchte ich wieder die IONA Community, deren assoziiertes Mitglied ich seit 1974 bin.

An zwei internationalen Konferenzen, die im Rhythmus von zwei Jahren tagten, nahm ich engagiert teil. Die eine ist die Konferenz „Europäischer Kulturen“, die zunächst an der Universität Pamplonas und dann in an der in Barcelona tagte und die Eigenart der europäischen Kulturen einander näherzubringen versuchte und vor Ort die spanische. Die andere ist die ISSEI-Konferenz („Internationale Gesellschaft auf der Suche nach Europäischen Ideen“), die nach zukunftsweisenden Ideen für Europa sucht. Sie hielt ihre Tagungen an bedeutenden europäischen Universitäten ab und ermöglichte somit die kulturelle Vielfalt Europas auch vor Ort kennenzulernen. Die Tagungsbeiträge beider Konferenzen wurden publiziert.

2009 verstarb unerwartet meine Frau, aufgrund einer falsch gestellten ärztlichen Diagnose.

Persönlich entdeckte ich meine schriftstellerische Tätigkeit. Ich veröffentlichte aufgrund der Reisen meine Reisetagebücher durch europäische Städte, meine Gedichte und Erzählungen unter www.dr-horst-jesse.de. Ab und an stelle ich meine Ölgemälde unter www.zeigdeinekunst.de ins Internet.

In Großhadern, wo ich jetzt wohne, arbeite ich im Haderner Geschichtsverein am Erstellen der Jahreskalender und der Ausstellungen zur Geschichte Großhaderns mit.

Ich freue mich, dass ich wissenschaftlich arbeiten und schreiben, malen, wandern, Sport treiben und reisen kann. Mit meinen fünf Kindern und deren Familien habe ich einen guten Kontakt und besuche sie jährlich einmal der Reihe nach. Fernsehen schaue ich wenig. Dafür lese ich viel, besonders Geschichtsbücher und Reisebeschreibungen und zur geistigen Entspannung Kriminalromane. Zu Lesungen aus meinen Büchern werde ich eingeladen. In der Münchner Goethe-Gesellschaft bin ich Schriftführer und besuche die interessanten Veranstaltung des Historischen Kollegs wie auch des Instituts für Zeitgeschichte und literarische Lesungen. Mein Interesse am Theater und der Oper Münchens habe ich wiederentdeckt. Als Staatsbürger tue ich meine Pflicht und gehe zum Wählen und zahle meine Steuern und engagiere mit auch im sozialen Bereich.

Im großen und ganzen nehme ich den Geburtstagswunsch der Juden ernst, „125 Jahre alt zu werden".

GABRIELE SCHIENMANN

Kleine Nachwende-Geschichten

„*Heute* ist das *Morgen*, über das ich mir *gestern* den Kopf zerbrach!“ – Ich weiß nicht mehr, von wem ich diesen Spruch habe, aber ich finde ihn sehr passend.

Jeder hat seine eigene Geschichte zu erzählen, die für andere vielleicht langweilig und unbedeutend ist. Sofern man keine Schlagzeilen macht und weltbewegende Dinge tut, findet man kaum Resonanz.

Ich versuche es trotzdem mit kleinen humorigen Begebenheiten, die sich fest eingeprägt haben und die naturgemäß im Laufe der Jahre immer deutlicher zutage treten.

Nachfolgendes ist für meine Groß-Familie, Freunde und Weggefährten gedacht, und ich hoffe, ihnen ab und an ein Lächeln zu entlocken und dass sie sich gleichfalls erinnern …

Wendenovember 1989
Spaziergang am Kudamm

Die politische und soziale Situation stand bereits länger auf Sturm, aber niemand aus der Familie – und wir haben wahrlich „Durch“denker in der Sippe! – kam auf die Idee, dass mit einem Schlag Ernst gemacht wurde. Die Mauer fiel! Schabowski verkündete die Maueröffnung, während unser Fernsehgerät pausierte. Laut Kommentar meiner Freundin kam sein Lächeln dabei wie ein Blitz aus heiterem Himmel und war so warm wie eine Fürst-Pückler-Torte. Erst am Morgen danach schlüpfte unsere Sippe aus dem Mustopf der Erkenntnis.

Die Begeisterung hielt sich erstaunlicherweise zunächst in

Grenzen. Bei mir sowieso, da sich bei sehr abrupt veränderten Situationen mein Schalter zum Kleinhirn nur äußerst bedächtig umlegt.

Als ich die Tragweite des Ereignisses endlich geschnallt hatte, dachte ich zu meiner Schande lediglich an den Aspekt freier Reisetätigkeit, sprich an eine anspruchsvolle Tour von Ost- nach Westberlin. Das war am naheliegendsten und zunächst begreiflich.

Aber dieser Trip sollte auch erst geruhsame zwei Wochen nach Grenzöffnung vollzogen werden. Wir waren spät dran, denn die Grenzübergänge waren bis dato von meinen DDR-Mitbewohnern längst ekstatisch erstürmt worden.

Meinen sehr jungen Töchtern war die ganze Aufregung ohnehin recht nebensächlich und die allgemeine Euphorie nicht recht klar.

Die in der Schule vermittelte Marxsche Ideologie hatte noch nicht ihr gesamtes Wesen erfasst und sie waren lediglich erfreut über die Aussicht, einen Blick in den kapitalistischen Westen zu erhaschen, sprich einige DM in Naschereien oder Spielwaren umzusetzen.

Also reihten wir uns ein in die Warteschlange der Bank, gestählt im Anstehen und gewöhnt an Wurzelschlagen, und erhielten – „Hossa!“ – das willkommene Geschenk des Westens: den Begrüßungshunderter.

Was für ein unvergleichliches Lusterlebnis.

Und im übrigen – nicht nur bei mir. Die Mundwinkel sämtlicher Wende-Skeptiker, die noch Opfer der Schwerkraft waren, schnellten, nach Erhalt des Hunderters, gleich einem freundlichen Smiley, in Richtung Jochbeine. Welche Freude!

Ich denke mit gemischten Gefühlen aber auch mit Grienen an unseren ersten gemeinsamen Spaziergang im Westen zurück. „Gang“ trifft's eigentlich nicht richtig, denn etwa 1000 Meter

Kurfürstendamm konnten wir dank der Menschenmassen nur in Trippelschritten absolvieren, oft auf Zehenspitzen gestellt, um wenigstens einige Blicke auf die Dächer der avantgardistischen Prachtbauten zu erhaschen. Ich kam mir dabei vor wie eine übergewichtige Ballerina, deren ungewohnte Fußbekleidung ihre Aufgabe nicht erfüllen kann.

Auch vom berühmten Caféhaus Kranzler konnte ich leider an diesem Tag nicht den eigentlichen Anziehungspunkt, die Rampe, sehen, die angeblich eines der Wahrzeichen der City West sein sollte. Das sollte sich später nachholen lassen.

Zunächst in Trance freudiger Erregung, die aber nach Stunden der schneckenähnlichen Schritte sichtlich genervt abnahm, überkam mich ein massives Gefühl des Heimwehs. Ich wollte nur noch nach Haus. Das setzten wir auch in die Tat um, allerdings erst nach erfolgreicher Erbeutung der Objekte der Begierde.

Noch heute muss ich liebevoll schmunzeln, wenn ich an die allerersten Einkäufe meiner Mädels denke. Trotz unseres unverhofften und gefühlt unermesslichen Reichtums und der Ermunterung an meine Töchter, sich auszuwählen, was auch immer sie mögen, wurden sie wie folgt fündig.

Meine Große wählte mit Bedacht ein Netz mit bunten Paprikaschoten – rote, gelbe, grüne Frucht – und war hocherfreut. Und mein Nesthäkchen drückte ein mittelfingergroßes Babyfläschchen, in welchem ein ebenso winziges Püppchen saß, innig an ihre Brust und war glücklich.

Meine Güte – was habe ich für bescheidene Kinder!

Ich selbst erwählte meinen ersten Labello und gehe seither nie aus dem Haus ohne einen überlebensnotwendigen Fettstift, getreu dem Motto: „An meinen Mund lasse ich nur Wasser und Lippenpomade!“

Das war mein direkter Erstkontakt mit dem Westen.

Einführung in den Westen durch meine Eltern Chinesisches Essen – ich komme !

Meine Eltern nahmen das Jahrhundertereignis unterschiedlich auf. Sowohl mein Vater als auch meine Mutter waren bereits Kenner der Szene.

Mein Vater hatte etliche Jahre beruflich im Kapitalismus zu tun gehabt und meine Mutter war glückliche Grenzgängerin seit ihrem 60. Lebensjahr. Wir waren daher bereits einige Jährchen zuvor zufriedene Nutznießer von Mitbringseln jeglicher Art – allein der Geruch, der Geschmack, die Farben ... – ob Lebensmittel, Kleidung oder Drogerieartikel, alles wurde freudig und äußerst dankbar entgegengenommen.

Für meinen sozialismusbejahenden politisch hochgebildeten Vater war die Wende generell ein Schock. Die Welt geriet aus den Fugen und es begannen schlaflose Nächte und gesundheitliche Probleme.

Meine Mutter war bereits Rentnerin und bar etwa auftretender beruflicher Handycaps nahm sie die Wende mit Humor und Gelassenheit.

Beide waren aber erfreut und willig, uns, den im Tal der Ahnungslosen Lebenden, das ihnen bereits vertraute Westberlin aus ihrer Perspektive zu präsentieren.

So erinnere ich mich beispielsweise sehr genau an meinen ersten China-Restaurant-Besuch mit meinen Eltern im bekannten Kudamm-Karree der Stadt.

Ehrfürchtig und freudig erregt begleitete ich meine Eltern über die Marmortreppe des Domizils und betrat erwartungsvoll die schillernde goldbunte Pracht des angesagten Restaurants. Allein der im Eingangsbereich befindliche Goldfischteich, umsäumt von üppigen grünen Pflanzen und dicken Buddhafiguren, war der Hammer.

Heute würde ich dieses Ambiente locker als übertrieben, protzig und hoffnungslos kitschig bezeichnen, aber vor 25 Jahren hatte ich das Gefühl, kaum je etwas Schöneres gesehen zu haben.

Meine lieben Eltern entzückte mein entrückter Gesichtsausdruck, und sie leiteten mich behutsam, aber bestimmt über eine Speisekarte, deren Inhalt und Umfang mich total irritierten.

Allein die vielen Wassersorten und deren unverschämte Preise waren empörend, schließlich wollte ich mich nicht waschen, sondern hatte Durst!

Dank meiner einfühlsamen Eltern wurde es aber ein tolles und zusehends entspanntes Essen, mit angenehmen Gesprächen und viel Gelächter.

Ein Krönchen wurde dem Ganzen aber durch folgendes Ereignis aufgesetzt: Während wir tafelten, näherte sich unserem Tisch ein gutaussehender Herr mittleren Alters, sprach mich mit meinem Namen an, stellte sich als Herr X vor, und zog mich alsdann überraschend von meinem Stuhl, um mich gerührt an seine breite Brust zu drücken.

Die Situation erklärte sich wie folgt. Als ehemalige Leiterin der Grundstücksabteilung einer kommunalen Wohnungsverwaltung hatte ich u. a. die leidige Aufgabe, mit Ausreisewilligen den Amtsschimmel der Übergabe ihres Grundstückes zu klären. Das tat ich mit sehr gemischten Gefühlen und so diplomatisch und sensibel wie nur möglich.

Viele intime Gespräche gingen dem Prozedere voraus.

Ich will die Einzelheiten hier nicht vertiefen. Auf jeden Fall war Herr X wohl zufrieden mit der Art meiner Abwicklung, denn er erklärte meinen Eltern seine Dankbarkeit mir gegenüber, spezifizierte mich „als Mensch“ in einer moralisch verkommenen Gesellschaft, drückte mich nochmals an sich und verschwand alsdann wohlwollend winkend hinter dem Fischbecken.

Wir waren alle baff, meine Eltern stolz, dass ihr Töchterchen gelobt wurde, und das Essen schmeckte nun nochmal so hervorragend.

Dieses erste West-Mahl war also aus verschiedenen Gründen sehr einprägsam und daher durchaus erwähnenswert!

Seither war ich etliche Male mit meinen Eltern auf Reisen und auch essen; wir beschnatterten dabei Höhen und Tiefen des täglichen Lebens, begleitet von Gelächter und immer mit viel Liebe ...!

Das bleibt bis heute so.

Mein Verhältnis zum KaDeWe

Meine Mutter war besessen von dem Gedanken, mir das größte Kaufhaus Europas, das KaDeWe, zu präsentieren.

Ich war willig und bereit zur Besichtigung, aber etwas verwundert, was ein stinknormales Kaufhaus so sehenswert machen sollte.

Mich irritierte auch der wissend-amüsierte Gesichtsausdruck meiner mütterlichen Reiseleiterin.

Also, rein ins Geschehen! Schon die Größe und üppige Ausgestaltung des Foyers ließ mich Schreckliches ahnen. Meine Mutter ersparte mir keines der folgenden Stockwerke.

Dutzende Markenfirmen präsentierten sich auf geräumiger Fläche. Luxus pur von Hermes, Fendi, Prada, Chloe, Chanel und, und, und … In Reih und Glied gehängte und gelegte teuerste Kleidung. Borniert wirkende arrogante Verkäuferinnen, behängt und beringt mit Schmuck und gesegnet mit großer Schnauze zwecks Gehirnwäsche zur Kaufmotivation – all das war gar nicht mein Ding.

Nach außen wurde eisern der Schein gewahrt, aber im Herzen war ich halt ein bescheidenes und bodenbehaftetes Frauchen mit, ich gestehe es mit Scham, einem gewissen Hang zum „Niederen". Dass sich die Einstellung im Laufe der Jahre geringfügig änderte, soll hier nur am Rande Erwähnung finden.

Nach der Wende erlebte das Kaufhaus wohl den größten Andrang seiner Geschichte. Aber ich, die ich zwar diese Statistik mit bediente, aber immerhin genötigt worden war zum „Gucken", werde defintiv niemals zu den treuen Kunden dieses Hauses gehören.

Ich wollte nix wie raus – aber keine Chance! Meine Mutter war bis zum Äußersten bereit, mir noch die berühmte Feinschmeckerabteilung des KaDeWe zu präsentieren, und diese war ja wohl die Höhe!

Nach Besichtigung dieses Gourmet-Tempels von Nahrungsmitteln, diesen vielen laufenden Metern von Fleisch, Salaten, verschwenderischen Bergen von Obst und Gemüsen, Tausenden Sorten von Backwerk und seinen dafür exorbitanten Preisen, hatte ich die Nase gestrichen voll. Crème brûlée, gratinierte Auster, vom Aussehen her wie Windelausschlag auf Toast – sicher kein Pflichtprogramm für mich! Das hieße Perlen vor die Säue werfen!

Hunderte Fische aus der Südsee, vom Indischen Ozean, Pazifik und Atlantik glotzen mich strafend aus toten Augen an. Ich fühlte mich schuldig und beschämt dazu, da ich im Geiste die Seekarte der Erde abrief, in dem Unvermögen, die Flossenträger niemals – auch nicht namentlich – korrekt in ihre Heimatgebiete einordnen zu können.

Also, wie gesagt, ich hatte keinerlei Freude an der Selbstdarstellung übersättigten Wohlstandskonsums und wollte nur noch raus hier! Zwei Stunden nach der Begehung hatte ich so viel Luft geschnappt, dass man an die 100 Luftballons damit hätte füllen können.

Meine Mutter lächelte leise in sich hinein und drückte mir ein großes leckeres Lachsbrötchen zwecks Verzehr in die Hand. Essen hat mich immer beruhigt und tut es noch heute. Wer mich kennt, weiß diese Tatsache zu seinen und meinen Gunsten einzusetzen. Gibt's heute mal Stress mit meinem Mann, kommt es vor, dass er mir ein Beruhigungs-Eis vor die Nase hält und mein Groll hat Waffenstillstand.

Fazit: Sicher muss man diese sagenhafte KaDeWe-Fressmeile wirklich mal gesehen haben.

Aber in den 25 Jahren, die nach diesem Erstbesuch vergangen sind, war ich lediglich noch ein einziges Mal dort, wiederum mit gemischten Gefühlen und in Scham ob der Armen dieser Welt, die sicherlich der Schlag treffen würde ob der Verschwendungssucht dieses Domizils.

Auch wenn manche meiner KaDeWe-begeisterten Mitbürger empört über diese Einstellung sind – die Gedanken sind frei, und für mich persönlich ist und bleibt diese Einrichtung einfach indiskutabel und Pionier des schlechten Geschmacks.

Fettnäpfchen
Abenteuertour Hamburg

Die erste Aufregung der Maueröffnung war vorüber, Berlin durchquert, und da Deutschland auch andere nette Städte seine Kinder nennt, ging's ab nach Hamburg.

Also, Mädels, in den Wartburg und ab Richtung westliche Ostsee.

Im Zentrum Hamburgs war mittlere Parkplatzkatastrophe angesagt. Ich war bisher noch nie in einem Parkhaus und lenkte meinen Wartburg mit lediglich aufgesetztem Selbstbewusstsein bis vor dessen Schranke, in der irrigen Meinung, diese würde sich nach angemessener Wartezeit öffnen.

Also wartete ich und wartete …

Gefühlte Stunden später gaben die hinter mir stehenden Fahrer von Mercedes, Golf und BMW ein nettes kostenloses Hupkonzert.

Meine Gesichtsfarbe wechselte von blass zu tomatig, sodass sich der mir am nächsten stehende übergewichtige Mercedesnutzer behäbig aus seiner Nobelkarosse schälte, langsam auf mich zurollte, mir altväterlich zunickte, etwas von „Osten" in sein Doppelkinn murmelte, und vor meinen Augen mit Fingern, die Würsten ähnelten, den an der Schranke befindlichen Knopf betätigte, einen Chip entnahm, mir diesen kulant in die Hand drückte und sich wieder zu seinem Wagen verdrückte.

Verdammt, war das peinlich! Insgeheim erwartete ich richtig das Beifallklatschen der übrigen Protzautofahrer.

Aber die Schranke des Parkdomizils öffnete sich endlich und ohne Beifallsäußerungen. Ich Nervenbündel zerrte unsensibel an der Gangschaltung herum, und das Ergebnis konnte sich lautstark hören lassen.

Schönen Gruß ans Getriebe – der Gang war drin!

Aber wir schließlich auch, und Ergebnis zählt bekanntlich.

In den nächsten Fettnapf trat ich in der Fressabteilung des Einkaufscenters. Verschwenderisch luden wir Obst und Gemüse in den Einkaufswagen und strebten zur Kasse.

Die sichtlich von uns unwissenden Ostlern geplagte Kassiererin murmelte was von „Erst wiegen und auspreisen und dann nochmal anstellen …!“

Ich hatte Null Schimmer, was die Dame eigentlich wollte.

Ein blutjunger, langhaariger, pickliger Bursche, dessen Atem noch nach Muttermilch roch, klärte mich huldvoll über den gängigen Ablauf des Einkaufs auf, allerdings nicht ohne dabei einen lüsternen Nebenblick auf meine leckeren Mädels zu werfen.

Ich war bedient, wog dann aber weisungsgemäß die Produkte meiner Wahl ab, drückte den dafür vorgesehenen Knopf, klebte das Preisschild auf und trabte zielstrebig zur Kasse.

Natürlich allzu siegesgewiß. Die Augen nur auf die Kassiererin gerichtet, übersah ich eine auf dem Boden liegende Bananenschale und trat voll ins Geschehen. Dick und Doof wären begeistert gewesen!

Es kam, wie's kommen mußte …! Jede andere Frau hätte den Sturz einigermaßen elegant abgefangen, nicht aber Frau Emma. Rumms, rauf aufs Becken, die Beine in Grätsche gen Himmel, die Einkaufstüten mit Schwung in die Beine der Kunden – so ein Mist! Ich hatte wieder einen sehr guten Eindruck hinterlassen.

Meine Güte, war das alles anstrengend!

Aber Übung macht bekanntlich den Meister, na, in meinem Fall zumindest den Lehrling!

Endlich raus aus der Großstadt Hamburg, düsten wir zum Timmendorfer Strand, bewaffnet mit etlichem superbunten neuen Badezubehör, unter anderem einem großen Sand-Hops-Ball, den die Mädels voller Glück im Kaufhaus erstanden hatten. So etwas hatten wir noch nie zuvor erspäht, geschweige besessen.

Der Ball besaß ein paar Hörner, die man fest umgreifen sollte, um Halt auf dem Sprungball zu haben. Die Mädchen übten ein bissel, und gekonnt und glücklich kreischend ging's den Strand auf und ab.

Das Kind in mir wollte nicht zurückstehen.

Als die Mädchen die Ballpause nutzten, um die Wellen zu küssen, nutzte ich die Gunst der Stunde, bestieg den Ball und hüpfte freudig los. Machte irre Spaß!

Die umliegenden Badegäste hatten was zu kichern, denn nicht nur der Ball hüpfte, sondern auch meine Möpse, die gefährlich drohten, aus der Halterung des Bikinis zu fallen.

Das war mir damals wurscht. Immerhin konnte sich meine Figur noch sehen lassen, und ich gehörte schließlich noch nicht in die Gattung prähistorischer Wal. Allerdings sind 70 kg nicht 50 oder 60 kg, und so endete das Vergnügen logischerweise damit, dass der neue Ball empört und mit Knall platzte.

Was müssen meine Töchter an diesem Tag von ihrer Mutter gehalten haben?!

Ich rechne es ihnen hoch an, dass mit Stil, guter Kinderstube und vielleicht genbedingter Gutmütigkeit kein abfälliges Wort über mich fiel, zumindest nicht in meinem Beisein.

Emmas Erinnerungen an einen (wage)mutigen Start in die Selbständigkeit

1989–1991

Hier soll nicht berichtet werden von der Wende als Prozess gesellschaftspolitischen Wandels, der zum Ende der DDR-Herrschaft führte und die deutsche Wiedervereinigung ermöglichte. Auch nicht darüber, wie wir DDR-Kinder, bisher wohlbehütet aufgewachsen, mit Schwung in ein System geworfen wurden, für welches wir nicht vorbereitet und erzogen worden waren, sondern darüber, wie wir uns angepasst und behauptet haben – der eine mit mehr Erfolg, der andere mit weniger.

Nein, ich, Emma, jetzt bereits im Vorruhestand befindlich, und im Kokon der Zeit, in der man leichter wird, wenn man aus der Tretmühle der Pflichten befreit ist, möchte lediglich einige wirklich verrückt-witzige Begebenheiten aus meiner Anfangszeit der beruflichen Verführung zur kapitalistischen Geschäftsfrau anreißen, nicht zuletzt zum Vergnügen meiner nachfolgenden Generation.

Leute – macht das Beste aus eurem Leben! Zwar ist nichts losgelöst von der Gesellschaft, in der ihr euch befindet. Aber mit Fleiß, Selbstironie, Humor und gutem Willen findet ihr die Nische, in die ihr schlüpfen könnt und in der ihr Anerkennung findet.

Ihr werdet nicht automatisch zum devoten Schleimer, nur weil ihr euch anpasst. Die ständige Jagd nach Knete wird das Leben erschweren, aber nicht beenden.

Das Richtige bleibt richtig, auch wenn niemand das Richtige tut. Und das Falsche bleibt falsch, auch wenn es alle tun. Nur muß man es erkennen und für sich umsetzen.

Toi, toi, toi dafür!!!

Also – los geht's mit den ollen Erinnerungen aus einem langsam verkalkenden Hirn:

Beginn

Emma wollte es nochmal wissen …! Trotz gutgemeinter Bedenken von Verwandten und Insidern wagte sie 1990 den Sprung in die Selbständigkeit.

Es war eine irre Wende-Zeit, voller unklarer Situationen, Wirrnissen und Ungereimtheiten. Gerade dies machte die Sache so spannend.

Emma, bisher gestreichelt vom Leben und relativ sorglos in leitenden Angestelltenfunktionen, warf sich ins kalte Nass, erfreut ob der neuen Herausforderung, belastet nur mit gefährlichem Halbwissen um die neue Situation.

Gemeinsam mit einer weiblichen Zufallsbekanntschaft erwarb sie Büroräume im Erdgeschoß eines Mietshauses. Risikooo! Auch, was die ihr bis dato ziemlich unbekannte Mitstreiterin betraf.

Ach, was! Bedenken wurden über Bord geworfen! Schließlich waren ihr all ihre Bekannten fremd gewesen, bis sie sie näher kennengelernt hatte. Und Trudi war es wirklich wert, das Risiko einzugehen.

Kollegen Anwälte und Notare – wir kommen!

Aber was für ein Anfang! Bezahlbare Räume waren zwar vorhanden, aber weder Möbel, noch ausreichende Technik, keine nennenswert geeigneten Accessoires, die eine weibliche Hand kennzeichnen.

Beide Damen waren bescheiden und von unglaublichem Optimismus und Vertrauen in ihre Fähigkeiten. Letztere fußten in einer noch nicht dagewesenen Organisation, baldmöglichst loszulegen.

Besonders Trudi war nicht zu bremsen. Sofort organisierte sie einen riesigen runden schweren Holztisch für den künftigen Besprechungsraum der Kanzlei. Seine respektable Größe ließ kaum mehr Platz für weitere Möbelstücke. Mit vier gespendeten einfachen Holzstühlen und einem Monstrum von altem Teppich war der Raum bereits komplett. Der Teppich mit altbackenem Blumenmuster war ein großzügiges Geschenk von Trudis Mutter, und Trudi stand regelmäßig vor einer Nervenkrise, wenn sie das hässliche Ding nur erblickte.

Also wurde er wieder zusammengerollt und wirklich nur dann wieder ausgelegt, wenn Trudis Mutter im Anmarsch war. Emma hat noch heute das Gelächter im Ohr, wenn sie an diese Überraschungsbesuche zurückdenkt und die damit verbundene eiligste Räumaktion.

Das Geld für zwingend nötige einfache Schreibtische war vorhanden bzw. wurde gesponsert von Verwandten und gutmeinenden Bekannten.

Ein angrenzender Beistelltisch für Emma wurde auftragsgemäß aus einigen einfachen Spanholzplatten vom Baumarkt gesägt und zusammengefügt. Er hielt tatsächlich einige Jahre treu durch.

Stück für Stück nahmen die Räume Gestalt an. Sanitärbereich und Küche wurden improvisiert und standen funktionsbereit in all ihrer spartanischen Pracht.

Himmel – was man alles so benötigte, um den Arbeitsbeginn zu beschleunigen.

Der Wahnsinn in der Wendezeit, die massiven Lücken des Einigungsvertrages ignorierend, bestand darin, sofort loslegen zu können, ohne vom Landgericht die entsprechende Arbeitserlaubnis in Form einer Urkunde in Händen zu haben. Letztgenanntes folgte überraschend und typisch undeutsch erst später: mañana!

Fakt war: Die ersten Notarsurkunden nach ihr unvertrautem BGB hämmerte Emma auf eine alte Schreibmaschine, die auf einem alten wackligen Blumentischchen stand. Emma musste ihre Beine weit auseinanderspreizen, um der Querstrebe, die das Tischchen hielt, ausweichen zu können. Sie haute munter und kräftig auf die Tasten, damit auch die fünf Durchschriften für jeden Dritten leserlich waren.

Zu dieser Zeit konnte das Damenteam lediglich vom Erwerb eines Maschinentisches und einem Kopierer zwecks Arbeitserleichterung träumen.

Mandanten kamen überraschend schnell und ohne das fragwürdige Prozedere und die schlichte Büroausstattung zu hinterfragen – erstaunlich! Aber schließlich war diese Zeit auch ein Wunder, in dem das eigentlich Unmögliche machbar war.

Eines der unbrauchbaren Präsente einer „wohlmeinenden" westlichen Anwaltskanzlei war ein ausrangiertes Monstrum von absolut veraltetem Computer, in der Größe vergleichbar mit dem Umfang einer Hütte für ein Jung-Nashorn. Er vereinnahmte die gesamte Tischfläche, war aber in keiner Weise sinnvoll zu nutzen. Es machte mehr Mühe, das Teil wieder loszuwerden als es zum Einsatz zu bringen.

Büroeinweihung

In logischer Konsequenz kamen die beiden Frauen überein, schnellstmöglich eine offizielle Büroeinweihung zu organisieren, in dem Wunschdenken, einige Kübelpflanzen, Tischlampen, Schreibzubehör und ähnliches von den Gästen zu ergattern.

Die Gästeliste wurde gefertigt, der Termin stand.

Emma staubte vorab dank ihrer Beziehungen zu einer kommunalen Behörde einen Thermokopierer für das neue Büro ab und erstand bei einer schwedischen Möbelhausfiliale ein schwarzes Besprechungstischchen und zwei nette preiswerte Stühle, deren Bespannung mit festem Markisenstoff in flottem Zebra-Look sich optisch freundlich ins Büro integrierte.

Einer dieser Stühle wurde leider noch vor der Einweihungsparty Opfer der Schwerkraft – sprich: Einem korpulenten Mandanten, dessen unbehaarte rosa Hände bereits von der Größe einer Rinderkeule waren, gelang es allein durch sein Körpergewicht, den Stoff der Bestuhlung zu zerreißen; der Mandant landete Gott-sei's-getrommelt-und-gepfiffen weich auf dem Bodenbelag und grinste sich eins. Sowohl er als auch wir hatten danach noch lange Gesprächsstoff, denn er blieb uns trotzdem treu verbunden.

Die Miete des Büros war nicht zuletzt deshalb erschwinglich, weil die Räume in den Wintermonaten durch die Mieter selbst beheizt werden mussten. Wollten Emma und Trudi also nicht frieren, mussten sie abwechselnd in den Keller und die Öfen mit Papier, Holz und Kohle bestücken. Aufgrund des gesegneten Alters des Ofens erfolgte dies in regelmäßigen Abständen, sodass längere Mandantengespräche unterbrochen werden mussten, um rasch das Öfchen zu füttern.

In der heutigen Zeit unvorstellbar, dass Notar und Anwalt diese niederen Dienste selbst in die Hand nehmen müssen, um überhaupt arbeitsfähig zu sein. Damals allerdings für Emma und Trudi Notwendigkeit und selbstverständlich.

Wie oft kam es vor, dass am frühen Morgen eine von uns staubbedeckt aus dem Keller kam und vor der Tür wartend die ersten Mandanten standen. Natürlich wurde den Frühaufstehern voll gespielter Empörung das Märchen vom „unpässlichen Heizer" erzählt, und Emma und Trudi sonnten sich in der Bewunderung der Ratsuchenden.

Ja, aller Anfang ist schwer. Hier bewahrheitete sich der Spruch der weisen Großmütter.

Also, am Abend vor der Einweihungsparty, wirbelte Trudy in ihrer unnachahmlich charmanten, flinken Art wie ein schöner Schmetterling durch die Räume, gestaltete sie liebevoll mit Blumen und Kunstdrucken und bestückte den einzigen uns gehörenden Kochtopf – einen ausrangierten Riesentopf, der ursprünglich zum Auskochen von Windeln ihrer Kinder gedient hatte – mit einem umfangreichen Satz an Wiener Würstchen.

Emmas und Trudis Kartoffelsalat wurde nochmals verkostet und für gut befunden, Wasser und Sekt waren kaltgestellt. Die Gäste konnten kommen.

Die Würstel, stiefmütterlich im Windeltopf behandelt, mussten allerdings in geplatzter Form angeboten werden. Aber schließlich, da waren die Damen sich wieder mal einig, waren sie kein „Wohlstandsunternehmen" und dem Magen war das Outfit der Würstchen schließlich wurscht im wahrsten Sinne.

Die Büroeinweihung war für damalige Zeit ein Erfolg.

Emma und Trudi waren jung und hübsch und nicht auf den Mund gefallen und mussten wohl einen guten Eindruck bei den geladenen Gästen hinterlassen haben.

Es war ein vergnüglicher Abend, der belohnt wurde mit vielen gespendeten Büroartikeln, was die Geldbörsen der beiden Damen schonen würde. Auch Absprachen für eine künftige enge Zusammenarbeit wurden getätigt. So war die Sache schließlich auch gedacht.

Ein gestandener Geschäftsmann aus dem Westen, dem natürlich ein hochmodern eingerichtetes Büro selbstverständlich war, stand allerdings etwas ratlos vor der Neuerrungenschaft des Thermokopierers. Emma war empört, dass ihr heiß erkämpftes Teil Verwunderung und Schmunzelattacken hervorrief.

Thermokopierer waren die in der DDR einzig verfügbaren Kopierer. Sie wurden bestückt mit einem speziellen Papier, das allein durch Wärme die Vorlage kopiert und nach einem Jahr immer blasser wird. Nun ja, in der heißen Anfangszeit des Büros war dieses unverzichtbare Arbeitsmaterial willkommen und wurde erst später zur Lachnummer.

Emma und Trudi kamen täglich gern in ihr neues Domizil und neben anstrengender Arbeit gab's immer viel zu lachen.

Trudi erwarb ihren ersten gebrauchten Westwagen – ein total veraltetes Modell eines „Fiat Panda". Sie war sehr stolz und Trudi und Emma fuhren oft gemeinsam mit dem edlen Teil alle Grundbücher der Stadt ab, um die dort gewonnenen Erkenntnisse bei einer Nobelkanzlei in Westberlin gegen ein Zubrot abzuliefern.

Ja, beide Damen mussten kleine Brötchen backen, freuten sich aber über jeglichen Verdienst.

Vor Emmas geistigem Auge erstand das Vorkommnis an einer Tankstelle, die notwendigerweise angefahren werden musste, da Sprit auch bei einem Fiat nicht ewig reicht.

Trudi und Emma umkreisten sorgenvoll das Auto und versuchten den Tankdeckel zu finden – nichts mit dem Trabi vergleichbares wurde entdeckt. Verflixt; schließlich hatten sie doch Abitur!

Sie machten auf „hilfloses Weibchen", was leider hier der Tatsache entsprach, und der hinzugebetene Tankwart leistete herablassend, aber willig Hilfestellung.

Auch wieder so ein Fettnapf, den man ausgereizt hatte.

Es wird offiziell – lustige Vereidigung vor dem Landgericht

Nun war es endlich soweit. Emma und Kollegen erhielten die Einladung zur ordentlichen Notar-Bestallung durch das Landgericht.

Nervös bestückte Emma ihre neuerworbene schwarz-glänzende Aktentasche nicht nur mit den üblichen Dokumenten, sondern stopfte hektisch sämtliche unverzichtbaren Frauenutensilien dazu.

Mit zwei weiteren Notarskollegen wurde sie in einen der größeren Verhandlungsräume geführt und erhielt endlich Siegel und Urkunde.

In Ehrfurcht und Anspannung wegen der ungewohnten Situation, entfiel Emma ungeschickt ihre Tasche und sämtlicher Inhalt verstreute sich auf dem Boden. Peinlich! Beflissen sprangen die beisitzenden Richter von den Stühlen und sammelten sämtlichen Tascheninhalt auf.

Heiliger Strohsack! Neben Lippenstift, Brille und gebrauchten Taschentüchern, kullerten auch Tampons umher und wurden mit breitem Grienen von den hilfsbereiten Herren eingesammelt und Emma übergeben.

Sie hätte im Boden versinken können.

Das sorgfältig am Morgen aufgetragene Make-up deckte leider nicht die Röte ihres Gesichts, und nur mit Mühe spielte Emma die Würdevolle.

Das war allerdings noch nicht die peinlichste Begebenheit an diesem Tag. Nur betraf sie nicht Emma selbst, sondern einen der Mitanwärter, Herrn Y, der Emma mit abfälliger Miene wegen ihres Missgeschicks abgestraft hatte.

Ähnlich wie bei einem angehenden Mediziner wurde den künftigen Notaren ein Eid abverlangt, ihre Arbeit gewissenhaft und den geltenden Gesetzen treu in den Dienste der Mandanten zu stellen. Auf die Frage des Richters vorab, ob diese Aussage gemäß dem weltlichen oder dem religiösen Eid formuliert werden sollte, verkündeten alle atheistisch erzogenen Kandidaten, natürlich die weltliche Eidformel zu erklären.

Herr Y, unkonzentriert und noch verärgert über Emmas Ungeschicklichkeit, verschwatzte sich mit Inbrunst: „... Ja, das will ich! So wahr mir Gott hel...! – Ooohhh, nein, doch nicht!“

Nun ging nichts mehr! Sämtliche Anwesenden wieherten ohne Ausnahme; schließlich hatten sich alle prächtig blamiert.

Immerhin fiel der Fettnäpfchenanteil nicht nur Emma zu Lasten. Schadenfreude ist kein guter Charakterzug; aber Emma genoss ihn in diesem Moment voller Wonne.

Der Fauxpas der Ossis würde noch lange in der Gerichtskantine die Massen erheitern ...!

Fortbildung

Nun war Fortbildung für ganze 3 Monate angesagt und absolute Pflichtübung. Diese fand im Allianz-Hochhaus in der Nähe des Kudamms statt.

Emma mußte sich kneifen, als sie vom 14. OG über die Dächer der Stadt blickte. Das Hochhaus war einer der schönsten Bauten der Fünzigigerjahre und Vorbild für nachfolgende Bürohäuser. Niemals wäre Emma auf den Gedanken gekommen, in diesem Domizil des Westteils verweilen und lernen zu dürfen.

Zu Emma gesellte sich ein Kollege mit einem Ego groß wie Russland. Der fehlte ihr gerade noch.

Lichtblick dagegen war eine nette attraktive und lustige Kollegin, Dori, die gleichfalls neben Emma und dem Riesenrindvieh Platz nahm. Ihre erste Tat bestand darin, ihrer Aktentasche eine große Tüte Gummibären zu entnehmen, sie aufzureißen, sich eine Handvoll in den Mund zu stopfen und Emma aufzufordern, sich gleichfalls zu bedienen, schließlich müsse man sich das Leben versüßen.

Ja, mit Dori an ihrer Seite, das war Emma klar, würde alles leichter und in geordneten Bahnen laufen.

Es wurde viel gelernt und viel gekichert und am Wichtigsten – Emma fand eine Freundin fürs Leben !

Es folgten lange Jahre mit intensiver Arbeit, übergroßer Verantwortung und Disziplin, Jahre mit etlichen räumlichen Veränderungen, Höhen und Tiefen in Büro und privatem Umfeld.

Was zählt, sind die glücklichen Stunden, das Lachen, dass auch aus Selbstironie erwächst, der tröstliche Gedanke, dass niemand vollkommen ist.

Denn Trübsinn hat Hausverbot!!!

1993: Betriebsausflug nach Tunesien

Die Kanzlei rentierte sich langsam.

Emma und Trudi beschlossen im tristen Monat November in den Sommer zu fliegen und zwar mitsamt ihren beiden treuen Mitarbeiterinnen nebst zwei Freundinnen. Ziel war das warme Tunesien. Die Kanzlei wurde für eine Woche geschlossen.

Nach anfänglichem Motz- und Trotzverhalten aller Lebenspartner wurden Flug und Hotel gebucht, die Kinder-Versorgung gewährleistet, die Männer beruhigt, und Vorfreude kehrte ein.

Schon im Flieger war die Stimmung bombig, die Weiber wie losgelassen. Das änderte sich auch nicht im herrlichen Drei-Sterne-Hotel direkt am Meer.

Trotz der Vielweiberei und unterschiedlichsten Charaktere konnte man die kleinen auftretenden Unstimmigkeiten kaum als zickig bezeichnen, sondern höchstens als emotionsflexibel.

Alles lief gut. Die männlichen Tunesier, sehr frauenfreundlich und liebebedürftig, sprich aufdringlich, wurden erfolgreich, aber mit Charme abgewehrt. Etliche Muskelzwerge im Breitwandformat bekamen lediglich lange Zähne.

Nur Froni, Emmas Freundin und Singlefrau genoss in vollen Zügen die Zuneigung des Chefkochs der Clubanlage.

Emmas treue fleißige „rechte Hand“ genoss Sonne, Meer und geselliges Beisammensein und blühte täglich mehr auf. Emma mochte sie sehr und freute sich darüber.

Emma teilte ihr Zimmer mit Froni und nach Ablauf der Urlaubswoche litten beide an Muskelkater des Zwerchfells. Auch Trudi und Co. amüsierten sich prächtig.

Kam jemand in die uncharmante Versuchung, das eigentliche Alter der Frauen zu erfragen, wurden sie täglich jünger und lachten sich schlapp.

Lediglich ein Ereignis hätte übel ausgehen können. Emma hatte es Jahre verdrängt, aber die Erinnerung kommt …

Die geballte Ladung Weiblichkeit mietete eine Pferdekutsche und fuhr über Land.

Trudis Freundin Elke, ein Ausbund an Extrovertiertheit, Rechthaberei und Geltungsdrang, aber von intensiver Tierliebe, beschimpfte während der Fahrt den Kutscher wegen seines unterernährt aussehenden Pferdes.

Das Tier war wirklich eine Jammergestalt; die Rippen stachen gut sichtbar aus dem stumpfen Fell hervor, und es hatte Mühe, den beladenen Wagen mit den gutgenährten Frauen zu ziehen. Der Besitzer – eine hässliche, ausgemergelte Gestalt – konnte glatt als Frankensteins Gesellenstück durchgehen und flößte wahrlich kein Vertrauen ein.

Ohne Punkt und Komma wetterte Elke im feinsten Kreisch-Sopran auf den Mann ein. Dieser, sicher einer der vielen Machos in diesem Lande, schoss giftige Blicke wie Pfeile auf die freche Frauentruppe. Und nicht nur dies.

Er hob die Peitsche, schlug auf das arme Tier ein und trieb es zu Höchstleistungen an. Das bedeutete, dass der Wagen unkontrolliert und in rasender Geschwindigkeit einen Abhang hinunterbrauste. Die Frauen hatten Mühe, sich aneinander festzuhalten, und Emma und Trudi hatten nur noch einen gemeinsamen Gedanken: Wir müssen hier alle heil herauskommen. Einen verunfallten Kurzurlauber können wir zu Hause nicht anbieten. Verdammt, verdammt!

Aber der wütende Kerl kriegte gerade noch die Kurve, zügelte das Tempo und setzte die Frauen kurzerhand am Hoteleingang ab. Trinkgeld gab's natürlich keins, und Mister Frankenstein spuckte voller Verachtung in hohem Bogen an der Truppe vorbei in den „Wüsten"sand.

Das war wirklich knapp!

Keine der Frauen war bisher dem Alkohol besonders zugetan, aber an diesem Abend schlugen sie über die Stränge und schafften es gerade noch in die Betten, um ihren Rausch auszuschlafen.

Die nächsten Tage verbrachte man brav am Strand, badete im erfrischenden Meer und verhielt sich engelsgleich. Als einziges Abenteuer mussten die Kamelritte herhalten. Noch heute schaute sich Emma mit Vergnügen die Beweisfotos an.

Viel zu schnell vergingen die Urlaubstage und die Pflicht rief.

Auf dem Rückflug floss nochmals Sekt, und das laute Gegacker störte sicher die übrigen Fluggäste, das war den Damen aber höchst egal. Daher konnte die Stimmung auch nicht getrübt werden, als der Pilot wegen einer Bombendrohung einen anderen Flughafen anfliegen musste.

Die Männer nahmen die Heimkehrerinnen sorgenvoll, aber sichtlich erleichtert wieder in Empfang. Schließlich waren sie an ihre „Regierungen" gewöhnt und die Garantiefrist fürs Zusammenleben noch nicht abgelaufen.

Rückblickend hatten die Schutzengel aller Kurzurlauber Großeinsatz.

„Deckname: Ost-Miederhose“

Emma war hin und weg. Endlich war ein weiteres entscheidendes Treffen zu Stande gekommen.

Emma – eine junge Ostberlinerin – und Kuno – ein Westberliner gestandener Mann – waren sich in der Nachwendezeit begegnet und empfanden mehr als Sympathie füreinander. Und zwar schlagartig.

Sämtliches Klischee wurde bedient, wenn Emma nur an Kuno dachte. So richtig mit Funkensprühen, Gänsehaut und rosa Brille.

Sowas! Immerhin war sie Mitte 30, also im sehr schönen Mittelalter und, wie sie glaubte, erfahren und abgeklärt in Gefühlsdingen. Eine überraschende Scheidung trug nicht dazu bei, nochmals traute Zweisamkeit in gefühlt angenehmer 20-Grad-Atmosphäre zu erhoffen.

Kuno ging es ähnlich. Als beziehungserprobter Mittvierziger und seiner etlichen Lebensabschnittsgefährtinnen – jeweils im besten Einvernehmen – entledigt, boten die Frauen für ihn keine Überraschungen mehr.

Und nun traf er Emma und war mehr als angetan.

Also – dieser Tag schien ein absoluter Traumsommertag zu werden. Geplant war eine weitere Rundfahrt in Kunos Mercedes im Westteil der Stadt.

Emma hatte immer noch Manschetten, mit ihrem Trabbi über die zahlreichen ehemaligen Grenzübergänge Berlins zu düsen.

Versierte Fahrerin, die sie sonst war, rutschte sie in Grenznähe verdächtig nah an die Windschutzscheibe ihres Kleinods, umklammerte das Lenkrad mit einer Heftigkeit, die die Knöchel schmerzen ließ und war von einer für sie verstörenden Nervosität.

Verdammt! Wo war sie hier? Ist die Karte richtig und die Gegend falsch? Wohin, verflixt, ging denn die Wegstrecke? Wo waren die hilfreichen Verkehrsschilder? Besonders beim Übergang Pankow-Wedding wurden ihre Hände schweißnass, wenn sie links und rechts an den zahlreichen Kopftuchträgerinnen, plärrenden Kleinkindern und vorlauten schwarzhäuptigen Machos von nichterkennbarer Nationalität vorbeiknatterte.

Die ihr völlig unvertrauten Straßenzüge hätten sich genausogut auf dem Mars befinden können.

Kuno amüsierte sich immer königlich über Emmas Unsicherheiten auf dem neuen Terrain und plante, seine neue Flamme peu à peu in die Bezirke der westlichen Welt Berlins einzuführen und ihr Selbstvertrauen zu stärken.

Er würde ihr „Führer" im Labyrinth jenseits des Brandenburger Tors sein und genoss seine wichtige Rolle darin.

Ein bewundernder Blick Emmas auf seine weltgewandte Art entschädigte ihn für die leidige Fahrerei im Großstadtdschungel.

Also, zurück zu dem Tag aller Tage!

Emma, ganz Weibchen, stand geschlagene zwei Stunden vor dem Schlafzimmerspiegel, um sich für eines der sämtlichst aus dem Kleiderschrank gerissenen Teile zu entscheiden.

Nichts war ihr gut genug. Kleider waren absolut unbequem. Sie hatte Null Bock auf mit dem Kleidertragen zusammenhängende Trippelschritte, Rocksaumzupfen und ähnliche nervige Aktivitäten. Es musste eine nette Hose her – natürlich dunkel; denn schwarz macht nun mal seit Urzeiten schlank.

Emma war nicht übermäßig üppig, hatte aber ansprechende frauliche Formen, die man ja nun nicht gleich beim vierten Date zur Schau stellen musste. Sie war kein tapezierter Kleiderbügel, sondern hatte eben ausreichend erotische Nutzfläche zu bieten.

Also, eine schwarze, sommerlich-leichte Hose mit hohem Bund musste herhalten, weiter ein neues, bei C&A erworbenes, rot-schwarz gepunktetes, taillennahes T-shirt – und fertig.

Make-up benutzte sie so gut wie nie und sah auch heute keine

Veranlassung dafür. Ihre langen, üppig getuschten Wimpern waren völlig in Ordnung, und die Natur meinte es sehr gut mit ihren dicken, krausen Haaren. Das wäre also auch o. k.

Nur Emmas Unterwäsche ließ zu wünschen übrig. Sie stand seit jeher nicht auf Reizwäsche; im „Exquisit“ hätte sie dafür ein halbes Monatsgehalt hinblättern müssen, und dazu war sie nie bereit gewesen – und sie sah auch jetzt keine Notwendigkeit für einen kostspieligen Neuerwerb.

Also, typisch Ostkind, war ihre Wäsche zweckmäßig, von gesunder Baumwolle und daher völlig ausreichend. Der BH konnte sich einigermaßen sehen lassen, zumal er üppige, schön geformte Brüste umschloss. Und auf den Inhalt kam’s ja wohl eher an als auf die Verpackung.

Den bereits erwählten pastellfarbenen, aber etwas lütten Slip zog sie nach näherer Betrachtungsweise wieder aus und entschied sich für ihre alt-bewährte taillenhohe beige Miederhose, die einen strammen Apfel-Po und ein kleines Bäuchlein fest umschloss. Auf diese Hose war immer Verlass. Sie ließ auch nicht die Andeutung eines Bauches mehr erkennen, was natürlich ein großer Vorteil war für die Knüpfung neuer zarter Bande.

Der mittelschwere Skandal war nur, dass sich auf der Vorderseite ihrer Lieblingshose ein gut sichtbares Loch befand, welches Emma schon einige Zeit eisern negiert hatte. Nähen war nicht gerade ihre Leidenschaft, und schließlich marschierte sie ja auch nicht im Unterwäscheoutfit auf die Straße.

Also – jetzt aber zügig. Sie war spät dran und alles war gut.

Kuno erwartete sie bereits direkt hinterm Brandenburger Tor, nervös rauchend zwischen den zahlreichen Verkaufsständen, die immer noch bunte Mauerreste, Stahlhelme der NVA, Uniformjacken, Gasmasken und ähnlichen absolut lebensnotwendigen Mist anboten.

Als Emma mit gespielt tänzelnden Schritten auf ihn zukam, wetterleuchtete es in seinen Zügen. Ihr Herz stolperte im Rhythmus ihrer Gangart und sie war der Hoffnung, dass Kuno ebenso empfand.

Ach, der Tag würde herrlich werden.

Sie liebäugelte mit einer Tour über den Kudamm, der sie noch immer faszinierte. Aber Kuno hatte andere Pläne: „Emma, lass uns den heutigen Sommertag anders genießen. Ich zeige dir den in der Nähe des Kudamms gelegenen Teufelssee. Er hat eine angrenzende große Liegewiese und wir können uns sonnen, faulenzen und gemütlich schwatzen."

Damit hatte Emma nicht gerechnet. „Aber ich habe keine Badesachen dabei." Kuno schmunzelte: „Ich auch nicht, ist aber dort kaum nötig." Emma war geschockt. Verflixt und zugenäht – wir werden uns nackt sehen. Dafür bin ich heute nicht gewappnet.

Sie versuchte mit aller Überzeugungskraft, Kuno die Idee auszureden, aber unbeirrt fuhr er konzentriert Richtung Halensee und bereits 30 Minuten später parkten sie am Waldrand des idyllisch gelegenen Sees. Dieser trug seinen Namen wohl zu unrecht – teuflisch sah er wirklich nicht aus, sondern äußerst harmlos.

Kuno schnappte sich eine dicke Decke aus dem beneidenswert geräumigen Kofferraum seines Mercedes, gleichfalls eine Flasche Sekt und Pappbecher, strahlte Emma verführerisch an und lotste sie Richtung Liegewiese.

Emma peilte nervös die Lage und strebte zielstrebig auf die einzige große Kastanie zu, um sich dort zunächst voll bekleidet unter dem Baum niederzulassen.

Kuno breitete gelassen die Decke aus und entledigte sich in aller Gemütsruhe seiner Kleidungsstücke – und zwar seiner sämtlichen Kleidung – und bedeutete Emma lächelnd, das Gleiche zu tun.

Emma bewunderte die absolute Selbstsicherheit Kunos. Er setzte sich bequem in den Schneidersitz, und zwar so geschickt, dass man sein bestes Stück nicht zu Gesicht bekam, öffnete mit geübtem Griff die Sektpulle und winkte Emma zu sich heran.

Emma indessen versuchte derart mühsam, den Kopf in der Waagerechten zu halten, um keiner Schielattacke in die unteren Regionen Kunos zu unterliegen, dass ihr Kiefer das Gefühl suggerierte, seiner Funktion nicht mehr mächtig zu sein.

Ihr war nur übel. Keinesfalls wollte sie als prüde gelten, sondern als weltoffen und bar jeglicher spießiger Regungen. Was sollte Kuno bloß von ihr denken. Immerhin war sie gestandene 35 und nicht pubertäre 16. Die meisten der Badegäste hüpften schließlich gleichfalls im Adamskostüm umher.

Ihre Nacktheit wäre nicht mal das Hauptproblem, allerdings der Weg dorthin. Handicap war natürlich ihre alte löchrige Miederhose. Hätte sie doch nur den dämlichen Mini-Slip anbehalten!

Wie sollte sie sich ungezwungen ihrer Sachen entledigen, ohne sich eine derartige Blöße zu geben?

In Kunos Augen konnte sie eine Erwartungshaltung sehen, die ihr mehr als unangenehm war. Am liebsten hätte sie die Flucht ergriffen, was natürlich völlig unmöglich war.

Kurz entschlossen drehte sie sich Richtung Baum, und zerrte gleichzeitig Hose und Unterhose über Knie und Knöchel. Emma wollte das so taff und selbstbewusst wie möglich machen, aber hier war der Wunsch Vater des Gedankens.

Sie stolperte über ihre eigene Wäsche, taumelte, musste an der blöden Kastanie Halt suchen, strampelte wütend ihre Klamotten Richtung Wurzelgeflecht, zog ihren Bauch ein, streckte den Busen raus, drehte sich um, flitzte mit einem Affenzahn zur Decke und patschte sich bäuchlings darauf nieder, sorgsam darauf bedacht, dass sämtliche intimen Teile auf der Decke auflagen und für keinen Dritten sichtbar waren.

Soo, das wäre geschafft. Sie war ein wildes Ding!

Emma hatte nicht die Absicht, jemals wieder aufzustehen. War das alles peinlich!

Kuno war baff.

Er beäugte kurz das Knäuel der Kleidungsstücke unter dem Baum, schielte zu Emma, die verdreht auf dem Bauch lag, ein verkrampftes Lächeln im Gesicht, das auf Autopilot geschaltet war, und wollte die Sache entspannen. Er reichte ihr den mit Sekt gefüllten Pappbecher und prostete ihr zu.

„Trink Emma, auf unser Zusammentreffen und einen netten sonnigen Tag im Westen Berlins!“ Emma schnappte sich den Sekt und trank den Becher in einem Atemzuge leer. Danach fühlte sie, wie sie allmählich entspannte.

Auf dem Bauch liegend, Kopf und Nacken in die Höhe gereckt, war sie aber nicht bereit, einen Quadratzentimeter von ihrer Liegeposition abzuweichen.

Kuno hatte die Angelegenheit aber sicher im Griff; locker unterhielt er Emma mit lustigen Episoden aus seinem bisherigen Arbeitsleben, erzählte Witze und Anekdoten und war die Ausgeglichenheit in Person. Im Gegensatz zu Emma hatte er keinerlei Scheu, seine Sitzposition ab und wann zu ändern.

Emma beobachtete Kuno liebevoll und aufmerksam.

Kuno war so erfrischend anders als ihre Verflossenen. Endlich mal kein adretter, langweiliger Humboldt-Absolvent, auch kein aalglatter Wallstreet-Kerl mit Dollarzeichen in Augen, Ohren und Mund, auch kein sensibler Schlauberger, der so selbstkritisch war, dass es sich anfühlte wie ein schlechter Kabarettist.

Nein, Kuno war das Vorzeigemodell von einem schlanken, attraktiven, warmherzigen, äußerst humorvollen Mann mit gesunder Lebenserfahrung, aber mit beneidenswert strotzendem Selbstbewusstsein.

Emma selbst hielt sich für eine ganz normal denkende Durchschnittsfrau. Sie hatte weder ein raketenrasantes Hirn noch verfügte sie über ein spezielles Rodeo-Esprit. Aber ihr natürlicher Mutterwitz und ihr logisches Verstandskästlein ließen sie nie im Stich – natürlich mit der Ausnahme von nachvollziehbar aussetzender Hirnfunktion bei emotionalen Herausforderungen.

Beim ersten Date mit Kuno waren bei Emma nicht nur die sprichwörtlichen Lichter ausgegangen, nein, das war ein allumfassender Stromausfall!

Auch bei nüchterner Betrachtungsweise – irgendwie stimmte es bei ihnen beiden mit der ollen, vielgepriesenen Chemie.

Wie gesagt, der Tag war sehr schön und der Abend kam viel schneller als erhofft. Kuno beschloss, Emma in eine angesagte Szenekneipe zu führen und erhob sich träge, „um die Pferde zu satteln". Langsam bekleidete er sich und plauschte dabei munter auf Emma ein. Emma wagte kaum sich zu rühren. Durch ihre stundenlange bäuchlingsstarre Haltung, schmerzte jeder Knochen.

Dazu kam, dass sie bereits seit Stunden pinkeln musste wie ein Pferd, das Wasser umspielte jetzt locker ihre Mandeln; aber auch das hielt sie nicht davon ab, ihre starre Liegeposition beizubehalten.

Schiete! Eigentlich hätte Emma sich jetzt in eleganter feenhafter Geschmeidigkeit erheben müssen, zur Kastanie gleiten und selbstsicher, ein aufgedrehtes 80-Watt-Powerlächeln im Gesicht, Stück für Stück in ihre Sachen schlüpfen und Kuno mit ihrer Eleganz und der Selbstverständlichkeit dieser Bekleidungszeremonie beeindrucken müssen.

Träum weiter, Emma! Tatsache war, dass sie ihre eingerosteten Gelenke knackend entknäulen musste, sich langsam und schwer atmend erhob, einem Nilpferd gleich, das schwerfällig dem Wasser entstieg, um dann in mehreren unbeholfenen Sprüngen in Richtung Kastanie zu fliehen – dabei natürlich ihren üppigen Busen umfassend, um ihn daran zu hindern, ihr unangenehm Richtung Ohrläppchen zu klatschen.

Verdammt! Verdammt! Sie hatte das Empfinden, die Erdanziehungskraft hätte sich verdreifacht. Sie wagte es nicht, Kuno anzusehen, sondern bückte sich kurzentschlossen nach dem Knäuel ihrer Klamotten, drückte sie mit der linken Hand fest vor ihren Körper, lächelte Kuno verführerisch an, forderte von ihm mit der freien Rechten die fast geleerte Sektflasche an und trank mit gierigem Schluck den Rest Alkohol, frei nach dem Motto: „Die Antwort liegt auf dem Boden einer Flasche."

Ein guter Schluck verleiht einem schließlich die richtige Perspektive!

Sooo, das wars!

Die Wut über ihr dämliches Verhalten gewann Oberhand und der Alkoholgenuss auf leerem Magen tat sein Übriges.

Emma griff so galant, wie es ihr möglich war, nach ihrer langen schwarzen Hose und zog sie direkt über ihren nackten Allerwertesten, ohne Rücksicht darauf, dass ihr Hinterteil ohne die festigende Bridget-Jones Unterhose mit Sicherheit bei jedem Schritt wie eine Götterspeise wackeln würde.

Ach, was, sie musste nur dafür sorgen, dass Kuno nicht direkt hinter ihr lief, dann wäre alles wieder in Ordnung.

Als das geschafft war, stopfte Emma mit Schwung ihre zerlöcherte Buchse in ihre Handtasche, direkt unter die Haarbürste, die auch schon bessere Zeiten gesehen hatte und schaute Kuno forsch in die erstaunten Augen.

Kuno war verblüfft. Wenn er über Emmas eigenartiges Verhalten perplex war, ließ er es sich aber nicht anmerken, sondern umfasste sie generös und zärtlich, und mit entspannten Geplauder liefen sie dem Abend entgegen und machten weitere Pläne für weitere gemeinsame Unternehmungen.

Am Ende diesen Tages gab es endlich die ersten leidenschaftlichen Umarmungen und zum Dahinschmelzen intensive Küsse.

Während einer besonders innigen Umarmung, war Emma der irrigen Annahme, aus ihrer Handtasche ein leises aber vernehmbares Kichern zu hören. Gleich morgen würde sie die Ursache dessen entsorgen, allerdings in der Atmosphäre einer dankbaren Abschiedszeremonie. Man weiß ja nie ...!?!

HANS ULRICH SCHNEIDER

Gefährliche Hilfsbereitschaft

Mein Vater saß, wie an jedem Winterabend, neben dem Forst-Heizungsofen auf seinem angestammten Stuhl in der Küche und rauchte genüsslich seine Nestorzigarre. Meistens rauchte er „kalt", weil er kurz einnickte und das Ziehen vergaß. Im Raum warf das flackernde Licht des brennenden Holzfeuers gespenstische Schatten mal auf die und mal auf jene Wand. Aus einem auf dem Tisch stehenden Radio ertönte das Lied der „Fahrenden Vagabunden", von Fred Bertelmann gesungen.

„Na Frau, wo blieben dann de Zweien?" Diese Frage, an meine Mutter gerichtet, zeigte mir, dass Papa auf meine beiden Sprösslinge wartete. Sie wurden von meiner Frau gerade „bettfertig" gemacht. „Frag mol Rosin, ob se hitte obend noch kummen".

Lautes Getrampel auf dem Flur zeigte uns an, dass sie im Anmarsch waren. „Opa, erzähle uns bitte noch eine Geschichte, bevor wir ins Bett müssen", sagte Matthias. Wie immer wollte er die Schlafenszeit hinausschieben. Beide, Matthias und Katrin, kuschelten sich an den Opa und warteten ...

„Katrinchen, du hast ja ein tolles Nachthemd an", sagte ich, „das hat ja die gleiche Farbe wie das Fell eines Fuchses!" – „Du hast die Tollwut, du hast die Tollwut...", rief Matthias. „Matthias, so was sagt man nicht, damit macht man keine Scherze!" – „Aber im Kindergarten ... hat Frau Riechel davon erzählt. Papa, was ist eigentlich Tollwut?", fragte unser Großer. Nun wusste unser Schlauberger, dass der Abend gerettet war. Wir konnten ja die Kinder nicht ohne Antwort ins Bett schicken. Oder?

Und nun begann ich mit meinen Erklärungen: „Früher, als Opa noch ein Kind war und so alt wie ihr, ging es den Menschen nicht so gut wie euch heute. Das Geld war knapp und die Mahlzeiten beseitigten auch nicht immer das Hungergefühl. Jeder Haushalt versuchte durch Haustiere und Gemüsegarten etwas für die Mahlzeiten zu produzieren. Bei Oma und Opa waren das ein paar Ziegen, ein Schweinchen, dem man ansah, dass es selten einmal nahrhaftes Schrot zum Fressen bekam und die zerstampften Brennnesseln bei weitem nicht so nahrhaft waren wie die zerkleinerten Körner. Aber am Jahresende stand eine „Fleischpflanze“ von mindestens drei Zentnern schlachtreif im Stall.

Da fragte unsere kleine Katrin: „Ist drei Zentner schwer?“ – „Jo, min Machen, wann me in dar Wochen nur en mol Brotworscht ufs Brot isst, dann reicht so an Schwien an Johr bis das nachste sinn Gewicht hätt“, antwortete mein Vater seiner Enkeltochter, der man das konzentrierte Zuhören ansah. „Halt“, sagte ich, „du hast noch das Federvieh, die Gänse und Hühner, vergessen. Wobei die Hühner mit ihrer Eierproduktion eine bedeutende Rolle bei der Gestaltung des Speiseplanes der Opas und Omas spielten.“ – „Hast du auch schon viele Eier essen müssen, Opa?“, fragte Katrin. „Ja, min Machen, Eier sinn ganz wichtig. Wann ihr hitte Nachmittag an Sticke Kuchen asst, dann wisst ihr, dass Hinreeier drinne sinn.“

„Doch nun zurück zu deiner Frage, Matthias. Die Tollwut ist eine gefährliche Krankheit, die von Mäusen auf Füchse und auf andere Lebewesen und sogar auf den Menschen übertragen werden kann. Wenn sie nicht behandelt wird, führt sie zum Tod. An Tollwut erkrankte Tiere sind sehr zutraulich, lassen sich anfassen und die durch das Gehirn gesteuerten Bewegungen nehmen ganz eigenwillige Formen an. Ich will euch anhand einer Geschichte, die sich tatsächlich in Werningerode, eurem Heimatort, vor Jahren zugetragen hat, zeigen, dass Tollwut schlimme Folgen für Mensch und Tier haben kann.

In dieser Geschichte spielten ein Fuchs und eine Schar Hühner die Hauptrollen. Der Ort des Geschehens war am Ende der Bergstraße, gegenüber dem Anwesen vom damaligen Bürgermeister Strauß, nicht weit vom Steinbergwäldchen entfernt. In den aus jungen und erntereifen Buchen bestehenden Bäumen, deren Wurzelgeflechte in einem sandigen Boden Halt finden mussten, befanden sich mehrere Fuchsbaue. Ortskundige Spaziergänger, die sich noch dazu vorsichtig und leise dem Gebiet näherten, hatten schon den Nachwuchs der Füchse beim Spielen vor einem Bau gesehen.

Es war die Zeit, in der es den Alttieren, besonders der Fähe, schwerfiel, die hungrigen Mäuler ihres Nachwuchses zu stopfen. Nur gut, dass es dieses Jahr in den Mäusekolonien genügend Beutetiere gab. Ihre jetzigen Nachkommen hatte sie bisher immer mit diesen grauen Räubern satt bekommen.

Aber der besondere Duft und das Gackern des Federviehs drangen der Füchsin immer dann in Nase und Ohren, wenn sie zur Futterbeschaffung in Richtung der dicken Eiche schlich. Sie glaubte den Duft zu kennen, der in ihrem Magen das hässliche Hungergefühl erzeugte. Bei jedem Jagdausflug musste die Fähe immer mit einem Ohr auf unbekannte Geräusche und mit einem Auge auf untypische Bewegungen achten. Ansonsten hätte es passieren können, dass von einem der dem Steinberg umgebenden Hochsitze ein Feuer speiendes Strahlrohr, bedient von diesen verfluchten Zweibeinern ihr ein Loch ins farblich wunderbar abgestimmte Sommerfell brennen würde. Noch war die Dunkelheit der Nacht ihr Hauptverbündeter bei der Futterbeschaffung für ihren mittlerweile schon fast ausgewachsenen Nachwuchs. Doch bald mussten die Welpen den Bau verlassen und sich ein eigenes Revier zu suchen.

Auch an diesem mit einem schönen Sonnenaufgang beginnenden Sommertag zeigte die Unruhe unter den Welpen, dass sie auf einen gedeckten Tisch warteten. Der Fuchsmutter blieb weiter nichts übrig, als nach einem Räkeln und Gähnen den Weg zum Mäuseacker einzuschlagen. In der vergangenen Nacht war sie im Bau geblieben, um eine Verletzung, die sie sich beim Überklettern eines Gartenzaunes zugezogen hatte und die schon schmerzhaft war, auszukurieren. Nun war Eile geboten, wobei darunter auf keinen Fall die Vorsicht vernachlässigt werden durfte. Alle ihre Sinnesorgane waren auf höchsten Empfang gestellt und so vernahm sie auch das Gebell einiger Hofhunde, die wie ihre Kinderstube auf das Frühstück warteten.

Die Füchsin wich von dem gewohnten Weg, der sie auf die abgeernteten Felder längs der Marsche führte, ab und schlug die Richtung Dorfrand ein, wo sich am Ende der Bergstraße das Grundstück von Bürgermeister Strauß befand. Auf der anderen Seite des Weges war der durch einen stabilen Holzlattenzaun abgegrenzte Hühnerhof. Um diese Zeit gab es hier noch keinen ‚Publikumsverkehr', obwohl sich sonst im Laufe des Tages schon mal Gäste an diesen Ort verirrten, um die in Modellform aus Gestein hergestellte Silhouette eines Dörfchens im Vorgarten zu betrachten. Schaulustige waren besonders beeindruckt von den Lichtspielen, wenn am Abend die eingeschaltete Straßenbeleuchtung im Vorgarten die Schatten der Bauten an die Wohnhauswand warf.

Irgendetwas war heute Morgen aber anders als gewöhnlich. Na klar, in der Hühnerfarm liefen schon so früh ihre Bewohner umher und pickten nach Würmern und Käfern, die nicht schnell genug ein Versteck finden konnten. Ein Hahn und seine zu betreuende Legehennenschar bewohnten den Ferch, legten ihre Eier in die Nester und bekamen jeden Tag ihr Futter. Über Nacht blieben die Tiere im Stall, von dem die Ausgangsklappe verschlossen wurde. Diese wichtige Aufgabe musste immer derjenige übernehmen, der abends die Eierproduktion ausnahm und so noch einmal nach dem Rechten schaute.

Morgens, wenn der Schäfermeister Oskar Kallmeyer Kaffee getrunken hatte, nahm er den Schlüssel vom Schlüsselbrett, zog die für die Jahreszeit passende Kleidung an, griff den Eimer mit dem Futter und schlug den Weg Richtung Hühnerhof ein. An diesem Morgen war es etwas später geworden. Er hatte bei den Schafen Zeit verloren. Als er auf halbem Wege war, fiel ihm auf, dass auf dem Hühnerhof schon heftiges Treiben stattfand.

Oma Hedwig Strauß war keine Langschläferin. Ihr Tag begann frühmorgens, wenn sich der Schlacht- und der Spinnereibus den Marschenkopf hochquälten. Bei diesen Motorgeräuschen war an Schlaf nicht mehr zu denken. Nach der Morgentoilette und zwei Marmeladenbrötchen verließ sie ihr Wohnhaus an der Marsche Richtung Bergstraße. Als sie auf den Hof trat, bewunderte sie den wunderschönen Sonnenaufgang am östlichen Firmament. ‚Hitte gitts wedder an schäänen Sommerdagg‘, sprach sie zu sich selbst. Nachdem sie die halbe Strecke der Bergstraße bewältigt hatte, musste sie eine Pause einlegen. Ihre innere Stimme sagte zu ihr: ‚Du best jo a nich mä de jingeste, roug dich mol uss‘.

Vorsichtiger als sonst, pirschte sich die Füchsin an die ihr unbekannte Stallanlage heran. Sie erkannte sogleich, dass sich hier schnell viel Beute machen ließ. Die Hühner hatten in der Nacht ihren Stall nicht benutzt, da man vergessen hatte, die Luke zu schließen. Das war schon öfters passiert, hatte aber keine Konsequenzen für den Hühnerbestand gehabt. – In diesem Moment war die Scheu der Füchsin vor dem Neuen verschwunden. Eine sich im Boden befindliche Furche unter dem Zaun wurde durch ihr Scharren so erweitert, dass sie sich bequem darunter hindurchzwängen konnte. Plötzlich war ihr Jagdtrieb erwacht!

Der Hahn war durch das Erscheinen des Erzfeindes so verängstigt, dass er flügelschlagend krähte und ziellos umherrannte. Die Hühner erkannten die Gefahr, flatterten aufgeregt und versuchten sich in Sicherheit zu bringen. Dabei flogen sie wild durcheinander ohne eine Chance zu haben, am Leben zu bleiben. Die Füchsin veranstaltete eine richtige Tötungsorgie. Jedes Huhn, dessen sie habhaft werden konnte, wurde durch einen Biss in den Kopf oder Hals getötet. Bald lagen elf Hühner und der Hahn im Todeskampf, mit zerbissenem Kopf oder Hals, in der Wiese. Die Füchsin nahm den in seinen letzten Zuckungen liegenden Hahn zwischen die Zähne und zwängte sich unter dem Lattenzaun mit ihrer Beute hindurch Richtung Steinberg, wo in ihrem Bau fünf hungrige Welpen auf ihr Frühstück warteten.

Oma Strauß hatte durch die eingelegte Pause wieder Kraft getankt, um das letzte Stück ihres allmorgendlichen Spazierganges in Angriff zu nehmen. Leise murmelte sie vor sich hin: ‚Wann ich doch mol länger jeschlofe kinte, dann tuerte son Tagg wanichstens necht zo longe. Abber de Schachter un de Spinner missen jo pinktlich uf ehrer Arbiet sie, do kann man uf mich ole Fraue kenne Ricksicht jenahme.‘

Oma Hedwig wollte gerade drehen, um den Heimweg anzutreten. Da bemerkte sie, dass am heutigen Morgen etwas fehlte. Na klar, sie vermisste das Krähen des stolzen Vorwerkhahnes, den von den Hennen verehrten Beschützer auf ihrem Hühnerhof. ‚Hitte hah ich uf minnem ganzen Waje dann Berg hinuff nich an Ton jehährt.‘

Da stimmt doch was nicht. Oma Strauß schaute die Bergstraße hinunter, ob vielleicht zu ihrer Unterstützung ein Frühaufsteher oder eine Frühaufsteherin vor dem Tor schon was zu tun hatte. Aber die Bergstraße war menschenleer. Oma Strauß musste das Heft des Handels alleine in die Hand nehmen. Als sie am Zaun des Hühnerhofes angekommen war, traute sie ihren Augen nicht. Überall lagen leblose Hühnerkörper herum. Nur im Stall gackerten noch einige Hennen, die das Massaker überlebt hatten. Jetzt war Eile geboten, um noch was zu retten. Bei manchen Hühnern zeigte nur ein kleiner Blutfleck am Kopf, dass schon eine kleine Verletzung zum Tode führen kann.

‚Ich saes uch, hier leen noch vehle schäne Broten dozwischen, man muss dann fast toten Hinren de Käppe obhacke un wann do das Bloten uffhärt, dann kimme de Hinre ver de Suppen jebruche.'

‚He, Hedwich, sieht wann fitterst du dann Oskars Hinre?', fragte Ottilie Strauß, die Frau des Bürgermeisters, die durch den Krach aufgewacht war und beim Nachsehen von Grete Föllmer zum Mitkommen aufgefordert wurde. ‚Was es dann passert?', fragte Grete Föllmer. ‚Warschienlich wor dar Fuchs dozweschen. Brenget eine von uch an Bielechen met, dann verschädene Hinre sin noch zujebruchen. De Käppe missen schnalle runger un dos moche ich gliech.'

Die beiden zuletzt gekommenen Nachbarn des Hühnerhofs wollten nun nicht tatenlos zusehen, wie Oma Hedwig mit dem mitgebrachten Beilchen als Scharfrichter die toten, aber nach ihrer Ansicht noch für die Suppe brauchbaren Hühner um einen Kopf kürzer machte. Nein, erst wenn bei der Übergabe des Tieres, nach eingehender Untersuchung noch eine erhöhte Körpertemperatur gefühlt wurde, übergab die Helferin es mit den Worten: ‚Es es noch warme' der Scharfrichterin, die mit gezielten Schlägen dem Tier den Kopf von dem Rumpf trennte. Die älteren Damen bemerkten in ihrer Rage nicht, dass sich Oskar, der Schäfer, mit dem Eimer Futter für die Hühner dem Ort des Verbrechens näherte.

‚Was es dann hier lose?' – ‚Dar Fuchs waar ebber Nocht bi uns un hätt alle Hinre tot jemacht.'

‚Jo, Oskar, wann man es dann Reineke abber auch so lichte macht, in dann Ferch zu kummen, do bruch man sich nich zu wungre, wann Reinecke diss dankbar ahnnimmet. Gucke mol,

Oskar, me hon ollen Hinren, de noch worme worn, dann Kopf objehackt. Dis gitt noch an paar schäne Broten ver uch', sprach mit etwas Stolz in der Stimme Oma Strauß, um im nächsten Moment mit einem gezielten Beilchenhieb einer Legehenne den Kopf abzuhacken.

,Was es dann her passert?', rief die das Schlachtfeld betretende Nachbarin Grete Föllmer. ,Hier drussene es jo son Krawall, do muss mon jo munter ware.' Dabei bückte sie sich, um eine am Boden liegende Henne aufzuheben und nach der Körpertemperatur zu fühlen. ,Es es noch warm, de Reben konn runger'. Mit diesen Worten auf den Lippen übergab sie die letzte Henne zur weiteren Exekution der Oma Strauß, die das Urteil gleich vollstreckte. Sage und schreibe sechzehn Hennen und der noch nicht gefundene Hahn waren der Fressorgie des Fuchses zum Opfer gefallen. ,Wo hät sich bloß dar Hahn versteckt? Es es wie bin Menschen, wann es gefahrlich wert, donn schmießen de Manre de Wasseremmer us dann Hängen um besser un schnaller laufe zu kinne', kommentierte Frau Föllmer des Hahnes Verschwinden.

Bürgermeister Strauß verzichtete nach der Mitteilung, ein Fuchs hätte in der gegenüberliegenden Hühnerfarm deren Bewohner getötet, auf die Tasse Kaffee und äußerte sich zu diesem Vorkommnis mit den Worten: ,So wiet musste es jo erscht kumme. De Jajer scheßen uns de Hasen wag, weil se met an toten Fuchs bi dassen Entsorgung nor Scherereijen hon. Aber jetzt is Schluss met lustig, de Reineckeburg wärt met allen uns zoor Verfigung stehenden Mitteln bekämpft. Ottilie, du kannst mich mol de Aktentasche jegah, ich gähe ins Amt.'

Draußen vor der Tür begegneten sich der Bürgermeister und Oskar Kallmeyer, der Besitzer der Hühnerfarm. ,De Hinre lähn kenne Eier mäh, Vetter Struß. Es gitt aber noch schäne Broten dank unsere Frauen. Den hohn me es zo verdanken, dass es dann nachsten Sunntagg schäne Hinresuppen gitt.'

‚Ich hah jetzt kenne Ziet, lange darebber zu diskuteere‘, sagte der Bürgermeister zum Schäfer, ‚ich muss uffem schnallsten Waje zum Amte und bim Kreisteerarzt Maldung mache.‘ Er machte auf dem Absatz kehrt und setzte sich in Richtung Bürgermeisteramt in Bewegung. ‚Hoffentlich hätt dar Fuchs kenne Tollwot‘, ging es dem Bürgermeister durch den Kopf. ‚Dann wert sich Ottilie ganz schäne wungre. De infizeerten Manschen krien de Spritzen um dann Buchnabel, das ditt ganz schäne wäh.‘

Im Amt angekommen, suchte Fritz Strauß aufgeregt nach der Telefonnummer.

Das Gespräch mit dem Tierarzt verlief wie gedacht. Die Tiere mussten umgehend vom Veterinäramt untersucht werden und die Personen, die mit den Tieren in Berührung gekommen waren, sollten noch am gleichen Tag zur Schutzimpfung nach Erfurt gebracht werden.

War das eine Aufregung im Unterdorf. Schnell waren die Betroffenen informiert und Angst und Panik machte sich auf den Gesichtern der drei Frauen breit.

‚Wäre ich hitte Morgen blooß im Bette jeblebben‘, brammelte Oma Hedwig leise vor sich hin. ‚Minne Hilfsbereitschaft wird nune bestroft.‘

Innerhalb der Karenzzeit müssen die Personen, die mit den infizierten Tieren in Berührung gekommen sind, ein Gegenmittel gespritzt bekommen, hatte der Kreistierarzt dem Bürgermeister geraten. Er war nun verantwortlich gemacht worden, dass die angeratenen Maßnahmen auch verantwortungsbewusst durchgeführt wurden.

Um die Mittagszeit brachte ein Kleintransporter die sechzehn Hennen in die Tierklinik. Den drei Frauen wurde nahegelegt, sich für den Transport nach Erfurt umzuziehen und für den Aufenthalt in der Erfurter Klinik die Tasche mit den nötigsten Sachen zu packen. In kurzer Zeit sollte ein Krankenwagen erscheinen. ‚Dass uns so was in unsern Olre noch passert!‘, meinte Ottilie.“

Bisher horchten unsere Kinder aufmerksam zu, dann fragte Matthias: „Mussten die drei Frauen und der Schäfer wirklich zum Spritzen nach Erfurt?“ – „Nee“, sagte Opa Richard, „de Teerklinik hatte de Hinre ungersucht un festjestallt, se hahn kenne Tollwot.“

„Um 14.00 Uhr sollte der Krankenwagen vom Bürgermeisteramt abfahren. Kurz vorher standen die vier Betroffenen mit gepackten Taschen und bleichen Gesichtern zusammengedrängt vor dem Amt. Sie sprachen sich gegenseitig Mut zu. Durch das offenstehende Fenster sah man den Bürgermeister telefonieren. Plötzlich ein lauter Schrei. ‚Das es ja prima‘, rief der Ortsvorsteher, sprang vom Stuhl auf und war mit drei Sätzen in der Eingangstür. ‚Ihr kinnt heime jegehe, die Hinre sinn nich versäucht. Ihr brucht nich nach Erfurt. Zu enre Sachen musste ich aber minne Zustimmung gah: De Hinre kummen nich zuricke, uffdann Broten misst ihr verzichte.‘“

Uschi Wild

Die Frau ohne Hirn

Meine Bekannte, für die ich Vorhänge nähen sollte, sagte: „Du, wenn ich noch nicht da bin, macht dir meine Schwiegermutter auf, die weiß Bescheid. Du kannst ruhig schon anfangen."

Danach erklärte sie mir noch ganz genau, mit welchen Bussen und mit welcher Straßenbahn ich zu ihr fahren musste. Sie war nämlich erst kurz verheiratet. Ich hatte ihre neue Wohnung im Haus ihrer Schwiegereltern und ihre Schwiegereltern noch nicht gesehen.

Alle Verkehrsmittel hatten schneller, als ich dachte, funktioniert. Jetzt stand ich ziemlich früh vor der Haustür meiner Bekannten. Ich klingelte. Eine recht freundliche Frau öffnete die Tür. Aber ich erschrak so. Ich wollte mir nichts anmerken lassen.

Die arme Frau sah sonderbar aus. Nie zuvor hatte ich so einen Menschen gesehen. Einen Menschen, dem über den Augen die Stirn fehlte – stattdessen einfach eine Höhle mit Haut darüber. Einige Haare hingen über diese Vertiefung.

Als ich im Haus, im Wohnzimmer war, bat mich die Frau, die die Schwiegermutter war, an den gedeckten Tisch. Sie schenkte mir Tee ein und fing ein ganz gebildetes Gespräch an.

Bald sprach sie über ihr „Hirn" (die Stirn). Noch kurz vor Kriegsende, bei einem Fliegerangriff, war ein feuriger Phosphorklumpen auf ihr „Hirn" gefallen und hatte sich tief durch den Knochen gefressen und durch das, was darunter war, auch noch ein Stück.

Weil sie so ganz normal redete und sich auch normal benahm, konnte man diese Vertiefung etwas vergessen.

Jedenfalls fand ich nun das Übel nicht mehr so schlimm wie beim ersten Anblick.

Die Frau erzählte weiter:

„Es kommen immer Professoren zu mir, die befragen mich, bitten mich oft, dass ich in die Klinik kommen soll, denn ich bin ein interessanter Fall für alle Spezialisten. Ihre ganze Theorie, alles was man bis jetzt über das Gehirn erforschte und wusste, stimmt bei mir nicht. Weil ich für meinen Mann kochen kann, das Essen nicht jeden Tag anbrennen lasse – denn ich dürfte der Theorie nach gar nichts riechen. Aber ich rieche alles. Ärzte schauten mir schon beim Essenkochen zu.

Für mich ist alles so wie früher, vorm Phosphor. Obwohl das für die Wissenschaft ganz unmöglich ist. Oft kommen Ärzte aus anderen Ländern zu mir. Sie wollen mich mit eigenen Augen sehen, denn was meine Ärzte ihnen über mich berichteten, glauben sie nicht. Es ist immer lustig, wenn ich ihnen beweisen muss, was ich alles vernehmen kann, weil man es ja für unmöglich hält. Ich bin den Ärzten ein Rätsel."

Diese besonders nette, liebe Frau tat mir sehr leid und ihr Mann auch. Auf meine Bekannte war ich böse, weil sie mir nichts über den Zustand ihrer Schwiegermutter gesagt hatte.

Der Briefmarkensammler

Herr Harry Backer, verbrachte die ganze Arbeitswoche im Betrieb, in dem er gerne arbeitete und sich wohlfühlte. Aber der Samstag, der war sein freier Tag, der gehörte ihm.

Schon während der Woche hatte er, wie immer, seine Kollegen und Bekannten um Briefmarken angebettelt. Wenn sie welche bekamen, gaben sie ihm die leeren Couverts und Postkarten mit Marken drauf.

Dazu kaufte sich Herr Backer noch Briefmarken im Laden. Am Samstag konnte Harry seine Briefmarken in Ruhe abweichen. Am liebsten nahm er seine abzuweichenden Briefmarken mit in die Badewanne. Dort im warmen Wasser genoss er sein Leben und spielte mit den Marken. Dabei dachte er an seine Kriegsjahre als Soldat, wie hatte er in jener Zeit heiße Bäder vermisst.

Eines Tages war er außer sich, er suchte und suchte in seiner Wanne und konnte eine besonders schöne, große Briefmarke nicht finden. Aus seiner Wanne beschimpfte er Frau und Sohn, die beide nicht ahnen konnten, wo diese besondere Briefmarke geblieben war.

Nun sprang der ärgerliche Mann aus der Wanne, lief ins Wohnzimmer zum Schreibtisch. Wütend, nackt und unabgetrocknet, suchte der Mann den Schreibtisch und dann das ganze Wohnzimmer ab. Seiner Frau und seinem Sohn kam er recht lächerlich vor. Als sie ihn von hinten sahen, bekamen sie Lachkrämpfe, denn auf seinem Hintern klebte die verloren geglaubte Briefmarke.

Herrn Backer ging es beruflich immer besser. Er hatte nun alles, was er sich wünschen konnte, nur noch kein Auto, welches er bis jetzt noch nicht angeschafft hatte, weil er den Führerschein noch machen musste.

Nun kam er heim und erzählte fröhlich, dass er ein Auto bestellt hätte. Es wurde sogar ganz schnell geliefert. Jetzt stand es an der Strasse vorm Haus.

Nun fragten sich öfters die Nachbarn untereinander, warum wohl Herr Backer nie mit seinem neuen Auto fährt? Niemand kam auf die Idee, dass der Dipl.-Ing. Backer den Führerschein nicht machen konnte. Immer wieder war er wegen seiner schwachen Nerven durch die Prüfung gefallen.

Auch dieses Problem löste Herr Backer ganz einfach: Er zog um, in eine Gegend, wo ihn niemand kannte.

Und das Auto hat er still und leise wieder verkauft.

Wolfgang A. Windecker

Der Lyrik-Preis

Ich liebe die Kunst. Könnte mir ein Leben ohne die Kunst nicht vorstellen. Liebe die Literatur. Liebe Gedichte.

Gerade Gedichte haben es in der heutigen Zeit schwer. In Buchhandlungen sehr schwer.

Deswegen wollte ich junge Literaten unterstützen, indem ich 1997 einen Lyrikpreis in die Welt setzte. Auch in die Lage versetzt durch das Mäzenatentum einer alten Tante.

1997 und 1998 hieß der Preis: Anna und Adam Launhardt-Lyrikpreis. So hatte ich ihn nach meinen Großeltern mütterlicherseits benannt. Es waren ehrenhafte Menschen mit Vorbildcharakter.

Da es aber vonseiten der teilnehmenden Lyriker ständig Fragen gab (Was genau sind dies für Leute? Waren das Nazi-Verfolgte?), setzte ich einige Jahre aus, vergab den Preis dann von 2003 bis 2013 erneut und nannte ihn nun den Wolfgang-A.-Windecker-Lyrikpreis.

Für den ersten Preis gab es zweihundertfünfzig Euro, für den zweiten Preis einhundertfünfzig Euro, für den dritten Preis einhundert Euro. Hinzu kamen in den ersten Jahren Annoncen in der Zeitschrift „Der Literat". Diese Annoncen bewirkten, dass sich Jahr für Jahr viele Autoren, darunter auch recht bekannte Namen, meldeten.

So um 2002 stellte „Der Literat" seine Arbeit ein. Daraufhin wurde die Zahl der teilnehmenden Literaten immer geringer. So beschloss ich, den Preis 2013 letztmals zu vergeben.

Ich habe – als bescheidener Bürger – viel Geld ausgegeben, doch ich habe es gerne getan.

Ich tat es für die Lyrik.

Der Abschlussball

Als ich 1968 Abitur am Frankfurter Klinger Wirtschaftsgymnasium machte, fiel der Abschussball aus. Es war die Zeit der studentischen Revolte, einer ihrer Anführer war Daniel Cohn-Bendit. Man war der Meinung, Abschlussbälle seien nicht mehr zeitgemäß, man müsse alte Bärte abschneiden.

1966 war das noch anders. Unseren Realschulabschluss feierten wir im Frankfurter Haus Dornbusch. In Erinnerung blieb mir, dass Englisch-Lehrerin Frau Opelt den Vater von Klassenkamerad Rudi Gebauer überredete, die Lehrerin und der Vater in Schlesien geboren, mit ihr polnisch zu reden.

Das war natürlich recht auffällig und mein Vater Philipp meinte mehrmals: „Ganz intim, ganz intim."

Nun, am 1. Juli 2012, war der Abschlussball der Alfelder Benscheidt-Realschule, unser Sohn A. hatte den Erweiterten Sekundar-I-Abschluss absolviert. Der Ball fand im Delligser Festsaal statt, die kleine Leinestadt Alfeld verfügt leider über keinen eigenen Festsaal.

Ja, der Abschlussball. Die jungen Mädchen fast alle in bunten, superkurzen Kleidchen. Laute Disco-Musik mit Nebelmaschine kombiniert, die Mädchen tanzten ausgelassen voll Freude, die jungen Männer standen fast alle im Freien und rauchten.

Meine Frau feierte an diesem Tag ihren Geburtstag, außerdem standen sich ab 20.45 Uhr in Warschau im Fußball-EM-Endspiel Spanien und Italien gegenüber. Spanien gewann 4:0.

Die Abschlussbälle 1966 und 2012: zwei sehr gegensätzliche Ereignisse.

Säckbach

Ich sitze hier auf dem Balkon meiner Offenbacher Senioren-Residenz-Wohnung und schaue auf den stolzen Fluss Main.

Berichten will ich von meinem Freund Alfred Launhardt, einem gelernten Immobilien-Kaufmann.

Launhardt wohnt in dem kleinen Städtchen Affenhausen, an dem Fluss Hase gelegen. In Affenhausen, umgeben von attraktiven Mittelgebirgswäldern, gibt es die beiden Orte, die Bevölkerung spricht auch gerne von Dörfern, Säckbach und Laupenheim.

Säckbach hat rund 500 Einwohner, Laupenheim hat rund 1300 Einwohner. Politisch gesehen befindet sich Laupenheim fest in der Hand der SPD. Ortsbürgermeister ist seit 1996 Bernd Thorhauer, er will im April 2014 aufhören. Über Thorhauer hat ein betagter Schriftsteller, den alle den Hünen nennen, ein Spottgedicht geschrieben.

Launhardt und Thorhauer spielten 1980 in Lammetal zusammen Fußball, Thorhauer zeichnete sich dabei negativ aus, weil er nie verlieren konnte und im Zorn nach seinen Gegnern trat und spuckte.

Säckbach hat einen Sportverein mit rund 500 Mitgliedern, Laupenheim hat einen Sportverein mit rund 250 Mitgliedern.

Mein schwarzhaariger Freund Alfred leitet diesen Sportverein seit dem Jahr 2000, sein Vorgänger war übrigens für vier Jahre Bernd Thorhauer.

Da ging einiges ab seit 2000: Man hatte ein Sommer-Zeltfest mit vielen lebensfrohen Kindern. Launhardt holte 2002 ein Kindergarten-Fußballturnier in sein Dorf. Das ging drei Jahre sehr gut.

Dann meinte der bullige Spartenleiter Fabian Zielinski, ein gelernter Gas- und Wasser-Installateur, seine Frau und er könnten dies noch besser und effizienter. Sie organisierten es ein Jahr, dann warfen sie das Handtuch.

Launhardt holte 2006 auch Yoga in seinen Verein, was bei den Mitgliedern auf eine positive Resonanz stieß.

Eine Übungsleiterin pöbelte, das war so um 2003, eine Turnschwester an, pokerte um ihr Übungsleiter-Entgelt. Mein Freund Alfred tauschte sie nach viel Hin und Her gegen eine stadtbekannte Heilpraktikerin aus.

Ein weiteres heißes Eisen war eine in ihrem Finanzgebaren unseriöse Übungsleiterin, in der Ukraine geboren. Ständig feilschend wie auf einem Basar. 2006 stand der kleine Dorfverein kurz vor dem Kollaps. Die Schatzmeisterin hatte wohl aus privaten Gründen kaum noch Zeit für die Finanzen. 2006 kam Peter Bart als neuer Schatzmeister und es gelang ihm auf großartige Art und Weise den Verein zu sanieren.

Allerdings mussten Alfred und der neue zweite Vorsitzende Joachim Schindler ein Privat-Darlehen beisteuern, um den Verein zu retten. 2006–2010 war die Blütezeit des Vereins.

So gab es drei Kinderturngruppen, von denen zwei zehn Jahre lang von Anna, Alfreds Frau, höchst erfolgreich geleitet wurden.

Es gab drei Jahre lang das sogenannte Anschwimmen, dabei sprangen einige mutige Männer am 1. Januar in das eiskalte Wasser des Dorfbrunnens. Für Essen und Trinken war bestens gesorgt.

Es gab das Osterfeuer am Rande des Sportplatzes. Auch hier gab es reichlich Gegrilltes und Getränke.

Es gab die Sommerolympiade, den Preisskat.

Doch es ging bergab. Das Kinderturnen musste eingestellt werden, weil nicht mehr genug Kinder da waren.

Bei Preisskat und Sommerolympiade, übrigens eine Gemeinschaftsveranstaltung von Feuerwehr, Sportverein und Schützenclub, blieben die Teilnehmer aus.

Und dann kam das Jahr 2013. Nach rund dreihundert Jahren schloss die kleine Grundschule Laupenheim, weil man keine Schüler mehr hatte. Man veranstaltete ein Fest – und das war der Schlusspunkt.

Und die Turnhalle stand zur Disposition. Die Stadt, der Sportausschuss signalisierten: Es müssen aus Kostengründen Turnhallen in der Stadt geschlossen werden. Acht Sporthallen bei schrumpfender Bevölkerungszahl seien zu viel. Und als gesetzt galten die Hallen in Forstwald, Säckbach und die Turnhalle der Schule am Dornbach.

Die Turnhalle in Laupenheim soll 2015 geschlossen werden. Das wollten einige alte Gymnastikfrauen nicht einsehen und sie wurden noch regelrecht aufgewiegelt durch Bernd Thorhauer, der versprach, er, der große Zampano, könne die Turnhalle noch zehn Jahre halten.

Und die alten Frauen glaubten das, was sie gerne glauben wollten. Launhardt verhandelte seit Januar 2013 mit der Stadt und Vertretern von Säckbach mit dem Ziel, dass Sportler aus Laupenheim die vor zwei Jahren renovierte Halle mit nutzen können, und mein Freund Alfred versuchte, für seine Mitglieder das beste herauszuholen: also gleicher Übungstag, gleiche Übungszeit, gleicher Übungsleiter. Das ist ihm gelungen.

Schwierig war für meinen Kumpel Alfred, dass ihm und den anderen Verhandlungspartnern bei den Verhandlungen mit der Stadt Stillschweigen auferlegt wurde. Daran hielt er sich. Andere, wie Thorhauer, hielten sich nicht daran: Er wiegelte auf und setzte gerade den alten Damen Flausen in den Kopf.

Im April 2013 tauchten drei ortsansässige Männer auf, die vage formulierten, sie wollten die Sporthalle retten und könnten sich so etwas Ähnliches wie einen Förderverein vorstellen. Sie wollten helfen.

Bei einer Sitzung im Dorfgasthaus blieben die drei Männer

vage, konnten über Kosten und Erträge nichts sagen. Monate später war von einem sogenannten Förderverein nichts mehr zu hören.

Der Motor der Unruhe waren Thorhauer, seit Jahren kein Vereinsmitglied mehr, und die alten Frauen, die immer nur mit hohen altersschwachen Stimmen von sich gaben: Man hat uns nicht informiert. Wir wissen nichts. Wir wissen nichts.

Und dies obwohl bei Ortsratssitzungen, die alten Damen waren immer anwesend, vor sich hin stierend, Stadtrat Braukmüller die rechtliche Situation in klaren Worten skizziert hatte.

Er hatte das mehrmals getan.

Andrea Bauer, die hochbetagte Spartenleiterin der Gymnastikfrauen, saß stets in Vorstandssitzungen dabei, wenn es um die Turnhallenproblematik ging, doch meist vor sich hindämmernd, versäumte sie es offensichtlich, ihre Gymnastikschwestern zu informieren.

Im Januar 2014 eskalierte die Situation dermaßen, dass eine sonst eher unauffällige Alt-Turnerin vom Typ super-graue Maus einen bitterbösen Leserbrief in der kleinen Heimatzeitung veröffentlichen ließ, in dem sie Alfred Launhardt vorwarf, er sei selbstherrlich und undemokratisch.

Alfred schwieg dazu.

Nun war am 7. 2. 2014 Jahreshauptversammlung des Sportvereins. Alfred war an diesem Abend vierzehn Jahre im Amt, Vereinsrekord. Seine Amtszeit lief ab, er wollte nochmals für zwei Jahre antreten, auch um einen geeigneten Nachfolger zu finden und rechtzeitig einzuarbeiten.

An diesem Abend waren rund zwanzig Gymnastik-Seniorinnen erschienen, man war voll Hass, Spott, Häme und wie von Sinnen.

Stadtrat Braukmüller, wieder einmal anwesend, stellte nochmals die Situation dar: Nichts zu machen.

Der Fußball-Vizeprädident, Clemens Widmayer, war wegen anstehender Ehrungen anwesend, er versuchte ebenfalls, Ruhe ins Spiel zu bringen, nichts zu machen.

Als es zur Wahl des 1. Vorsitzenden kam, es war schon Mitternacht, trat Alfred nicht mehr an. Daraufhin trat auch die zweite Vorsitzende Doris Lampe nicht mehr zur Wahl an. Auch Alfreds Frau Anna trat als Sozialwart nicht mehr an. Schatzmeister Peter Bart, eine Säule des Vereins, trat mit sofortiger Wirkung zurück.

Bodo Pillert, der Schriftführer, trat ebenfalls nicht mehr an.

Der Verein ist nun führungslos. Man wird sehen, wie sich das auf den Übungsbetrieb auswirken wird.

Alfred meint, dass sich Bernd Thorhauer jetzt als Retter des Vereins aufspielen wird.

Wir werden sehen.

SONDERTHEMA

»DAS ENDE DES ZWEITEN WELTKRIEGES«

Zusammenbruch und Neubeginn vor siebzig Jahren

Dieter Boenke

So wird es nie wieder sein

Abschied, Ostpreußen 1944

„Nach jedem Abschied gibt's ein Wiedersehen. Schwer ist der Abschied, schön das Wiedersehen", heißt es in einem Lied. Auch dieses Mal fiel das Abschiednehmen wahrlich nicht leicht, und ein Wiedersehen wäre wohl sehr, sehr schön gewesen. Aber für den Autor dieser Episode gab es leider kein Wiedersehen mehr mit seiner ostpreußischen Heimatstadt Ebenrode, nachdem er im August 1944 noch einmal für ein paar Stunden dorthin gefahren war. Unaufhaltsam näherten sich damals die russischen Streitkräfte der ostpreußischen Grenze. Schon bald danach ging es für ihn im Kampfgetümmel und dann für Jahre in russischer Kriegsgefangenschaft ums nackte Überleben. So manchem Kameraden war zum Abschied ein „Lebe wohl" gewünscht worden. Jahrzehnte sind inzwischen ins Land gegangen. „Ade, du mein lieb Heimatland" war damals nicht über seine Lippen gekommen.

Bei schönstem Sommerwetter hatte man sich schon früh am Morgen auf den Weg gemacht, um zusammen mit Mutter und Schwager Hans vom Ostseebad Neukuhren aus mit einem Lastkraftwagen etwa 200 Kilometer weit quer durch Ostpreußen bis nach Ebenrode zu fahren. Die Heimatstadt, nahe der litauischen Grenze gelegen, war bereits völlig geräumt worden, und die Mutter hatte Aufnahme bei ihrer Tochter an der Samlandküste im Ostseebad Neukuhren gefunden. Er selbst war 16-jährig Marinehelfer in Pillau und hatte wie der Marineobermaat Hans ein paar Tage Urlaub. Nun sollte noch das eine oder andere aus unserer Wohnung nach Neukuhren abtransportiert werden.

Menschenleere Ortschaften wurden passiert. Vorbei ging die Fahrt auch an leeren Weiden und nicht abgeernteten Feldern. Wo sonst zur Erntezeit von früh bis spät fleißig gearbeitet worden war, rührte sich nun keine Hand. Still und stumm verharrte man auf seinem Sitz, beklommen von der Leere und dem großen Schweigen ringsum. Hoffentlich keine Autopanne, denn weit und breit war keine Hilfe in Sicht. Hinter Insterburg, 50 Kilometer vom Fahrtziel entfernt, gehörte die Straße nur noch uns ganz allein.

Zur Mittagszeit nach problemloser Fahrt in Ebenrode angekommen, wurde der Lkw vor unserem Wohnhaus in der Goldaper Straße 8 abgestellt. Während Mutter und Schwager sich eine Vesperpause gönnten, machte sich Sohn Dieter zu einem Rundgang durch die Stadt auf. Dazu nahm er sein Fahrrad mit. Kein Mensch weit und breit zu sehen. Wie ist einem zumute in einer so menschenleeren Stadt? Es schien so, als ob sich auch die Vögel davongemacht hatten. Nichts rührte sich. Kein Laut, Straßen, Plätze und Häuser erschreckend leer. Eine Geisterstadt mitten am hellen Tag. Doch überall sah er sich in die Vergangenheit zurückversetzt. Auf den Schulhof des Gymnasiums, auf dem viel Völkerball gespielt worden war.

Er sah die Klassenkameraden vor, neben und hinter sich sitzen. Heinz, der weniger aufgrund seiner schulischen Leistungen, dafür aber um so mehr wegen seiner drei sehr hübschen Schwestern zu beneiden war. Erich, mit dem man öfter zusammen die Schulaufgaben gemacht hatte. Hinter ihm Arnold, der gern mal sein Pausenbrot mit ihm getauscht hatte. Insbesondere zur Weihnachtszeit, wenn er hierdurch in ein mit frisch geräucherter Gänsebrust belegtes Brot hineinbeißen konnte. Er sah den altehrwürdigen „Direx“ Johne dozieren, und schließlich kam es ihm so vor, als ob er auf das Läuten der Pausenklingel warten würde. Weiter ein kurzer Halt vor den Wohnungen der

Freundinnen mit Erinnerung an die erlebnisreiche Zeit der reizvollen Annäherung mit Händchenhalten und dem ersten Kuss. Mit gefühlvoller Schwärmerei für die holde junge Weiblichkeit. Gemeinsam ins Kino mit „in den Arm nehmen" auf den hinteren Plätzen, zusammen Geburtstag gefeiert mit „pikanten" Kuss-Spielchen.

Vom Gymnasium aus zum Sportplatz entlang der Heinrich-Maria-Jung-Straße, die besonders in der dunklen Jahreszeit zur beliebten „Rennbahn" für verliebte Pennäler(innen) geworden war. Vorbei an der Getränke-Handlung Rimkus, der Wohnung seines letzten Fähnlein-Führers im Deutschen Jungvolk. Nur noch wenige Schritte hin bis zu den Sportplätzen, die er als begeisterter Sportler unzählige Male aufgesucht hatte. Mit der Fußball-Mannschaft und im Einzelwettbewerb bei Reichsjugend-Wettkampfspielen war er sehr erfolgreich gewesen. Dorthin ging man auch an jedem Mittwoch und Sonnabend nachmittags für etwa drei Stunden zum Jungvolkdienst.

Von da aus marschierte das Fähnlein immer mal wieder durch die Stadt. Marschlieder wie „0 du schöner Westerwald" oder „Wildgänse rauschen durch die Nacht" wurden dabei gesungen. Sein Fähnlein erhielt eines Tages eine kleine Landsknecht-Trommel. Er, noch ein kleiner Pimpf, bekam sie umgehängt, marschierte fortan dem Fähnlein voran und bestimmte mit seinem Trommelschlag den Marschrythmus. Zum Erstaunen der Passanten war er einmal ganz allein und immerfort trommelnd mitten auf der Straße an ihnen vorbeimarschiert. Von ihm unbemerkt war das Fähnlein zum Spaß kürzer getreten und hatte ihn somit immer weiter davonmarschieren lassen. Später hat er noch oft auf Straßen und Plätzen im Fanfarenzug als Fanfaren- und Hornbläser mitmusiziert. Auf der kleinen Trommel wurde weiter getrommelt. Schließlich war er der letzte Fanfarenzug-Führer im Deutschen Jungvolk in seiner Heimatstadt. Insofern war da unter seiner Führung vermutlich zum allerletzten Mal beim Marsch durch die Stadt geblasen und getrommelt worden.

Unweit der Sportplätze war im Schützenpark ein Schießstand angelegt worden. Eine große Teichanlage wurde da im Winter als Eislaufplatz genutzt und dementsprechend hergerichtet. Abgeteilt darauf das Eishockey-Spielfeld. Sein Freund Hans Joachim und er zählten zu den eifrigsten und besten Spielern ihres Alters. Wenn nur noch die beiden nach stundenlangem Training am späten Abend durch den dunklen Schützenpark heimwärts gingen, sangen sie frohgemut lauthals das Soldatenlied „Leb wohl, Irene, behalt mich lieb, Sophie", sozusagen als ihren Eishockey-Song. Zu Hause bei seinem reichlichen Abendbrot wurde gefragt: „Junge, wo läßt du das alles bloß? Du kannst doch mit dem vollen Magen gar nicht schlafen." Keine Sorge, er konnte.

Auch im Schützenpark kein Mensch weit und breit. Weiter ging es auf der Gummbinner Straße zum Freibad in Lawischkehmen. Im nahen Umfeld von Ebenrode gab es außer dieser Badeanstalt in der beständig sehr warmen Sommerzeit nur wenig Gelegenheit zur Abkühlung. Demzufolge war das Freibad immer sehr gut von Kind und Kegel besucht. Schon von weitem konnte man lautes Kindergeschrei hören. Nun leer die Becken für Schwimmer und Nichtschwimmer. Damals hatte es in letzterem bisweilen kaum Platz zum Untertauchen gegeben. Vermutlich hatte da auch immer mal wieder einer der „Dreikäsehochs" für eine „verbesserte" Wasserqualität gesorgt.

Unverändertes Leben im Froschteich nebenan. Früher waren immer ein paar Frösche und Kröten am Abend, wenn das Bad geschlossen wurde, zum Schwimmerbecken hinüber gehüpft und einer nach dem anderen ins Bassin gesprungen. Sie wussten, dass sie beim Nichtschwimmer-Becken an Land gehen konnten, um sich dann wieder am abendlichen Froschkonzert zu beteiligen. Wie schön ist es doch, wenn Mensch und Tier, jeder auf seine Weise, Freude am Leben haben können.

Viele, ja, sehr viele unvergessliche Stunden, die er mit der Familie, Freunden und Freundinnen hier verbracht hatte, zählen unbedingt auch zum Haben-Konto seines Lebens. Hier hatte man eine „Arschbombe“ vom Einmeter- und eine „Schwalbe“, einen Kopfsprung, vom Dreimeter-Sprungbrett gemacht. War mit dem Erreichen des Grund- und Leistungsscheins zum Rettungsschwimmer geworden. Alles war noch unversehrt und so wie früher und doch war nun alles, alles anders. Er fühlte sich so unendlich einsam in dieser bedrückenden Leere. Und dann war da auch wieder diese unheimliche Stille ringsumher. Es zog ihn fort von dieser Stätte.

Er radelte zurück und auf dem Weg zum Kreiskrankenhaus wurde noch ein Abstecher zur elterlichen Wohnung in der Pillkaller Straße gemacht, dem Zuhause in seinen ersten vier Lebensjahren. Nur wenig davon war ihm noch erinnerlich. Aber es gab die eine oder andere Geschichte über ihn zu erzählen. Zum Beispiel, dass der Sohnemann zu kalter und dunkler Winterzeit bereits um 5.00 Uhr in der Frühe putzmunter gewesen sein soll. Die Mutter sah sich deshalb genötigt, schon den Ofen im Wohnzimmer anzuheizen. Mit dem Schlaf war es zumeist für Vater und Schwester dann auch vorbei. Immerhin war so dafür gesorgt, dass die beiden rechtzeitig zur Arbeit beziehungsweise Schule kamen, während der Frühaufsteher sich noch einmal genüsslich für zwei Stündchen auf's Ohr legte. Ja, wenn man es so haben konnte.

Das Krankenhaus, in dem sich auch nichts regte, kannte er nur von außen. Von da aus radelte er zum Lyzeum, einer Stätte, an die er sich auch sehr gern erinnerte. Die Mädchen-Oberschule war von den Ausmaßen her gesehen ein ganzes Stück kleiner als das Gymnasium für die Jungen. Demgemäß auch die Aula des Lyzeums. Gerade deshalb wurde sie für Einübungen, Proben und Veranstaltungen gern genutzt. So wurden da zum Beispiel Volkstänze unter der Leitung des Musiklehrers „Karlchen“ Heinrich eingeübt. In Erinnerung war ihm noch der „Kuhländler Dreher“ geblieben. Ohne „Karlchens“ Anwesenheit wurde flott eine andere Sohle aufs Parkett gelegt. Begeistert wurden zum Beispiel Foxtrott, Slow Fox, Langsamer Walzer, Wiener Walzer und Tango stundenlang getanzt. Beigebracht hatte ihm dies die drei Jahre ältere Greta. Die nötigen Rhythmen dazu kamen zumeist vom Plattenteller. Mitunter griff er oder ein anderer in die Tasten und spielte auf dem Flügel Schlager wie „Hörst du mein heimliches Rufen“, „Komm zurück“, „Stern von Rio“, „Einmal wirst du wieder bei mir sein“.

Die Aula wurde auch für Proben und Aufführungen der „Hitler-Jugend-Spielschar“ – ein Jugend-Orchester – genutzt. Geleitet und dirigiert wurden das Orchester und der gemischte Jugend-Chor vom 16-jährigen Werner, Sohn des Lyzeum-Direktors. Mit Freund Hans Joachim war man als Trompeter auch dabei. In Anbetracht der damaligen Verhältnisse war in verhältnismäßig kurzer Zeit noch viel eingeübt und dargeboten worden. Seine letzte Freundin im Heimatort, die blonde Else-Lotte, war Chorsängerin. Nach gemeinsamem Musizieren hatte er sie nach Hause begleitet. Keineswegs sogleich war dem Kavalier die Hand dafür gereicht worden. Ein Schelm, wer da an weibliche List denkt.

Nur ein paar Schritte weit vom Lyzeum lag auf einer kleinen Anhöhe die evangelische Kirche. Nun Totenstille, umschlossen von Kirchenmauern. Stätte seiner Taufe und Konfirmation. Die Schwester war hier kirchlich getraut worden. Wie schön auch die Erinnerung an die feierlichen Gottesdienste zur Christvesper am Heiligen Abend. Die Wendeltreppe hinauf zu den Glocken, die er zusammen mit Ulrich, dem Pastorensohn, einige Male geläutet hatte. Einmal hatten die beiden an den Glockenseilen so ausgiebig Turnübungen gemacht, dass das Geläut ganz anders und auch viel länger als sonst zu hören war. Erbost hatte der Küster den Lorbassen Einhalt geboten. Wer weiß, wie lange sonst noch weiter geläutet worden wäre.

Von dieser Stelle aus ließ sich die kleine Stadt gut überblicken und man konnte weit ins Land hinaus schauen, über seine ihm so vertraute Heimat. Sollte er die Glocken läuten? Vielleicht sogar zum letzten Mal in lange währender deutscher Geschichte. Glockenklang als Abgesang über menschenleerem Gemäuer, ausgestorbenen Straßen und Plätzen.

Weiter ging es über den Neustädtischen Markt zum Pfarrhaus für die zwei evangelischen Pastoren. Die evangelischen Pfarrer hätten unheimlich viele und die katholischen Priester heimlich viele Kinder, hieß es. In Ebenrode hatten es die Familien der evangelischen Pastoren bis dato immerhin auf insgesamt neun Zöglinge gebracht. Spielten die Kinder mit ihren Freunden auf den Höfen, kam es einem so vor, als wäre man auf einem Schulhof. Immer mal wieder war er zu seinem Schulfreund Ulrich ins Pfarrhaus gegangen und auch zu Geburtstagsfeiern eingeladen worden. Vergeblich waren die Bemühungen der Haushaltshilfe geblieben, ihn mit der Pfarrerstochter Eva Maria zu „verkuppeln". Doch da war er mit seinen 13 Jahren schon vergeben und bei Freundin Anneliese sozusagen bereits „in festen Händen". Auch der Konfirmandenunterricht hatte im Pfarrhaus stattgefunden. Nun war auch diese Stätte verlassen und leer. Fröhliches Treiben der Kinder dort nur noch Erinnerung. Ein paar Schritte weit lag hinter dem Pfarrhaus der große Garten, in dem noch reichlich Gemüse und Obst darauf warteten, abgeerntet zu werden. Auf der großen Schaukel schaukelte er für eine kurze Weile ein wenig hin und her und dachte daran, wie viel Spaß ihm und Ulrich das Schaukeln gemacht hatte.

Er musste weiter und fuhr über den Neustädtischen Markt in Richtung Altstädtischer Markt. Während auf ersterem gewöhnlich der Circus gastierte, bot der Altstädtische Markt genügend Platz für den Jahrmarkt. Solange, wie die Dittchen, das waren Zehn-Pfennig-Stücke, dazu reichten, hatte man mit Schiffsschaukel, Kettenkarussell, Achterbahn, Riesenrad und Autoskooter seine große Freude. Besonders der Skooter war gefragt, denn da konnte man den Zöpfeträgerinnen so richtig seine Fahrkünste beweisen oder mit ihrem Gefährt in voller Absicht gehörig zusammenstoßen. Weiter ging es an Geschäften vorbei, hinter deren Schaufenstern, als wäre nichts geschehen, noch Auslagen zu sehen waren.

Er verweilte kurz vor den Hotels „Cabalzer" und „Hardt" als Stätten für viele Aufführungen, Feste, Feiern und Versammlungen. Wiederholt hatte er da zum Beginn und Ende einer feierlichen Partei-Versammlung mit Freund Hans Joachim von der Bühne aus einen Fanfaren-Marsch geblasen. Von der Goldaper Straße aus ging es weiter die Schulstraße entlang zur Volksschule. Nur wenig war ihm aus seinen ersten Schuljahren noch erinnerlich. Gern hatte er die warme Milch, 1/4 Liter in Flaschen, die alle Schüler im Winter kostenlos bekommen konnten, getrunken. Einen gehörigen Tadel hatte es da vom Klassenlehrer Kempas nur für ein außerschulisches Verhalten gegeben. Er hatte nämlich seine erste Zigarette geraucht und war dabei von der Gattin des Volksschulrektors Bolz beobachtet und „angeschwärzt" worden.

Die Familie Bolz wohnte uns gegen über auf derselben Etage. Sein Freund Hans Joachim und er waren eine Zeit lang immer mal wieder gemeinsam zur Volksschule und auch heimwärts gegangen. Dabei kamen sie auf dem Heimweg an einer Bäckerei vorbei. Hatte man einen Dittchen zur Hand, wurden dafür zwei Rumschnitten, gehaltvolles Altbackenes, gekauft und sofort an Ort und Stelle verdrückt. Die Mütter der beiden trafen sich öfter beim Einkaufen und hatten sich dabei besorgt gezeigt, weil die Zöglinge immer mal wieder mittags nichts essen wollten, und dies merkwürdigerweise just am selben Tag. Nun, wie man bei näherem Hinsehen feststellen konnte, gab es da absolut keinen Grund zur Sorge.

Weiter ging es längs der Goldaper Straße in Richtung Turmstraße, auch vorbei am Postamt. Hier hatte sein Vater viele Jahre gearbeitet, zuletzt als Postinspektor und Leiter der Personalstelle. Vor den Bahnschranken führte rechts ab die Bergstraße zu einem Firmengelände, auf dem eine kleine Wetterstation ihren Standplatz hatte. Über Jahr und Tag hatte er zuerst mit Hans-Georg und dann mit Eberhard in schulischem Auftrag morgens, mittags und abends bei Wind und Wetter die Station aufgesucht, um Wetterdaten abzulesen und aufzuschreiben. In der Turmstraße machte er halt vor der katholischen Kirche gegenüber der Brauerei-Niederlassung Groß. In der dortigen Villa hatte seine Familie samt Großmutter mütterlicherseits eine Zeit lang eine schöne 5-Zimmerwohnung bewohnt. Währenddessen hatte er seinen Freund Hans Joachim, fast zwei Jahre älter als er, kennengelernt. Dieser wohnte ganz in der Nähe mit seinen Eltern und seinem älteren Bruder Werner in der Turmstraße 16. Unzählige Male war er hier aus- und eingegangen.

Die elterlichen Wohnungen der Freunde boten ihnen jeweils sozusagen ein zweites Zuhause. Selbst, wenn es mal eng war, konnte man ruhigen Gewissens zum Schlafen beim Freund bleiben. Zum Beispiel sogar zu der Zeit, als drei junge Damen zur Untermiete in einem Zimmer der wahrlich nicht geräumigen Wohnung in der Turmstraße 16 wohnten. Bei sieben mehr oder weniger Ausgeschlafenen verlief die morgendliche Toilette im kleinen Bad sozusagen im Minutentakt. Und die Hausfrau hatte mit der Zubereitung von Frühstück und Pausenbroten alle Hände voll zu tun. Auf mehr als eine jahrzehntelange ungetrübte

Freundschaft, wie man sie sich eigentlich nur wünschen kann, konnte man inzwischen zurückblicken. Daran hatte auch sein Wohnungswechsel in die Goldaper Straße 8 nichts geändert. Selbst sein Foxterrier Lumpi kannte den Weg zwischen den Wohnungen recht gut.

Beide Freunde hatten in Groschen-Heftchen wie „Alaska Jim" und „Rolf Torring" und in Wildwest-Romanen aus der Leihbücherei geschmökert. Romane von Karl May und Felix Dahns „Ein Kampf um Rom" gehörten auch zu ihrer Lektüre. Im Spiel waren sie als Old Shatterhand und Winnetou oder auch als die Ostgoten-Könige Totila und Teja aufgetreten. Viele, ja, sehr viele Erinnerungen füllen das Schatzkästchen gemeinsamer unvergesslicher Erlebnisse.

Auf dem Rückweg dachte er an der Abzweigung, die zum Rodelgelände Scharkowski führte, an die jährlichen winterlichen Freuden dort für Jung und Alt. Der weitere Weg führte ihn zum Bahnhof. Von Kindesbeinen an war er von da aus über Jahre mit der Bahn zusammen mit den Eltern und der Schwester während der Sommerferienzeit für vier Wochen nach Neukuhren, einem Ostseebad an der Samlandküste, gefahren.

Er trat in die Pedale, um noch einen Abstecher zum Kino zu machen, ehe er seinen Rundgang durch die Stadt beendete. Immer wieder hatte es da auch einen Film gegeben, der für unter 18-Jährige nicht zugelassen war. Die strenge Kinobesitzerin Plagowski, ein sogenannter weiblicher „Dragoner", hatte da so manchem, der von ihr als „Grünschnabel" erkannt worden war, ohne Pardon den Einlass verwehrt. Dank der guten Beziehung zur gleichaltrigen Tochter Inge der Kinobesitzerin gab es für die beiden Freunde in dieser Hinsicht überhaupt kein Problem. Zwei Balkonplätze waren reserviert, die man stets incognito eine kleine Weile nach Beginn der Vorstellung einnehmen und kurz vor dem Ende des Films verlassen konnte.

Zurück nahm er den Weg über die Kasseler und Jahnstraße. Zu Hause angekommen, stellte er sein Fahrrad im Hausflur ab und half beim Beladen des Lastwagens mit. In dem früher so betriebsamen Haus rührte sich nun keine Hand. Verlassen im Parterre die Kreissparkasse, in der die Schwester als Angestellte tätig gewesen war. Sehr in Eile war sie in ihrer sportlichen Art hin und wieder auf dem Weg zur Arbeit von unserer Wohnung aus die Treppengeländer hinuntergerutscht. Der Sparkassendirektor hatte das gesehen und sich mit Augenzwinkern über die doch recht ungewöhnliche Weise, zur Arbeit zu kommen, geäußert.

Im ersten Stockwerk waren die Kreisleitung und die Praxis mit Wohnung der Zahnärztin Müller zu finden. Darüber die Wohnungen der Familien Boenke und Bolz. Im oberen Geschoß wohnte der Hausmeister Kaul mit seiner Frau.

Man war ohne jeden Abschied fortgegangen und das Wiedersehen fragwürdig. Während Schwager Hans den mit Holzgas betriebenen Lkw fahrfertig machte, gingen Mutter und Sohn noch einmal durch die Wohnung. Hier hatte man schönste Jahre seiner Jugendzeit verlebt. Eine Zeit, an die man liebend gern zurückdenkt. Die Familie hatte ein recht geselliges Leben geführt. Man war kein Kind von Traurigkeit gewesen, und Gelegenheiten, fröhlich mit Verwandten, Freunden und Bekannten, auch hier in dieser Wohnung, zusammen zu sein, hatte es reichlich gegeben. Es ging uns damals gut. Das konnte auch unser Foxterrier Lumpi bestätigen.

Ein fahrbarer Untersatz in Form eines Pkw „Meisterklasse“ war auch vorhanden. Es wurde viel musiziert mit Mandoline, Klavier, Geige und Trompete. Freundinnen der Schwester hatten sich auch immer mal wieder ans Klavier gesetzt und unter anderem „Die Petersburger Schlittenfahrt“ oder „Heinzelmännchens Wachtparade“ und auch vierhändig gespielt. Den sogenannten „Flohwalzer“ konnten fast alle spielen. Am Heiligen Abend war

Hausmusik üblich. Die Schwester spielte auf der Mandoline die Weihnachtslieder. Dazu wurde sie vom Bruder am Klavier und wiederholt auch von Mutters schöner Stimme begleitet. Währenddessen gönnte sich der Familienvater, müde von der vielen vorweihnachtlichen Arbeit bei der Post, zwischendurch ein kleines Nickerchen.

Im Zeitraffer dachte er zurück. Wie hatte der Krieg doch schon so bald zu erheblichen Veränderungen geführt. Unser Auto musste für das Militär abgegeben werden. Ein Hauptmann war bereits monatelang vor Beginn des Russland-Feldzuges bei uns einquartiert worden. Der Obergefreite mit Nachnamen Werner war vormals als Artist weit herumgekommen, um nun als Offiziersbursche dem Hauptmann zu Diensten zu sein. Dabei wurde er wiederholt von der Hausfrau tatkräftig unterstützt, und die gute Bewirtung erhielt viel Lob. Der Bursche, ein Mann von Welt, nahm alles mit Humor, wohl auch mit Galgenhumor, wusste man doch, dass auch der Hauptmann eher dem zivilen Leben zugetan war. Der Obergefreite Werner war schon bald sozusagen zu einem Gast mit Familienanschluss geworden. Und so fiel der Abschied von ihm besonders schwer, als es im Juni 1941 hieß: „Auf, auf, Kameraden, aufs Pferd, aufs Pferd, ins Feld, in die Freiheit gezogen! Im Felde, da ist der Mann noch was wert, da wird das Herz noch gewogen.“ Über ihr weiteres Schicksal wurde nichts bekannt.

Die eigene Konfirmation war im Frühjahr 1943 nur in ganz bescheidenem Rahmen gefeiert worden. Auch im Hinblick darauf, dass der Vater unerwartet nach nur kurzer Krankheit wenige Wochen zuvor im Alter von 62 Jahren verstorben war. Freund Hans Joachim war zu der Zeit schon Marinehelfer. Im Sommer 1943 kam Mutters Schwester, Tante Ida, zu uns, nachdem sie in Hamburg ausgebombt worden war. Als Gepäck führte sie nur eine kleine Tasche mit den wichtigsten Papieren mit sich und war froh, im Feuersturm mit dem Leben davongekommen zu sein. Bald hatte sie sich gut eingelebt. Alles ging seinen Gang. Allerdings nach fröhlichen Weihnachten, wie dazumal oft gelebt, war uns damals nicht zumute. Ab Januar 1944 war er Marinehelfer in Pillau. Nach der Räumung der Stadt war Tante Ida von Neukuhren aus nach Hamburg zurückgekehrt.

Es wurde nun langsam Zeit zur Rückfahrt. Mutter ging abschließend noch einmal durch alle Zimmer. Er nahm sich inzwischen ein wenig Zeit, um, wie vordem so oft, vom Wohnzimmerfenster aus auf die Goldaper Straße, das gegenüberliegende Zollamt und in Richtung Postamt zu schauen. Noch ein paar leise Tastenanschläge auf dem Klavier und zuletzt ein Blick in sein kleines, gemütliches Zimmer, in dem er so viele schöne Stunden verlebt und die schönsten Träume geträumt hatte. Alles war noch an seinem Platz. Das Bett gemacht, die Bücher und die Kosmos-Kästen „Radiomann“, „Elektromann“, „Technikus“, „Alchimist“ standen geordnet auf dem Regal. Die Bastelarbeiten, Flugzeugmodelle, die Segelyacht, Klasse F, ein Minensuchboot mit Trixmotor, ein Zerstörer mit Gummimotor-Anrieb, ein kleines U-Boot, alles noch wie immer aufgestellt.

Schweren Herzens musste nun alles zurückgelassen werden mit Blick in eine ungewisse Zukunft. Die Wohnungstür fiel ins Schloss und, noch nicht ahnend, wurde damit das Ade von der ostpreußischen Heimat besiegelt.

Ohne noch einmal zurückzublicken wurde die Heimatstadt verlassen und nach wenigen Kilometern führte die Rückfahrt mit einem kleinen Abstecher nach Amalienhof. Der alte Herr, der dort ein kleines Anwesen bewohnte, hatte uns immer mal wieder mit frischen Eiern und frischem Gemüse versorgt. Dafür hatte er die Rauchermarken von Mutter und Tante Ida bekommen. Unseren Foxterrier Lumpi hatte er ins Herz geschlossen, so dass dieser bei ihm gut aufgehoben war. Auf die Flucht wollte er in seinem hohen Alter nicht mehr gehen. Mutter hoffte noch immer auf eine Rückkehr, und dann sollte Lumpi wieder abgeholt werden.

Freudiges Hundegebell empfing uns an der Haustür. Lumpi sprang mir auf den Arm und dann wurde man „abgeschlabbert“. Welch große Freude für Mensch und Tier, wenn auch nur für eine so kurze Zeit. Beim Abschied sah man in traurige Hundeaugen. Es schnürte einem die Kehle zu. So etwas vergisst man nicht. Zeitlebens.

Noch einen Blick zurück, ein letztes Winken, und weiter ging die Rückfahrt auf leeren Straßen. Schweigend saß man auf dem Autositz und sann noch lange still vor sich hin.

In den späten Abendstunden kehrten wir nach Neukuhren zurück.

ALFRED DIETZ

Jugendliche Ambitionen und Krieg als Abenteuer[1]

Meine Jugend war reich an Erlebnissen vielfältiger Art: Jugendliche Fantasien, Übermut, heitere Lebensfreude herrschten vor, zugleich traten aber auch Interessen für die Zukunft und ernsthaftes, ehrgeiziges Streben in den Vordergrund, bis hin zur Beurteilung meiner Einstellung, den Krieg als interessantes Abenteuer zu erleben!

In meinem letzten Schuljahr 1934 ging es damals zunächst vordringlich um die Ermittlung einer geeigneten Lehrstelle für mich.

Wir lebten nunmehr nach der Weimarer Republik durch Hitlers Machtübernahme in einer neuen Staatsform.

Das merkten wir Kinder schon im vorletzten Schuljahr, ohne das alles verstehen und politisch einordnen zu können.

Ganz neu war, dass nun einige Lehrer schon in SA-Uniform in die Schule kamen und uns, statt „Guten Morgen, Kinder" zu sagen, mit „Heil Hitler" begrüßten. Vor dem Unterricht gab es auf dem Schulhof einen Fahnenappell mit der Hakenkreuzfahne und es wurde das „Deutschlandlied" und anschließend dazu das sogenannte „Horst-Wessel-Lied" gesungen.

Zur Berufswahl gab es eine NS-Leitinstitution, die Lehrstellen vermittelte.

Mein Berufswunsch war auf Grund meiner Bastelarbeiten Elektrotechniker, er wurde aber nicht erfüllt, vielmehr wurde

---

1 mit Auszügen aus meinem im Frieling-Verlag Berlin erschienen Buch „Reichtum Leben – Streiflichter aus 90 glücklichen Lebensjahren"

ich auf den Gärtnerberuf geleitet und bekam eine Lehrstelle in der Blumen- und Landschaftsgärtnerei „Rudolph“ in Frankfurt am Main.

Ein bisschen lustig war schon unsere Naivität beim Vorstellungsgespräch, als wir einen ganzen Stoß von Zeichnungen in Bleistift und Aquarell als Fähigkeitsbeweis vorzeigten. Ich hatte eine gute Begabung zum Zeichnen und Malen. Es machte aber keinen besonderen Eindruck und man meinte nur, das sei alles recht schön, aber unnötig für den Gärtnerberuf.

Nach drei Jahren, zum Abschluss meiner Lehre, zeigte sich aber beim Anfertigen meiner Abschlussarbeit über Orchideen und Chrysanthemen, dass eine gute Illustration mit geeigneten Zeichnungen doch ganz nützlich für den Erfolg war.

So trat ich meine Lehrzeit an und machte meine erste bittere Erfahrung: Ich wurde mit drei Reichsmark Lehrgeld pro Woche bei zwölfstündigen Arbeitstagen recht drastisch ausgenutzt, fand aber schließlich doch Freude an diesem Beruf. Von meiner Mutter wurde ich getröstet: Dieser Beruf, immer an frischer Luft, sei doch sehr gesund.

Und wirklich brachte der Gärtnerberuf mehr an Fülle für meine Persönlichkeitsentwicklung, als man zunächst ahnen konnte. Er war wirklich gesund, und körperlich entwickelte ich mich kräftig bei der meist sehr schweren Arbeit. Dazu kam, dass es viel Spaß machte, die Blumen in ihrem Wachstum zu beobachten und dies selbst durch fachkundige Pflege zu fördern, angefangen bei Orchideen als exotischen Raritäten über Alpenveilchen, Primeln, Chrysanthemen, Nelken und Rosen bis hin zu ideenreichen Bepflanzungen in der Landschaftsgärtnerei.

Auch geistig trug der Beruf zur Fülle bei, denn im Laufe der Lehrzeit bis zur gärtnerischen Abschlussprüfung musste ich enorm viele Blumen- und Pflanzennamen lernen, insbesondere nicht nur die deutschen, sondern auch alle lateinischen Familien-, Gattungs- und Artennamen einschließlich ihrer Spezies.

Das war eine geistig sehr anregende Lernarbeit, besonders zur Ausformung von Merkfähigkeiten, fast – wie man sagen könnte – wie ein ganz kleines Latinum, analog zur medizinischen Ausbildung.

Nach vielen Jahrzehnten völlig anderer Tätigkeiten ist mir immer noch eine Fülle solcher Begriffe gegenwärtig. So weiß ich z. B. heute noch, dass Alpenveilchen „Cyclamum persicum" heißen, die Bartnelken „Dianthus barbatus" und der wilde Knöterich „Parthenocissus tricuspidata".

Der Umfang der praktisch-beruflichen Ausbildung erfuhr weiterhin eine für spätere Jahre bedeutsame Erweiterung: Wegen der Notwendigkeit der Glasarbeiten bei den Gewächshäusern gab es, gewissermaßen nebenbei, eine reguläre Fachlehre als Glaser. Ich konnte dann perfekt mit dem „Diamanten" Glasscheiben zuschneiden und fachgerecht Scheiben in Rahmen einsetzen und einkitten.

Eigenartigerweise lernte ich überdies ein gärtnerfremdes Handwerk von einem unserer Gärtnergehilfen, nämlich das Schuhmacherhandwerk, das für unsere Familie auch deswegen wertvoll war, weil durch diese meine Eigenleistung Geld gespart werden konnte.

Ich war beim Schuhebesohlen bewandert im Auswählen geeigneten Leders, dessen Einweichung, Schlagen und Zuschneiden, der Befestigung der Brandsohle, dem Vorlochen der neuen Sohle und Einschlagen von Holzspinnen mit dem Schusterhammer auf dem Eisendreifuß, und zum Ende in der Feinarbeit der Randbeschneidung und dem Wachsen der Ränder. Wenn ein Schuhpaar besohlt war, präsentierte ich stolz mein Werk, und das Prädikat lautete: „Perfekt!"

So war insgesamt eine reiche Fülle an Wissen und Können im handwerklichen Bereich das Resultat meiner Gärtnerlehre!

Schließlich war weiterhin ein großer Glücksfall für mich, dass schon im ersten Lehrjahr ein ganz besonderer Lehrling dazukam. Er war ein verkrachter Realschüler, den seine Eltern gewissermaßen in die Gärtnerlehre „strafversetzt" hatten. Aber eines konnte er noch recht gut, nämlich Englisch. Von ihm lernte ich fast drei Jahre lang bei der Arbeit etliche Grundlagen der englischen Sprache – wie sich später herausstellte, ein großer Vorteil für mich auf meinem weiteren Lebensweg.

Schockiert war ich allerdings, als dieser Lehrling gegen Ende des dritten Lehrjahres plötzlich in schwarzer SS-Uniform in der Gärtnerei auftauchte. Das beendete unseren Kontakt.

Als Gärtnergehilfe war ich auf ein Stellenangebot in der Gärtnerzeitung hin zu einem Gärtner nach Neukirchen gegangen, einem kleinen Dorf am Rande des Bergischen Landes bei Opladen im Kölner Raum. Eine markante Erinnerung ist, dass ich nachts von meinem Fenster aus am schwarzen Nachthimmel stets das leuchtende „Bayer-Kreuz" des Leverkusener Pharmaziewerkes sah.

In jener kleinen Gärtnerei gab es nicht nur gärtnerische Facharbeiten. Eine besondere, fast unheimliche Lebenserfahrung machte ich dort auch, denn der Gärtnereibesitzer war im Dorf zugleich Leichenbestatter und Beerdigungsbetrieb. Davon stand allerdings nichts in dem Stellenangebot. Nun aber, weit weg von der Heimat, musste ich mich wohl oder übel dreinfinden. So musste ich den Chef auch zur Leichenwäsche begleiten und insbesondere als Totengräber arbeiten. Ich lernte fachgerecht nach vorgegebenen Maßen Gräber auszuheben, bei der Beerdigung den Sarg abzulassen und dann wieder zuzuschaufeln. Etwas gruselig waren besonders Aufträge, überalterte Gräber zu exhumieren und die Sargreste und die menschlichen Knochen mit einer Schubkarre abzutransportieren. Hier machte ich die Erfahrung,

Ein junger Gärtner mit Ambitionen

dass man sich unter Umständen auch an die gruseligsten Sachen bis zu einem gewissen Grade gewöhnen kann und sich sogar teilweise fast abhärtet. Diese Lebenserfahrung wiederholte sich dann Jahre später im Krieg, aber hier mit 17 Jahren war das doch für einen jungen Menschen eine gravierende Prüfung.

Andererseits kommt man auch als junger Mensch leichter über solche Herausforderungen hinweg, und auch ich bewahrte mir die Lebensfreude und nahm ungehemmt am Dorfleben teil, auch wenn dabei manchmal über die Stränge geschlagen wurde. So wurden z. B. unter Arbeitskollegen Boxkämpfe ausgetragen, und es war wichtig für mich zu siegen, als neuer junger Gärtnergehilfe wenigstens von den Lehrlingen als Autorität respektiert zu werden. Auch lernte ich es, zu den Wochenenden in der Dorfkneipe nach vielen Gläsern „Wicküler Schwarzbier" bei den Raufereien mit der Dorfjugend meinen Mann zu stehen. –

Zugleich ritt mich auch in anderer Beziehung der Übermut mit ziemlich verrückten Ambitionen, jugendliche Fantasien und Abenteuerlust dominierten: Ich träumte von großen Reisen nach Afrika und war mit diesem Ziel in den „Deutschen Kolonialbund" eingetreten. Ungeduldig baute ich schon vor und ließ mir von einem Hamburger Versandhaus eine Safari-Uniform schicken, mit Wickelgamaschen und einem Burenhut. Darüber hinaus schaffte ich mir zugleich eine Seemannskluft an, mit tollen Schlaghosen. So zog ich manchmal durchs Dorf und alle staunten mächtig. An manchen Sonntagen ging ich mit einem unserer Lehrlinge nach Köln zu seinen Eltern, es war der Edgar Baudach, der mir später auch als Freund treu blieb. Bei diesen Besuchen fühlte ich mich sehr fein. Ich hatte einen alten blauen Mantel an und dazu einen weißen Schal, der aber nur eine geschenkte Nabelbinde war. Das i-Pünktchen auf meinen verrückten Ideen war dann noch, dass ich mich schöner machen wollte, und zwar schüttete ich mir Kräuselwasser auf die Haare und kaufte mir noch eine Nasenklemme, um eine edle Adlernase zu bekommen, die trug ich nachts, bekam keine Luft und keine Adlernase.

Einige Zeit später kam auch mein Bruder zu mir als Arbeiter in der Landwirtschaft, und wir unternahmen einiges zusammen mit der Dorfjugend. Da gab es auch eine kleine Katastrophe: Auf einem alten Fahrrad sausten wir gemeinsam einen steilen Hohlweg im Bergischen Land hinunter und stürzten dabei so derb, dass ich mit dem Gesicht über den Boden schleifte, der Walter auf mir, und im Krankenhaus einen Notverband erhalten musste, der zur Heilung mit Lebertransalbe gefüllt war. Das brachte mir eine weitere Lebenserfahrung: dass man unter Umständen sehr schnell von seinen Mitmenschen gemieden werden kann: Der Lebertran in meinem Gesichtsverband wurde in der Hitze des Sommers nämlich sehr schnell ranzig und stank widerwärtig. Daraufhin wurde ich vom gemeinsamen Esstisch verbannt und musste für längere Zeit in einer einsamen Kammer meine Mahlzeiten einnehmen.

Mein Bruder hatte inzwischen meine Eskapaden sattbekommen und war in die Heimat zurückgekehrt.

Mich packte schließlich auch das freiheitliche Streben „nach neuen Ufern“, und so kündigte ich gegen Jahresende meine Stelle. Zu Weihnachten 1937 war meine Heimreise vorgesehen. Nach all meinen bisherigen Verrücktheiten war es nicht sonderlich erstaunlich, dass diese Heimreise recht abenteuerlich verlief:

Ich zog meine Safari-Uniform an, nahm das wackelige alte Fahrrad, das den Sturz mit meinem Bruder gerade noch glimpflich überlebt hatte, und startete in Kälte und Schneetreiben zur langen Fahrt immer den Rhein aufwärts nach Frankfurt. Per Postkarte hatte ich meine Ankunft für 22 Uhr angekündigt und meinen Bruder gebeten, mich in Empfang zu nehmen, und zwar vor dem „Schumann-Revuetheater“ vor dem Frankfurter Hauptbahnhof.

Es war nach dieser Fahrt wie ein Wunder, dass ich tatsächlich pünktlich ankam. Aber mein Bruder war voller Entsetzen, als er mich in meinem Safari-Anzug mit Wickelgamaschen und breitrandigem Burenhut sah. Ich war sehr selbstbewusst, aber er schämte sich vor den staunend gaffenden Leuten und trottete auf unserem Weg bis nach Hause in Bornheim in beträchtlichem Abstand immer hinter mir her. Aber dennoch gab es dann mit unserer lieben Mutter ein glückliches Wiedersehen und wir feierten wie in der frühen Jugend ein wunderbares Weihnachtsfest! –

Nach Neujahr wurden wir aber schon unruhig und meinen Bruder und mich zog die Abenteuerlust erneut in die Ferne.

Nach dem Rheinland wollten wir jetzt einmal das Leben weiter im Süden Deutschlands ausprobieren und nahmen auf eine Zeitungsanzeige hin eine Stelle in einer Gärtnerei in Stuttgart an.

Im Hinblick auf „Ausbeutung“ kamen wir hier „vom Regen in die Traufe“. Konsequent kündigten wir nach einigen Monaten übler Quälerei und fanden eine neue Arbeit in einem Großbetrieb zur Nelkenaufzucht, der dem in Stuttgart renommierten Bauunternehmer „Seitz“ gehörte.

Wichtig für mich war insbesondere, dass ich mir bei dieser Arbeit so viel Geld erspart hatte, dass ich in Waiblingen bei Stuttgart meinen Führerschein machen konnte, was mir in der Zukunft vielfach nützlich war. Auch das Musische vernachlässigte ich nicht und nahm neben der Arbeit weiter Geigenunterricht.

Da höhere Löhne versprochen wurden, übernahmen wir nach einiger Zeit bei dem Bauunternehmer Seitz auch Tätigkeiten als Autobahn- und Tiefbauarbeiter, u. a. beim Flugplatzbau in

Schwäbisch Hall. Im Dritten Reich war es üblich, dass man auch gegen eigenen Willen irgendwohin „arbeitsverpflichtet“ werden konnte, eine Erfahrung sehr eingeschränkter Freiheit für mich.

Mich verschlug es ganz in den Norden, an die dänische Grenze in den Raum Flensburg, und ich musste dort im Tiefbau mithelfen, Flugplätze zur Kriegsvorbereitung aufzubauen. Das war im Jahr 1939. Die sehr harte Arbeit fiel mir zum Glück nicht sonderlich schwer, denn ich war körperlich ausgezeichnet trainiert.

Darum hatte ich auch noch Kraft und Übermut, mit den Kumpeln meiner Arbeitsbrigade flotte Feierabendfeste zu feiern. In unserer Baubaracke ging es hoch her, das Saufen war großgeschrieben, es gab viel Gaudi mit viel Gesang, zu dem ich mit meiner Geige aufspielte. –

In dieser Zeit wurde ich dann zum „Arbeitsdienst“ im Raum Flensburg einberufen. Als sturer Antimilitarist hatte ich hier – wie später in der Wehrmacht – viel Ärger wegen Undisziplin, erwachsen aus meinem lebenslangen Freiheitsstreben. Ich benahm mich ständig gegen Kasernenstress und Sturheit. So musste ich oft wegen nächtlicher unerlaubter Entfernung vom Standort „IN DEN BAU“, denn in den Flensburger Hafenbars zusammen mit zünftigen Matrosen und flotten Mädchen gefiel es mir besser als beim Arbeitsdienst. –

Im Frühjahr 1940 vom Arbeitsdienst entlassen, ging ich zurück nach Frankfurt. Da meine Einberufung zur Wehrmacht zu erwarten war, wollte ich bis dahin eine geeignete Arbeit aufnehmen. Zum Glück hatte ich den Führerschein und konnte so Kraftfahrer werden bei einer Pharmazie-Firma in Frankfurt. Stolz sauste ich mit „EILIGE MEDIZIN“ durch die Stadt. Aber vorher war das für mich nicht so ganz problemlos, denn ich hatte ja gar keine Fahrpraxis. So passierte es, als ich von Bornheim den Sandweg hinabfuhr, dass plötzlich von rechts ein großer

Pferde-Brauereiwagen mit vielen Bierfässern heranfuhr, ich konnte nicht mehr bremsen, der Fuhrmann riss geistesgegenwärtig die Pferde hoch und ich flutschte gerade noch so unter der Wagendeichsel durch. Allerdings stürzten die Bierfässer bei dem Ruck von dem Wagen und rollten über die Straße, einige gingen kaputt und der Sandweg wurde zum Bierstrom.

Ich sauste schnell weiter. Als ich immer noch genervt vor meiner Firma ankam, stand davor plötzlich ein großer Möbelwagen und, vor Schreck auf das Gas statt auf die Bremse tretend, fuhr ich von hinten zur Hälfte in den Möbelwagen hinein. Nach diesen Eskapaden fuhr der Firmenchef zur Kontrolle mit mir eine Apothekenrunde, er hatte Mut. Doch als diesmal alles gut ging, war ich als Kraftfahrer anerkannt. –

In dieser Zeit schmiedete ich in recht blindem Optimismus einige Zukunftspläne:

Ich wollte über die Gärtnerei hinaus etwas weiterkommen, ich träumte vom Studieren, mir schwebte als Ziel der Beruf eines Bauingenieurs oder Gartenbauarchitekten vor. In meiner Fantasie wollte ich gleich hoch hinaus. So ging ich mutig zur Frankfurter Staatsbauschule, meldete mich beim Rektor und trug ihm meine Absichten vor. Und es war mir wie ein Wunder: Er zeigte sich geneigt, mich aufzunehmen, weil ich eine gute Praxisbasis aufzuweisen hatte, die er als Studienvoraussetzung anerkennen wollte. Da er mehr Lebenserfahrung als ich hatte und meine Einziehung zur Wehrmacht bevorstand, riet er mir aber, zunächst ein Fernstudium aufzunehmen, da ich so auch schon während meiner Wehrmachtszeit im Selbststudium vorarbeiten könne.

Diesem Rat folgend, bewarb ich mich auf Empfehlung bei dem „Rustinischen Lehrinstitut für das Fernstudium“ in Potsdam in der Studienrichtung „Bauingenieur“ und studierte die einschlägigen Lehrbriefe, soweit es möglich war, bis in den

Krieg. Ich hätte damals nicht im Traum vermutet, dass ich einmal für viele Berufsjahre in Potsdam sesshaft werden würde. Auch während der ganzen Kriegszeit hat meine wunderbare Mutter die laufenden Lieferungen von Lehrbriefen aufopferungsvoll von ihrem wenigen Geld regelmäßig bezahlt!

Im Herbst 1940 wurde ich wie erwartet zur Wehrmacht eingezogen, zur Grundausbildung in Fulda und im thüringischen Ohrdruf sowie im Raum Leipzig. Es war mein Glück, dass ich einen Führerschein hatte. So kam ich nicht zur Infanterie, erlernte noch eine Erweiterung auf das Fahren schwerer Lastwagen und wurde ständig – auch dann im Krieg – nur in motorisierten Einheiten eingesetzt.

Ein weiterer zufälliger Glücksfall für mich war, dass mir der Kompaniechef unerwartet wohlgesonnen war: Da er ein Studienrat am Gymnasium im zivilen Leben war, begeisterte ihn, dass er bei einem Appell in meinem Spind einen Band „Horaz" fand.

Sein großes Erlebnis: Als junger Soldat in Paris auf dem Place de la Concorde

Er meinte: „Oh, ein Horaz-Leser, sehr gut, das erfreut einen Lateiner!“ Ich weiß bis heute noch nicht, wie das Buch in meinen Spind kam. – Und nun erlebte ich das wirklich größte Glück meines Daseins, das ein ganzes Leben halten sollte.

Unsere Einheit hatte eine Einquartierung in Markranstädt bei Leipzig. Hier lernte ich auf romantische Weise meine Ilse, meine große Liebe, kennen. In der kurzen Zeit bis zum Kriegsausbruch im Osten haben wir wunderschöne Tage und Stunden als junge Liebesleute erlebt.

Dass diese Gemeinsamkeit voll Liebe und Vertrauen von Dauer war, wird jetzt im Jahr 2004, in dem ich diese Memoiren schreibe, bewiesen. Denn vor kurzem hatten wir beide unsere diamantene Hochzeit, und auf die Fragen der Gratulanten zu unserem 60. Hochzeitstag, wie man 60 Jahre verbunden bleiben könne, antworteten wir mit Tucholsky: „Liebe ist, wenn man einwilligt, gerne gemeinsam alt zu werden!“

Vor Kriegsbeginn, noch am Anfang des Jahres, hatte ich ein großes Erlebnis besonderer Art: Ich habe schon berichtet, wie unsere Mutter vom Französischen schwärmte und diese Ambition auf uns Kinder übertragen hatte. Da meine Einheit mit Kraftfahrzeugen ausgestattet werden sollte, mussten alle, die einen Führerschein hatten, nach Frankreich fahren, um Autos zu holen. Zweimal konnte ich so nach Paris fahren, und bei den Fahrten im blumigen Mai durch viele französische Landschaften erfüllte sich ein Jugendtraum.

Das unerwartete Erlebnis, zweimal durch das frühlingshafte Frankreich zu fahren, mit dem Höhepunkt, Paris zu erleben, verdrängte bei mir damals den Blick auf die Realität der Kriegsereignisse dieser Zeit.

Ich war als junger fantasievoller Mensch nur erfüllt von allem friedlichen Schönen und Interessanten, was ich bei diesen Fahrten mit wachen Sinnen begeistert wahrnehmen konnte.

Doch sehr bald nach jenen schönen Erlebnissen rückte mit dem Einmarsch in die Sowjetunion im Juni 1941 die Realität des Krieges in den Vordergrund.

Bei dem Einmarsch von Ostpreußen aus war ich als Soldat der 20. Panzerdivision Kraftfahrer eines Divisions-Verbindungsoffiziers. Er hieß Leutnant Preschoff und war Jurist aus Erfurt, mit dem ich lange Zeit im Krieg zusammen war.

Abfahrt zum Einsatz an der Ostfront.
Noch ist für ihn der Krieg ein Abenteuer!

Beim Vormarsch waren wir zunächst länger in der Divisions-Nachhut eingesetzt und erlebten in der ersten Zeit kaum etwas von den wirklichen Schrecken des Krieges. Darum war das alles für mich als jungen 21-jährigen Soldaten nur ein großes, spannendes Abenteuer. Viele friedliche Erlebnisse bestärkten meine naive Einstellung, viele Kurierfahrten, zum Teil sogar allein, alle mit dem bequemen „Peugeot"-PKW, ergaben für mich für diese Kriegszeiten erstaunlich gute menschliche Kontakte zu der russischen Bevölkerung, besonders bei Nachtquartieren in russischen Blockhäusern.

Es spielt eben eine große Rolle, wie man den Menschen begegnet, denn: „Wie man in den Wald hineinruft, so schallt es heraus."

Schön waren öfters gemütliche Abendstunden am Samowar und mit Wassergläsern voll Wodka, als Gastgeschenke konnte ich von unserer Verpflegung Schokolade und Fleischkonserven anbieten.

Allerdings hatte man in diesen Quartieren unter Wanzen zu leiden. Zur Abhilfe hatten wir die uns verfügbaren Eisenbetten mit den Füßen in Dosen mit Petroleum gestellt, es stank die ganze Nacht. Aber die Wanzen waren schlauer als wir, denn sie krabbelten nicht von unten hoch, sondern ließen sich von der Decke auf uns herabfallen.

In dieser ersten Kriegsphase für mich fuhr ich große Strecken durch das nördliche und mittlere Sowjetrussland, u. a. durch Witebsk, Smolensk und Kiew. Im Herbst, in der Ruhestellung der Division zur Fahrzeugreparatur, hatte ich Gelegenheit, mich technisch zu bewähren. Ich bin im Rückblick heute noch erstaunt, dass ich es fertigbrachte, den Motor meines Peugeots vollständig auseinanderzunehmen und ihn so perfekt wieder zusammenzusetzen, dass er einwandfrei lief. Durch diesen erstaunlichen Geschicklichkeitserfolg wurde mein Selbstbewusstsein auch in diesem Bereich bestärkt. Später, im besonders harten Winter 1941/42 kurz vor Moskau, ging Ähnliches nicht so glimpflich ab. Abends wurde Kühlwasser abgelassen, dummerweise morgens heißes Wasser eingefüllt, aber ehe der Motor ansprang, war das Wasser bei minus 50 Grad Kälte zu Eis erstarrt und sprengte den Motorblock. Andere versuchten, Benzin in Radkappen unter dem Auto anzuzünden, um den Motor vorzuwärmen. Aber dabei ging auch einmal das ganze Auto in Flammen auf. Nun ja, was machte das schon, es waren Kriegsverluste.

Späte Erkenntnis in der Frontrealität: Kriege sind schreckliche, sinnlose Katastrophen der Menschheit

Vorher, zur Vorbereitung auf den russischen Winter, war ich klüger und hatte mir bei der Bevölkerung gegen Lebensmittel Fellkleidung und Fellmütze über der Uniform sowie hohe Filzstiefel mit Gummigaloschen eingetauscht. Auf Bildern, die ich noch habe, sehe ich echt wie ein Russe aus. Und ehe nach der Eiskatastrophe ein neuer PKW da war, machte ich vielfältige Dienstfahrten mit einem echten Panjeschlitten mit einem kleinen Russenpferd davor in jener Russenkluft. Das war damals noch alles toll romantisch für mich!

Das eigentliche Erwachen, wie schrecklich und sinnlos Kriege sind, kam dann, als ich bei meinen Kurierfahrten über Schlachtfelder Bergen von toten Russen begegnete, Aasgeier kreisten über Hunderten von Leichen. Der Schreck saß tief und der Krieg war kein Abenteuer mehr für mich!

Nach dem Winter 1941/42 mit Schlamm, extremem Frost,

in Stellungen bei Klien, 19 Kilometer vor Moskau, begann die frustrierende Periode der Rückzüge und der Kreuz- und Quereinsätze in den Weiten der Sowjetunion. –

Nach fast eineinhalb Jahren an der Ostfront kam dann ganz unerwartet im Spätherbst 1942 ein Fronturlaub in die Heimat mit einem glücklichen Wiedersehen mit meiner Ilse und Klein-Dieter.

Um auch ein Wiedersehen mit meiner Mutter zu erleben, machten wir – weil mein Urlaub nur für den Raum Leipzig galt – eine unerlaubte abenteuerliche Bahnreise in Zivil nach Frankfurt am Main. Uniform, Karabiner, Gasmaske und Waffen wurden unten in Dieters Kinderwagen gepackt, und so, als Ehepaar mit Kleinkind, kamen wir heil durch die Kontrollen der Militärstreifen, der Feldjäger.

In Frankfurt, nach überglücklichen Wiedersehensfeiern, bei denen meine Mutter meine Ilse tief ins Herz geschlossen hatte und ihr fürderhin wie eine zweite Mutter war, wollte der Frontsoldat auch etwas in der Heimatstadt erleben. So gingen wir einmal in das „Schumann-Revuetheater“. Peinlich war aber, dass mich Sitznachbarn darauf aufmerksam machten, aus meinem Kragen würden Läuse herauskrabbeln, übrigens damals nicht ungewöhnlich bei Soldaten, die gerade von der Front kamen. Ilse hatte von mir auch welche bekommen. Beschämt flüchteten wir aus der Revue, kauften uns schnell das Läuse-Vertilgungsmittel „Kuprex“, gingen in das Stadtbad und stiegen dort in das Entlausungswasser. Plötzlich stürmte die Badefrau herein und donnerte uns tüchtig zusammen, denn das Zeug stank ganz fürchterlich und sie jammerte, dass sie die Wanne nie wieder richtig sauber bekommen würde. Nur das Mitleid mit einem Frontsoldaten auf Heimaturlaub bewahrte uns vor einer Anzeige mit Schadensersatzforderungen. –

Dann ging es wieder an die Ostfront zurück, erneut mit vielen Wahnsinnseinsätzen, monatelang kreuz und quer von Nord bis Süd in der Sowjetunion, bis schließlich bei immer mehr Rückzugsschlachten im Oktober 1944 für mich das Schicksal zuschlug und im Raum Warschau eine Panzergranate meinen linken Arm wegfetzte. Auch hier wieder waren meine Zähigkeit, mein Lebenswille und mein Optimismus erstaunlich: Ich konnte mir noch mit dem Koppel den Oberarm abbinden, dann ums Leben rennend im Granathagel den Verbandsplatz erreichen. Dort packte man mich auf einen Panjewagen, hielt mich mit Zigaretten munter und schaffte es, ehe ich verblutet war, am Hauptverbandsplatz anzukommen.

Hier nahm man eine in diesem Milieu übliche „Ruck-zuck-Operation" vor. Der operierende Stabsarzt von der Waffen-SS tröstete mich: „Ich habe nur das Nötigste weggeschnitten!" – Als ich dann zur Weiterbehandlung im Hauptlazarett in Kattowitz in Polen angekommen war, tröstete man mich auch dort mit makaberen Sprüchen wie: „Arm weg, na ja, das geht noch, der Kopf ist doch noch drauf, also ein guter Heimatschuss, der Krieg ist aus für dich." Wenn auch makaber, aber die Tendenz stimmte damals, Glück gehabt zu haben, denn alle mir bekannten Kameraden hatten den Krieg nicht überlebt!

Schließlich, nach langwierigem Heilungsprozess, wurde ich nach Markranstädt bei Leipzig zu meiner Ilse entlassen.

Nun wurde wieder an die Zukunft gedacht. Auf der Basis meiner beim „Rustinischen Lehrinstitut" erworbenen Grundkenntnisse gelang es mir, zum Studium an der Staatsbauschule in Leipzig immatrikuliert zu werden.

Hier studierte ich dann als Kriegsversehrter bis Kriegsende im Mai 1945, dem Einmarsch der Amerikaner und dann der Russen.

***

Das Essen wurde nun knapp, und wir konnten nur einigermaßen existieren, indem ich auf großen Fensterplakaten an unserer Parterre-Wohnung eine von der Gemeinde genehmigte Nachhilfe-Schule ankündigte. Diese fand Zulauf, da von Mai bis September 1945 noch keine Schule geöffnet hatte. Statt mit Geld wurde ich von interessierten Eltern mit Naturalien (Brennstoffe und Essen) honoriert.

Als im September die Schulen wieder eröffnet wurden, bewarb ich mich beim Schulamt als Lehrer. Das war in den ersten Nachkriegsjahren auch ohne vollständige Ausbildung möglich, man nannte solche Leute „Neulehrer". Ich war nach Genehmigung an der Mittelschule in Markranstädt als Mathematik- und Physiklehrer erfolgreich tätig, wenn ich auch oft erst lernte, was ich am nächsten Tag lehrte!

***

In dieser Zeit war bekannt geworden, dass man an der Universität Leipzig eine sogenannte „Vorstudienanstalt" eingerichtet hatte, um Kriegsteilnehmern zu ermöglichen, nachträglich die Hochschulreife zu erlangen.

Ich nahm diese Chance wahr, meldete mich an, absolvierte dieses Vorstudium neben meiner Lehrertätigkeit und schaffte es, im Frühjahr 1946 die Hochschulreife zu erwerben. Günstig waren für mich meine vorhandenen Mathematik- und Physikkenntnisse und Grundlagen der englischen Sprache aus meiner Gärtnerlehrzeit. Ein Lehrerkollege wollte auch diesen Weg gehen, er konnte mich erweiternd in Englisch unterrichten, im Gegenzug half ich ihm mit Mathematik und Physik.

Insbesondere hatte ich prächtige Englischübungen durch die englische Korrespondenz mit meiner großartigen Mutter. Ich war voller Bewunderung, dass sie nach dem Krieg im hohen

Alter neben ihren Französischkenntnissen noch anfing, Englisch zu lernen.

***

Und nun begann eine schwere, aber sehr schöne Zeit voller Zukunftsperspektiven:

Zum Wintersemester 1946 wurde ich an der Universität Leipzig an der Mathematisch-Naturwissenschaftlichen Fakultät zum Studium der Mathematik, Physik und Chemie immatrikuliert.

Der junge Gärtner nach turbulenten Jahren schließlich glücklich als Student in der Universität in Leipzig

Hans Ebert

Erinnerungen

Also ich bin Stettiner, wohnte in der Kochstraße auch dicht bei der Oder, so daß ich jeden Tag die Dampfer am Bollwerk sehen konnte. Auch die prächtige Hakenterrasse vor allem mit dem Museum. Dort interessierten mich besonders die meterlangen Schiffsmodelle, Ozeanriesen und auch Schlachtschiffe, die bis zum Ersten Weltkrieg hier in der Vulkan-Werft gebaut worden waren.

Doch dort wohnten wir gegen Kriegsende schon lange nicht mehr; denn nach dem ersten wirklich schweren Luftangriff auf die Stadt mit zahlreichen Toten im Frühjahr 1943 verschickte man die meisten Schulklassen weit weg, uns nach Göhren auf Rügen. Da ich, sonst braver Schüler, die Lagerdisziplin bei einem damals erstaunlich aktuellen Freiheitsdrang oft als Schurigelei und Willkür empfand, bedrängte ich bald brieflich meine Mutter – mein Vater stand schon seit Kriegsbeginn „im Felde", wie man so zu sagen pflegte –, lieber bei den Verwandten auf dem Lande unterzukommen, wo wir vorher schon so oft die schönsten Schulferien verbracht hatten.

Mit Erfolg! Schon im Spätsommer 1943 saß ich daher, fast 14 Jahre alt, in dem kleinen Königsberg in der Neumark, einer Kreisstadt in Ostbrandenburg, etwa zehn Kilometer östlich der Oder nahe Schwedt gelegen, und war einfach glücklich. Hinzukam, daß mein Onkel Gärtner war und ich mich nicht mehr in Stein und Beton eingezwängt fühlte wie im dichtbebauten Stettin-Grabow, sondern nach Herzenslust in grüner Landschaft, von einem Bach durchzogen, mit einem Karpfenteich – Onkel war auch Hobby-Angler –, herumtoben konnte, mit den fast gleichaltrigen zwei Cousins.

Alles sah – obwohl mitten im Kriege – so leicht und locker aus, und alles hätte nunmehr so gut und glatt laufen können, wenn nicht …

Am Sonntag, dem 4. 2. 1945, saß die ganze große Familie mitsamt meiner Mutter und mir am Kaffeetisch, ich neben meinem „Blutsbruder"-Cousin Heinz (wir lasen Karl May und spielten viel Indianer damals) auf dem alten Sofa an der Wand, worüber seit einiger Zeit ein Ölgemälde hing, das ein Maler vom in die Jahre gekommenen Gärtnerhause hatte anfertigen müssen, weil es gleich nach dem Kriege durch einen feinen Neubau ersetzt werden sollte und weil inzwischen genügend Geld auf der hohen Kante lag. Da stand urplötzlich – man weiß nicht, ob es allen gleichzeitig bewußt wurde – für einige Augenblicke die Zeit still, und das ist schon etwas sehr Ungewöhnliches. Tatsächlich ist mir auch heute noch, wenn mir nach fast siebzig Jahren diese friedvolle Sonntagnachmittagsstunde wieder in den Sinn kommt, so, als ob lautlos ein kühler Schattenhauch vom Fenster hereinwehte und die Uhren für ein paar Sekunden stehen ließ.

Schlagsahne und Schokoladenpudding hatte es an diesem Sonntag des 4. Februar 1945 nach dem Mittag gegeben! Lange hatten sie, obwohl „Selbstversorger" auf dem Lande, nicht mehr so aus dem Vollen gelebt; und das war nur denkbar, weil an diesem Tage die Molkerei zum ersten Male seit Kriegsbeginn geschlossen war, bei der jeder Landwirt die Milch seiner Kühe bei hoher Strafe abzuliefern hatte; denn nach einer gängigen Parole des Dritten Reiches sollte keiner „hungern und frieren", auch im Kriege nicht.

Für eine Weile schienen sogar die Russen in weite Ferne gerückt. Was sollte schon noch passieren? Eine nennenswerte Frontlinie und deutsche Gegenwehr gab es offensichtlich nicht mehr. Überall war die Sowjetarmee in den allerletzten Tagen wie ein Blitz über die Weichsel in rein deutsches Gebiet vorgestoßen. Wenn sie erst bei ihnen in der Mark Brandenburg wären, müßte dies gleichzeitig auch das Ende des ganzen Krieges innerhalb einiger weniger Tage bedeuten, fühlten sie sich hier doch mitten in Deutschland: Nicht nur Stettin, auch die Hauptstadt Berlin lag weniger als hundert Kilometer entfernt. Ostwärts von ihnen (gesehen nach Königsberg in Ostpreußen oder südwärts nach Breslau und Beuthen in Schlesien) war es ebenso weit wie in entgegengesetzter Richtung bis an die holländische Grenze des Reiches oder nach Köln am Rhein!

Natürlich würde erst einmal eine strenge Militärverwaltung eingesetzt, mutmaßte lauthals vor allem der Onkel, der politischer dachte als die Frauen, unter der sie nichts zu lachen haben würden. Doch dann werde selbstverständlich möglichst bald eine neue deutsche Regierung gebildet. Mochte sie vielleicht auch ein wenig kommunistisch sein, sie würden hier in ihrer Neumark nicht schlechter leben als vorher; im Grunde würde sich für sie gar nichts ändern, auf Dauer. Dies war am Ende die allgemeine Meinung am Tisch unter den Erwachsenen in den letzten Tagen. Man merkt, daß sie nicht die geringste Ahnung besaßen von der Konferenz Stalins, Roosevelts und Churchills in Teheran und den Absichten einer neuen Oder-Neiße-Grenze!

Als plötzlich ein Fenster der Wohnstube zur Straßenseite hin, während sie noch ihren Kaffee tranken, klirrend zerbarst, wußten sie, ohne daß einer noch ein Wort hätte sagen müssen, daß es mit dem Ende angefangen hatte. Waren sie im Grunde nicht sogar irgendwie erleichtert; denn uneingestandenermaßen hatten Warterei und Ungewißheit allen zugesetzt?

Da das Loch im Fenster, wie sie entsetzt und beinahe ungläubig feststellten, von einem Durchschuß herrührte, wenngleich in der guten Stube kein Einschlag zu finden und glücklicherweise von ihnen keiner getroffen war, hatten sie sich blitzschnell auf den Boden geworfen. Nun robbten sie durch den Hausflur zur

Hintertür und rannten geduckt die paar Meter über den Hof zur Scheune, die erst kurz vor dem Kriege recht stabil erbaut worden war und die einen Kellerraum besaß, in dem gewöhnlich Kartoffeln kühl gelagert waren, wo sie sich verkrochen.

Als ihre Köpfe wieder etwas klarer geworden waren, fiel ihnen ein, daß sie in diesem mit den Stallungen einen Vierkanthof bildenden und zur Straße hin freiliegenden Gebäude, das oben zudem mit brennbarem Stroh angefüllt war, auch nicht besonders sicher waren; und sie hüpften in einer Feuerpause nach der benachbarten schicken Villa von Schwester und Schwager des Gärtner-Onkels hinüber, den Kino-Inhabern im Ort, die lieber geflüchtet waren, wo ich manchmal sogar abends beim Kartenabreißen geholfen und Erwachsenenfilme gesehen hatte und wo ich mit meiner Mutter im ersten Stock seit eineinhalb Jahren ohnehin unser Zimmer zur Übernachtung besaß. Dort verbargen wir uns in dem uns am sichersten erscheinenden Kellerraum, der schon als Luftschutzraum gedient hatte und dessen Fenster zugemauert war.

So verbrachten wir den Rest des Sonntags und die Nacht, kaum schlafend, eher nur stumpf und dumpf dösend. Eigentlich hatte Onkel es sich so ausgemalt, daß man gleich eine weiße Fahne hissen wollte und daß dann schnell alles vorüber sei: Friede, Freude, Eierkuchen also! Doch dann hätten sie ihm das alles verdorben, meinte der Onkel, und zwar wieder einmal von der eigenen Seite:

Schon am Sonntagmorgen hatte sich in der halb verlassenen Geisterstadt das Gerücht verbreitet, daß irgendwo in den Straßen einige Handvoll ergrauter Volkssturmleute herumliefen, angeblich aus Hamburg. Einzelne SS-Männer wären ihnen, quasi als stützende Korsettstangen, an die Seite gegeben worden. Außerdem hieß es, daß auf ihrem Bahnhof, wo schon seit einigen Tagen keine fahrplanmäßigen Züge mehr verkehrten, zwei Güterwagen voller Panzerfäuste eingetroffen seien. Anscheinend war an diesen Gerüchten etwas Wahres dran gewesen, überlegten sie jetzt, ohne daß sie selber auch nur einen einzigen deutschen Soldaten zu Gesicht bekommen hätten. Erst ein halbes Jahrhundert später, als ich schon Rentner war, geriet mir auf eine Empfehlung ein Buch in die Hände, aus dem ich lernte, daß hinter der ganzen überraschenden deutschen Gegenwehr der Duce-Befreier Otto Skorzeny gestanden hatte, der Ende Januar 1945 von Himmler den Auftrag erhalten hatte, bei Schwedt rechts der Oder einen Brückenkopf zu errichten, damit dann später von dort aus die große deutsche Gegenoffensive starten könne (die jedoch mangels Soldaten und Waffen nie mehr stattfand).

Währenddessen dröhnten und rasselten draußen in Abständen die ganze Nacht wie die wilde Windsbraut die russischen Panzer vorbei, bei ihrer raschen Fahrt die Grundmauern ihres Zufluchtgemäuers erschütternd. Die Tanks jagten, diese mächtigen, grollenden Ungetüme, für uns Kellerflüchtlinge unsichtbar, offenbar von einem zum anderen Ende der Stadt, wendeten in meiner Vorstellung wütend, was sich als dumpfes Getöse, das von fern her über die Wiesen schallte, bemerkbar machte, und wuchteten wieder zurück, um den letzten Widerstand zu brechen, der für uns deutsche Zivilisten noch unvermuteter war als für die russischen Soldaten. Ab und zu schien einer vor unserm Hause stehenzubleiben und Feuer zu spucken. Jedenfalls fand ich im Laufe des nächsten Tages auf der Straße einen ganzen Stapel kupferglänzender Granathülsen, die armlang und dick wie mein Oberschenkel, also etwa Kaliber 15 cm waren.

Vorher hatte ich mich schon einmal in der Früh kurz nach vier Uhr – noch war es stockfinster, es war ja Winter – neugierig in unser Schlafzimmer hochgeschlichen; und da sah ich die alte Scheune meines Onkels auf der gegenüberliegenden Straßenseite lichterloh brennen. Rot und gelb loderten die Flammen gegen den nachtschwarzen Himmel. Kein Schuß fiel mehr; alle Gegenwehr schien gebrochen; und die paar Volkssturmmänner und SS-Gruppen, die sich anscheinend in einigen Kellern verschanzt und die meiste Nacht dort gehalten hatten, waren wohl über die Wiesen westwärts Richtung Schwedt geflohen. Doch im Feuerscheine erkannte ich, daß das kleine Wohnhaus schräg gegenüber nur noch halb stand. Wie ich später hörte, war darin gerade ein kleiner Jungvolkjunge, kaum zehn Jahre alt, der lustigsten einer in unserem Fähnlein, der dort gewohnt hatte, umgekommen. Ich hörte aber auch von anderen, daß in einigen Straßen, sogar auf meinem Schulwege, mehrere Sowjet-Panzer in Trümmern lagen, die wohl von den Panzerfäusten unserer Soldaten geknackt worden waren.

Als es mir gegen Morgen zu bedrückend im düsteren Keller und auch zu langweilig wurde, ging ich in die Waschküche, die auf der Hofseite des Kellergeschosses lag. Da war draußen schon hellichter Tag; und ich lehnte mich gerade an den Waschkessel, in dem von Tante Martha, der guten, auch schon mal Sirup von Zuckerrüben gekocht worden war, als die Tür aufging und von draußen ein russischer Soldat hereinkam, die Pistole in der Hand. In dem Augenblick hatte ich gar keine Angst, worüber ich mich später oft wunderte; denn besonders im Alter hatte ich dauernd vor allem und jedem reichlich Furcht. Dabei hätte er nur abzudrücken und mich umzulegen brauchen, um sicherzugehen. Doch da stand mir wohl schon der erste der kleinen Schutzengel bei, von denen ich in den nächsten Monaten noch viele brauchen sollte.

Der Russe steuerte jedoch wortlos durch die nächste Tür in die anliegenden größeren Kellerräume und kam mit all den Verwandten zurück, die sich inzwischen da angesammelt hatten. „Hier Soldaten?", fragte er, zu unserer Verwunderung auf gut Deutsch. Alle Erwachsenen beteuerten hoch und heilig, daß ihnen nichts ferner liege, als deutsche Soldaten unter diesem friedlichen Dach zu beherbergen; und mein Onkel, der später bald verschleppt werden sollte, fügte sogar hinzu: „Hitler nix gut!" Aber darauf ging der Panzermann nicht ein. Er nahm auch die Zigaretten nicht, die der Onkel ihm anbot. Der hatte während des Krieges immer genug, weil er nicht auf die Rationen der Raucherkarte angewiesen war, sondern zusätzlich gegen Äpfel eintauschen konnte.

Sie liefen nun alle mit hinaus auf die Straße, wo einige russische Panzer hielten und beim Vorgarten Soldaten herumstanden. In diesem Augenblick atmeten wohl alle von uns auf; und auch auf mich machten diese kräftigen, blonden Männer einen überraschend guten Eindruck. „Mein Gott", sagten sie sich erleichtert, „die sehen ja wie wir und die unseren aus; die werden uns nichts tun!", wobei ich also, was heute durch meine Zeitgenossen wohl nur noch belächelt würde, wie selbstverständlich davon ausging, daß unsere, also die deutschen Soldaten, anderen, besonders den Wehrlosen unter der Zivilbevölkerung, nie etwas Unehrenhaftes angetan hätten. Ja, das hätte ich damals, da ich nie solches gehört hatte und auch durchaus im Sinne hoher Tugenden erzogen worden war, energisch abgestritten.

Und was nun die Rotarmisten anging: War etwa all das Böse, das man von ihnen vernommen hatte, bloß Greuelpropaganda gewesen? Die Panzermänner sahen jedenfalls schon mal gut gekleidet aus in ihren Lederwesten oder dicken Steppjacken; und wir hatten dreckige, zerlumpte Gestalten erwartet. Wie traurig wurde uns da insgeheim zumute, wenn wir an die ausgemergelten, abgerissenen Landser dachten, die sich in den letzten Tagen hier verstohlen durchgeschleppt hatten nach Westen … Obendrein machten diese Panzerbesatzungen durchweg einen offenen und ernsten Eindruck, sie verhielten sich zurückhaltend und anständig; das waren keineswegs bösartige Steppenhorden, die sich an Frauen und Kindern vergriffen!

Wir sollten bald aus diesem Freudentraum erwachen; denn leider beruhte dieser erste günstige Eindruck auf einer vollkommenen Täuschung. Offenbar hatte es sich bei den Panzerverbänden um Eliteeinheiten gehandelt, die besser ausgerüstet waren und die sich vor allem besser benahmen als die höchst unterschiedlich zusammengesetzten Truppen, die folgen und sich bei uns ausbreiten sollten. Darunter befanden sich dann viele schlitzäugige Mongolen: Gestalten, die mich schon vom Geschichts-Schulunterricht her an die schrecklichen Horden Dschingis Khans vor 700 Jahren erinnerten, als auch blühende Kulturen untergingen, und die so die Befürchtungen wieder weckten.

Sie sollten auch nicht, wie von Onkelchen erhofft, zügig durchziehen und den Krieg woanders schnell beenden, sondern ausgerechnet hier hinter dem Oderstrom, in seinen Mistbeeten und auf seiner Kuhkoppel unter den Obstbäumen, sollten sie sich eingraben. Hierherum sollte sich das ganze riesige Millionenheer versammeln; und erst fast ein Vierteljahr später, zu Beginn der zweiten Aprilhälfte begann der letzte große Sturm der Roten Armee auf die Reichshauptstadt.

Man mag es heute kaum glauben: Aber als irgendwann später im Frühjahr, als die Kämpfe beendet waren, einzelne Landsleute, die in ihre Heimat zurückkehren wollten, uns nicht vom Endsieg, sondern von der Eroberung Berlins erzählen wollten, da haben wir sie zuerst glatt für Spinner gehalten und am liebsten ausgelacht, hatten wir doch den Geschützdonner noch fast bis zuletzt von fast allen Seiten, auch in unserm Rücken von Nordosten her, gehört. Das konnte doch wohl nicht wahr sein, daß diese für uns unmöglichen Zustände hier andauerten!

Obwohl ich jetzt im Alter öfter als früher an diese Kindheitszeit zurückdenke, verspüre ich plötzlich keine Lust mehr, mich mit dieser Misere ausführlich zu beschäftigen; ich will das meiste überspringen und möglichst schnell vom Osten in den Westen gelangen; ich spanne das letzte Blatt in meine alte Schreibmaschine ein, als das Telefon klingelt. Wieder so eine lästige Werbung oder Firma, die mir was verkaufen will, dachte ich. Doch am Apparat war der jüngere Bruder von Heinz, meinem Cousin oder Vetter aus Königsberg, der nun in Berlin lebt und der sich öfter meldet. Er fragte an, ob er kurz mal eingucken könne; er sei gerade mit seiner Familie auf der Durchreise, und man habe sich ja jahrelang nicht gesehen.

„Jetzt als Rentner hat man ja mehr Zeit als früher und denkt auch mehr an seine alte Heimat zurück", meinte er, der als der praktischere der beiden Cousins die Gärtnerei wohl hätte erben sollen; „Heinz ist ja öfter drüben und steht mit dem Polen auf unserem Hof fast auf Du und Du; er hat jetzt in Berlin auch eine polnische Haushälterin. Ja, er wirkt sogar ehrenamtlich in der Kirchenarbeit, und sie helfen finanziell, die im Krieg zerstörte schöne Marienkirche in Königsberg wiederaufzubauen."

Mir schien, als wolle er sich gleichzeitig von dieser versöhnlichen Haltung etwas distanzieren. Klang nicht ein bißchen wie Spott oder nachsichtiges Mitleid aus seiner Stimme? Wir hatten eigentlich schon damals mit dem „Kleinen", der nun fast einen Kopf größer war als ich, wenig gemeinsam gehabt; er war immer der Wildere und manchmal sogar jähzornig gewesen, wenn wir ihn nicht für voll genommen hatten.

Dann sah er mein Geschreibsel, überflog es und äußerte dann eher kritisch: „Das ist ja alles gut und schön. Manches hast du besser behalten als ich; aber es ist auch recht neutral und nüchtern gehalten. Du hättest ruhig ein bißchen mehr Partei ergreifen und Roß und Reiter nennen können, so wie man mit uns umgegangen ist. Viele sind von uns ja nicht übriggeblieben!"

Ach du je! „Hätte ich wie dauernd alle auf die Schuldfrage eingehen, mehr moralisieren oder politisieren sollen?", gab ich zurück. „Das fällt doch mehr in die Zuständigkeit unserer Politiker und Journalisten, die sich nicht selten noch schlauer geben als die Minister. Außerdem könnte es dann auch mit der politischen Korrektheit schwierig werden", gab ich zurück, und ich hoffte, daß damit diese fruchtlose Diskussion beendet wäre.

„Du mußt doch nicht mehr so opportunistisch sein", gab er da jedoch etwas von oben herab zurück, „du als Rentner mußt doch nicht mehr Karriere machen!" Nach einer Pause fügte er hinzu: „Ich will hier nicht von den Luftangriffen reden, mit denen man alle deutschen Großstädte mitsamt Frauen und Kindern, nicht mit Soldaten, ausradiert hat. Aber findest du, nach dem, was wir erlebt haben, nicht auch, daß es ein Verbrechen war, ein einmaliges sogar in der 2000jährigen Geschichte Europas, wie man damals den größten Teil Preußens – ein Drittel Deutschlands – nicht nur einem anderen Land zuschanzte, sondern fast die gesamte Bevölkerung, Frauen, Kinder und Greise, ausrottete durch Vergewaltigung, Mord, Verschleppung nach Sibirien und schließlich Vertreibung?"

„O je, das klingt ja nach Absicht und Programm! Vollendete Tatsachen schaffen? Man würde dir gleich entgegenhalten: Hitler hat aber angefangen! Und dann der Holocaust, von dem wir täglich hören", entgegnete ich.

„Gott sei Dank leben wir nicht mehr in einer Diktatur, sondern in einer Demokratie, wo man gegen Rassismus und für Toleranz ist und wo man seine Meinung ungestraft frei äußern kann", hörte ich ihn sagen, und wieder schien es mir, als klänge ein bißchen Hohn und Spott aus seiner Stimme. „Du bist doch mal Jurist gewesen, muß dich da nicht auch die Verletzung des Gleichbehandlungsgrundsatzes, gerade in unserem eigenen Land, gewaltig stören, in dem nur die Verbrechen des Verlierers angeprangert und verfolgt werden?"

Er stand auf und reichte mir zum Abschied die Hand: „Nichts für ungut. War trotzdem nett, dich nach vielen Jahren wiedergesehen zu haben. Vorher ging nicht."

„Ich weiß", gab ich zurück, „du warst ja eine ganze Weile in den USA als Bierbrauer und recht erfolgreich, wie Heinz öfter schrieb. Und nun willst du uns hier aufmischen?"

Er winkte nur noch zurück; und ich setzte mich wieder an den Schreibtisch für die letzten paar Sätze, die ich mir schon in der Nacht zurechtgelegt hatte:

Nach über einem Jahr, kurz nach Ostern 1946, fand ich mich glücklich mit Mutter und unserer Oma auf dem Bahnsteig des Vorortbahnhofs Stettin-Braunsfelde unterhalb der Kreckower Straße wieder, wo nun endlich unser Transport nach Westdeutschland in die britische Besatzungszone und Schleswig-Holstein abfahren sollte. Wer sich nun verwundert fragt, wieso wir von Königsberg zurück nach Stettin kamen, dem sei geantwortet, daß wir inzwischen von der Oder als neuer Grenze wußten und daß wir messerscharf, jedenfalls logisch und genau gefolgert hatten, daß Stettin mit seinem Hauptteil und unserer Wohnung in der Kochstraße links, also westlich des Oderstroms, deutsch bleiben müsse. Wir hatten nicht beachtet, daß die Weltgeschichte meistens nicht so logisch und vernünftig verläuft, weshalb sich möglicherweise auch die Größe des „Heiligen Römischen Reiches Deutscher Nation" vom Mittelalter her über das Deutsche Reich bis zu unserer friedliebenden, sympathischen Bundesrepublik Stück um Stück merklich verringert hat; und in diesem Sinne setzten ab Spätsommer 1945 immer mehr Polen über die Oder und verdrängten die Deutschen aus ihren Wohnungen: „Alles muß jetzt gesäubert werden!", hörte ich sie sagen. –

Ich stand an jenem sonnigen Frühlingsmorgen recht dankbar und zufrieden da. Viele kleine und auch große Schutzengel mußten mir in den vergangenen Monaten unsichtbar beigestanden haben; denn wenn ich den Bahnsteig entlangschaute, so war ich unter den rund tausend Elendsgestalten so ziemlich der einzige größere Junge und Teenager.

„Hoffentlich werden wir an der Grenze zur Sowjetischen Besatzungszone bei Stettin-Scheune nicht noch überfallen und ausgeraubt", hörte ich meine Mutter noch halblaut sagen, wie das Gerücht ging; aber wir besaßen ja sowieso nicht viel mehr, als wir am Leibe trugen.

GISELA GRITSCH

Schicksale Lötzener Schüler auf der Flucht aus Ostpreußen

I

Sie treffen sich nicht mehr, die ehemaligen Schüler des Gymnasiums und des Lyzeums in Lötzen. Diejenigen, die noch leben, sind inzwischen zu alt und zu schwach geworden, um die Reise zu dem angegebenen Treffpunkt durchzustehen, sehr viele aber sind inzwischen gestorben.

Weit über fünfhundert ehemalige Lötzener hatten sich alle zwei Jahre im Weserbergland getroffen, und waren aus allen Richtungen Deutschlands angereist. Aus diesem Grunde war das Weserbergland als ungefährer Mittelpunkt für das Treffen ausgesucht worden.

Die Wiedersehensfreude war jedesmal riesengroß. „Du lebst noch? Wie geht es dir? Was machst du jetzt? Wie bist du aus Ostpreußen herausgekommen?", waren die häufig gestellten Fragen am Anfang der Begegnungen. Jeder hatte von seinen schicksalhaften Erlebnissen am Ende des Krieges zu berichten. Und wie hatte jeder seinen neuen Anfang gefunden? Es gab so viel zu erzählen. Und in zwei Jahren kamen sie alle gern wieder.

Im Laufe der Jahre lichteten sich die Reihen. Bei jedem neuen Treffen wußte man von denen zu erzählen, die inzwischen heimgegangen waren, und nach knapp fünfzig Jahren war die Zahl der Teilnehmer von anfänglich fünfhundert auf weniger als fünfzig gefallen, und vielen war die Reise zu beschwerlich geworden. Das Kapitel „Lötzener Schüler" war zu Ende gegangen …

Lötzen, die Stadt in Masuren, zwischen den beiden Seen Löwentin- und Mauersee gelegen, hatte ein intensives Schulleben. Jeden Morgen brachten die Eisenbahnzüge die Schüler aus der Umgebung in die Stadt. Für diese Schüler begann der Tag sehr früh.

Zum Teil standen sie schon um fünf Uhr morgens auf, um den Zug um sechs Uhr zu erreichen. Dann waren sie um sieben Uhr in Lötzen und und gingen zur Schule, wo sie in einem eigens für sie bereitgestellten Klassenraum den Schulbeginn erwarteten.

Viele beendeten oder machten hier ihre Schularbeiten, nachdem sie im Zug schon Vokabeln gelernt und andere mündliche Aufgaben erledigt hatten. Sie waren meistens gut vorbereitet im Vergleich zu den Stadtschülern, die für die aufzuarbeitenden Lücken keine Zeit hatten. Sie kamen in der letzten Minute in die Klasse gestürzt und mußten versuchen, im Unterricht ihre Lücken zu verbergen.

Die Schüler trauten sich nicht in der Wartezeit vor Schulbeginn irgendwelche Dummheiten zu veranstalten. Die pubertierenden Buben waren ganz brav; denn sie mußten jeden Augenblick mit dem Auftauchen des Schuldirektors, Dr. Ulonska, rechnen.

Er meldete sich klugerweise mit dem Klappern seines Schlüsselbundes an, das er an einer Kette in der Hand hielt und mit jedem Schritt mitschwenken und somit hören ließ. Er wollte sicherlich die Schüler nicht auf frischer Tat ertappen. Aber die Schüler wußten auch, daß sich eine größere Untat anzufangen nicht lohnte. Dr. Ulonska kam bestimmt – und auch trotz seines geräuschvollen Schlüsselbundes verhältnismäßig plötzlich.

In den Eisenbahnzügen waren die Schüler nicht ganz so brav. Auf den Bahnhöfen schon übten sie, auf den noch oder schon langsam anfahrenden Zug aufzuspringen. Die offenstehenden Treppenstufen mit dem kleinen Vorplatz darüber am Eingang des Wagons luden dazu ein. Und Haltegriffe fanden sich auch. Hatte einer seine Monatskarte vergessen, so wurde ihm eine andere hinter dem Rücken der anderen zugesteckt, wenn der Schaffner seine Kontrolle machte.

Mitunter waren die Schüler auch sehr laut. So mancher Fahrgast zog es dann vor, das Abteil zu verlassen. Damit konnten sie sich Platz verschaffen. Ganz gewitzte Buben hatten sich irgendwie einen Zugschlüssel besorgt und trieben ihr Unwesen damit. Sie schlossen mitunter die Toiletten ab oder sich selber darin ein, wenn sie ihre Monatskarte nicht hatten.

Die Züge aus dem Kreis Lyck und dem Kreis Johannisburg liefen ungefähr gleichzeitig im Bahnhof ein. Stand ein Zug vor dem Haltesignal vor der Einfahrt zum Bahnhof, dann belagerten die Schüler die Lokomotive und feuerten den Lokführer an, schneller zu sein, sie wollten nämlich zuerst im Bahnhof einfahren. Die Lokführer spielten mit, im Rahmen ihrer Möglichkeiten.

Morgens trafen sich die Züge ungefähr zur gleichen Zeit im Mittelpunkt des Kreises, in Lötzen. Sie kamen aus Johannisburg, aus Lyck, aus Rastenburg und Angerburg und sammelten vorwiegend die Lehrerkinder, aber auch andere Kinder aus den Dörfern zusammen und fuhren sie zur Schule.

Dort wurde viel gelernt. Die Lehrer waren sehr gewissenhaft, verständnisvoll und streng. Das wußten die Schüler, und so mußten sie sich fleißig um ihre Schulaufgaben kümmern. Die Eltern durften keine Klagen hören, denn auch das konnte unangenehm werden.

Die Stadtkinder kannten das Fahrschülerdasein nicht. Sie legten ihren Schulweg zu Fuß zurück. Aber auch manche Landkinder wohnten in der Woche in Pension in der Stadt und fuhren nur über das Wochenende nach Hause. Sie konnten dafür das Stadtleben kennenlernen, und das war in Lötzen sehr abwechslungsreich.

Die heranwachsenden Jugendlichen richteten allmählich ihre Blicke auf das andere Geschlecht. Auf der „Renne“ konnte man sich begegnen, das war die Straße im Zentrum vom Krankenhaus bis zum Marktplatz. Nachmittags konnte man sich dort wie zufällig begegnen. Also nahm man die Gelegenheit wahr. Dort schlossen sich erste Freundschaften; denn die beiden Schulen lagen etwas entfernt voneinander.

Während der Schulzeit war diese Ablenkung nicht möglich, da mußte man sich für den Unterricht interessieren, und der war in allen Fächern sehr intensiv. Und das war schon lange so gewesen. Generationen haben in Lötzen eine gute Ausbildung genossen und Abitur gemacht, bis der Krieg wie eine dunkle Wolke von Osten näherrückte und diese heile Welt bedrohte.

1943 wurden Soldaten gebraucht, zu viele waren in diesem sinnlosen Krieg gefallen. Der „Führer“ brauchte neue Soldaten. So besann man sich auf die Jugend. Die höheren Klassen des Gymnasiums durften nicht mehr so lange in der Schule sein, bis sie ihr Abitur abgelegt hatten. Sie wurden an der Front gebraucht, erhielten ohne Prüfung ein sogenanntes „Notabitur“ und wurden eingezogen.

Und sie wurden verteilt: zum nationalsozialistischen Arbeitsdienst geschickt oder als Flakhelfer eingesetzt. Die Arbeitsdienstler gingen von dort zur NSKK, ohne gefragt zu werden, und viele wurden anschließend gleich von der SS übernommen, auch ohne gefragt zu werden. Andere kamen gleich an die Front. Rußland war die gefürchtete Front.

Die jüngeren Schüler, die Sechzehn- und Siebzehnjährigen ließ man bei der Flak, sie sollten noch in der Heimat bleiben. Die Achtzehnjährigen hielt man für erwachsen genug, um sie in die gefürchtete Welt zu schicken, dort, wo der Tod eine noch reichere Ernte machte.

Die jüngeren Jahrgänge wurden auch zu Kriegsdiensten beordert. Sie mußten schippen, Gräben schippen, Panzergräben. Sie waren wochenlang im Einsatz und haben so einen Panzergraben rund um Ostpreußen ausgeschippt.

Später mußten weiter westwärts neue Gräben ausgehoben werden; denn die russischen Panzer hatten keine Schwierigkeiten, die Gräben zu überwinden.

Im Oktober bereits hatten die russischen Streitkräfte die deutsche Grenze überschritten und Goldap erreicht. Hier haben schwere Kämpfe stattgefunden, in denen die Russen noch einmal zurückgedrängt worden waren. Dann aber im Januar fielen sie mit großer Übermacht in Ostpreußen ein.

„Kein feindlicher Fuß wird deutschen Boden betreten!", hatte Hitler mit Goebbels Mund durch die Lautsprecher verkünden lassen und so die Bevölkerung in Sicherheit wiegen lassen, diejenigen, die es wirklich glaubten.

Auch in Lötzen hatten die Bewohner den Kanonendonner um Goldap mit Bangen gehört. Das war nicht weit weg. „Wann werden sie hier sein, die Russen?" So fragten sich die Menschen in Lötzen voller Sorge.

Doch die russische Armee wurde zurückgeschlagen, und in Ostpreußen wurde zunächst einmal aufgeatmet. In den wiedereroberten Gebieten zeigte sich das Grauen, das die Feinde zurückgelassen hatten.

Nachrichtenhelferinnen lagen vergewaltigt und ermordet auf dem Acker, und einige Männer waren an Scheunentore genagelt. Die Lötzener wußten nun, was sie zu erwarten hatten. Nein, den Russen durften sie nicht in die Hände fallen.

Die Propaganda der Nationalsozialisten beruhigte so manchen mit der ständigen Versicherung: „Kein Quadratmeter deutschen Bodens wird dem Feind in die Hände fallen!" Wer realistisch dachte, glaubte es nicht, aber er durfte nicht darüber reden; denn das konnte seinen Kopf kosten, wenn es ein überzeugter Nazi hörte.

Die Lötzener Gymnasiasten waren bekümmert, hatten sie doch im September wochenlang in Lagern gelebt und an der ostpreußischen Grenze Panzergräben ausgehoben. Doch die Panzer rollten durch und hatten ihr Ziel erreicht.

Ende September hatten sich viele 16- und 17jährige Schüler freiwillig als Flakhelfer nach Pillau gemeldet und dort bei der Marine Dienst geleistet. Die wenigen Schüler, die in Lötzen geblieben waren, wurden mit den Schülerinnen des Lyzeums zusammen in einer Schule unterrichtet.

Im November sollten die jungen Schüler aus der Umgebung zu Hause bleiben. Man befürchtete die herannahende Flucht der Bevölkerung vor dem herannahenden Feind und wollte eine Tragödie der Familien vermeiden. Bei den Eltern waren die Kinder sicherer aufgehoben, und die Familien konnten so einen plötzlichen, schnellen Aufbruch beginnen.

Das wurde jedoch nicht öffentlich ausgesprochen. Nach der Parteipropaganda war Deutschland sicher. Kein Quadratmeter deutschen Bodens wird dem Feind preisgegeben!

Am 14. Dezember 1944 gab es einen Bombenangriff vonseiten der Russen auf Lötzen. Es gab viele Tote und Verletzte.

Lothar, ein Schüler des Gymnasiums, mußte erleben, wie das Haus, in dem seine Familie lebte, den Bomben zum Opfer fiel. Seine Mutter war in dem Haus verschüttet. Sein Freund, Werner Morszeck, hatte sie aber gefunden und über das herabhängende Dach gerettet.

Die Familie fand zunächst einige Tage eine Notunterkunft in der Jugendherberge am Löwentinsee. Dann wurden sie alle in ein leerstehendes Haus zwangseingewiesen, das dem Kollegen von Lothars Vater gehörte, der im Kriegsdienst war.

Dieses Jahr 1944 wurde es eine traurige Weihnacht. Die vertraute Umgebung war nicht mehr da. In diese trostlose Stimmung donnerten wieder russische Flugzeuge in die Stadt hinein. Der Hund im Haus hatte das Motorengeräusch zuerst gehört, der Hund war auch schon als erster im Keller. Dort hat man das Weihnachtsfest zu Ende verlebt.

„Was wird die Zukunft bringen?“, so fragte sich jeder, „Was sollen wir tun?“ Es war für jedermann verboten, die Heimat zu verlassen. Nur ein Transport für „Mütter mit Kindern“ hatte im November das Land verlassen dürfen.

Auch die Bombengeschädigten aus den Großstädten des westlicheren Deutschlands, die aus Schutz vor den Bombenangriffen nach Ostpreußen evakuiert waren, wurden im November wieder ausgesiedelt.

Die Einheimischen, und besonders die Bauern durften das Land dagegen nicht verlassen. „Jeder bleibt auf seiner Scholle!“ – Und Hitler kalkulierte: „Ein von Menschen bewohntes Land wird von den Landsern opferbereiter verteidigt als ein verlassenes.“

Für Hitler galt damals auch in seiner Kriegsführung der eiserne Grundsatz: „Siegen oder Sterben!“

Am 4. Januar 1945 wurde auch Lothars Jahrgang einberufen. Die Jungen wurden in die Nähe von Mlava in Polen in das kleine Dorf Tuscha Mala zum Reichsarbeitsdienst gebracht. Hinter dieser offiziellen Bezeichnung verbarg sich die Ausbildung an der Waffe zur Partisanenbekämpfung. Es waren russische Beutewaffen, die man ihnen aushändigte.

Als Lothar sich von seiner Mutter verabschiedete, sagte sie festen Glaubens zu ihm: „Aber Jungchen, der Führer wird doch Ostpreußen nicht aufgeben!“ Lothar erkannte hier die Wirkung der Nazipropaganda. Er glaubte nicht daran und sah die Lage realistisch.

Am 13. Januar 1945 setzte die russische Großoffensive vom Baranow-Brückenkopf mit zum Teil 10- bis 15-facher Übermacht ein. Diese war vom Geheimdienstchef General Gehlen präzise vorausgesagt, von Hitler aber bis zuletzt geleugnet worden.

Die RAD-Abteilung in Polen bereitete die Flucht vor. Sie beschlagnahmten Panjewagen und Pferde der polnischen Bauern und machten sich auf den Weg. Viele Polen, besonders jene, die schon vorher aus Ostpolen vor den Russen geflohen waren, zogen mit.

Lange Gewaltmärsche durch Schnee und Eis in frostiger Kälte lagen in den folgenden Tagen vor ihnen. Gelegentlich fanden sie etwas Schlaf in den am Wege liegenden Schulen. Der Chef der RAD-Abteilung muß ständig gut informiert gewesen sein; denn er führte seine Leute genau zwischen den russischen Panzerspitzen in nordwestlicher Richtung über Berent-Bütow und Schlawe nach Vorpommern.

Die RAD-Schüler auf ihren Panjewagen – sie waren ja gerade aus dem Frontgebiet gekommen und kannten den Ernst der Lage – waren von der Ahnungslosigkeit der deutschen Bevölkerung sehr überrascht. Die lebte noch sorglos in einem friedlichen Land. Die Frauen waren beim Einkaufen, und die Kinder spielten auf der Straße. Sie alle ahnten nicht, daß der Russe nur wenige Stunden entfernt im Anmarsch war. Die Bevölkerung war bewußt nicht informiert worden.

Der Panjewagentreck erreichte Köslin in Hinterpommern. Hier wurden die RAD-Schüler auf die Bahn verladen und bis Gorleben an der Elbe gebracht. Hier ging es erst einmal nicht weiter. Die Panjewagentruppe war von ihrem langen Treck völlig ermüdet und erschöpft.

Der Ort war überfüllt von Flüchtenden und von Soldaten, und

es gab sehr viele Kranke und Erfrierungen an Menschen, die erst versorgt werden mußten.

Nach ihrer sechswöchigen RAD-Zeit wurden die jungen Leute vor eine Musterungskommission der Wehrmacht beordert. Die jungen Leute wurden mit Verlockungen geworben, in die Waffen-SS einzutreten. Dort gebe es die neuesten Waffen, und die SS sei vollkommen motorisiert. Hier könnten die jungen Leute sich zur Elite gehörig fühlen.

Lothar wurde nicht genommen, er war nicht groß genug und entsprach dem Traumbild der arischen Rasse nicht. Er wurde zum 26. Februar 45 zu einer Infantrie-Einheit mit Standorten in Bernburg an der Saale und in Halberstadt einberufen.

Während dieser Verlegung mit der Bahn mußte die RAD-Abteilung im Bahnhof Salzwedel umsteigen. Während der Wartezeit auf dem Bahnhof löste sich von einem voll mit Flüchtlingen besetzten Bahnsteig ein Junge und ging auf die Wartenden zu. Als er näher kam, erkannte Lothar ihn, es war sein jüngerer Bruder. Die Mutter hatte ihm geraten, doch einmal hinüberzugehen und zu fragen, ob Lothar vielleicht doch dabei war. Und er war es.

Wenn Mütter sich um ihre Kinder Sorgen machen, lassen sie nichts unversucht, um von ihnen zu erfahren. Solche fast unglaublichen Glückszufälle gibt es wirklich. Die Mutter wußte, daß ihr Sohn lebte und zunächst nicht im Osten in Gefahr war, und auch Lothar brauchte sich nicht zu sorgen, ob seine Familie aus Ostpreußen hatte fliehen können oder nicht. Seine Familie hatte – Gott sei Dank – fliehen können, und Lothar war froh.

Die Familie war auf dem Weg nach Osterburg in der Altmark, wo die Beamten des Versorgungsamtes Lötzen, in dem sein Vater gearbeitet hatte, einen neuen Amtssitz vorgeschrieben bekommen hatten, und Lothars Eltern wußten, wie Lothars Weg weitergehen würde.

So waren sie alle die Ungewißheit über den Verbleib des anderen und damit eine große Sorge los.

Ab dem 26. Februar erhielten die jungen RAD-Leute in ihren Standorten Bernburg und Halberstadt eine kurze militärische Ausbildung und wurden dann zum Ersatztruppenteil nach Magdeburg verlegt. Von da aus ging es in Fußmärschen zum Einsatz an der Ostfront im Raum von Finsterwalde.

Davor hatte noch eine Aussonderung von einigen jungen Leuten, die zur weiteren Ausbildung zum Unteroffizier geeignet schienen, stattgefunden. Sie machten sich auf den Weg nach Altenbeken bei Paderborn. Sie sind dort jedoch nicht angekommen. Die Amerikaner waren schon vor ihnen da. Also wanderten sie zurück nach Magdeburg. Sie sollten dort zur Verteidigung eingesetzt werden.

Das deutsche Militär war inzwischen von Osten von der Roten Armee und von Westen von den Briten und den Amerikanern auf dieses Gebiet um Magdeburg zusammengedrängt worden. Auch Gerhard war dort, und auch sein Vater.

Sie alle haben sich in dieser Riesenansammlung von Menschen nicht getroffen. Wie soll man auch eine Stecknadel im Heuhaufen so einfach finden? Lothar und sein Bruder hatten sich gefunden. Das war ein Glück!

Die von den westlichen Streitkräften gefangengenommenen deutschen Soldaten wurden in ein schnell und beinahe notdürftig eingerichtetes Gefangenenlager nach Rheinberg am Niederrhein geschafft. Dort lagerten sie auf freiem Feld in Erdlöchern. Die Offiziere waren in Zelten untergebracht.

Gerhard hatte seinen Vater dort wie eine Stecknadel im Heuhaufen getroffen. Gerhard war Leutnant und wollte seinen Vater, den Feldwebel, mit ins Zelt nehmen. um ihn vor dem Regen zu schützen. Es regnete viel und lange. Den anderen Offizieren war der Vater nicht ranggleich, also mußte er das Zelt verlassen und wie Tausende andere im Regen die Zeit in einem Erdloch verbringen.

Im Lager Rheinberg waren etwa 180 000 deutsche Soldaten als Gefangene untergebracht. Sie erhielten in den ersten vier Tagen keine Verpflegung. Die Amerikaner waren anfangs sicher überfordert, so viele Menschen zu versorgen.

Deutschland war zusammengebrochen. Viele Städte lagen durch die Bombenangriffe in Schutt und Asche, und Millionen von Flüchtlingen aus dem Osten mußten untergebracht werden. Da läßt sich die Verpflegung von 180 000 Soldaten nicht so einfach organisieren.

Und auch die Unterkunft war mangelhaft und unzureichend: Nur die einfache Erde war das Quartier, das Bett und der Wohnbereich. Die Männer versuchten sich in Erdlöchern vor dem Regen zu schützen. Nachts zog die Kälte in die Glieder, die feuchte Uniform wärmte nicht, im Gegenteil, sie produzierte Verdunstungskälte.

Die Notdurft wurde in offenen Gräben oder auf kleinen Anhöhen mit aufgelegten Baumstämmen als Donnerbalken verrichtet. Es gab keine Waschgelegenheiten, Hygiene fiel aus. So harrten sie aus, und sie konnten froh sein, am Leben geblieben zu sein. Viele hatten es nicht geschafft.

Im Juli 1945 übernahmen die Briten das Gefangenenlager Rheinberg, nachdem Deutschland in die vier Besatzungszonen aufgeteilt worden war – Rheinberg lag im Norden und fiel der britischen Verwaltung zu.

Gerhard blieb in amerikanischer Gefangenschaft und wurde nach Süden in die amerikanische Besatzungszone gebracht, sein Vater und auch Lothar blieben in Rheinberg. Der Vater erkrankte an einer doppelseitigen Lungenentzündung und wurde in einem Lazarett gesund gepflegt.

Lothar kam in ein Arbeitslager und lebte nun in einem Zelt mit ausreichender Verpflegung. Als erste wurden Bauern und Bergleute entlassen. Die Gefangenen wurden nach Ihren Englischkenntnissen befragt, und so kam Lothar, er hatte ja Englisch in der Schule gelernt, als „discharging clerk“ (Entlassungsschreiber) in die sogenannte Schreibstube.

Am 29. August 1945 wurde das Lager aufgelöst, und auch Lothar wurde entlassen. Nach einigen Irrfahrten gelangte er zu seinen einzigen Verwandten, die im Westen wohnten, und Onkel und Tante nahmen ihn auf.

Gerhards Vater wurde nach Belgien in eine Brauerei geschickt, wo er als Arbeiter eingestellt wurde. Er konnte nicht entlassen werden, weil er keine Adresse im Westen angeben konnte, wohin er ziehen konnte.

Seine Familie lebte in der Ostzone, und die Westmächte haben keinen Gefangenen mehr in die sowjetisch besetzte Zone entlassen, weil der erste Transport mit entlassenen deutschen Offizieren an er Zonengrenze gleich nach Russland weitergeleitet worden war. Sie mußten einige Jahre in russischer Gefangenschaft ausharren.

Als am 20. Januar 1945 in Lötzen der Aufruf kam, die Stadt sofort zu verlassen, hatten Lothars Eltern und sein Bruder sofort die notwendigsten Sachen eingepackt und sich zu Fuß auf den Weg gemacht; denn die letzten Züge waren abgefahren. So packten sie ihre Habseligkeiten auf einen Rodelschlitten und zogen los.

Ostpreußen war inzwischen eingekesselt, die Rote Armee hatte von Südosten kommend das Land bis Danzig eingeschlossen. Lothars Familie wanderte in nordwestliche Richtung davon. Es blieb ihnen nur der Weg über das Frische Haff und die Ostsee nach Westen.

Der Winter war sehr hart eingebrochen, die Temperaturen lagen bei -20° C, und die Straßen waren stark verschneit, und so wanderten sie unverdrossen weiter über Rastenburg-Bartenstein-Braunsberg-Frauenburg über das Eis des Frischen Haffs nach Danzig. Gelegentlich nahm ein deutscher Militärwagen sie eine Strecke mit, so konnten sie sich zwischendurch etwas ausruhen.

Doch auf den offenen Wagen empfanden sie die harte Kälte besonders schlimm, und so wurde ihnen während des darauffolgenden Fußmarsches etwas wärmer. Doch auch dann froren sie sehr in der unbarmherzigen Kälte.

„Bittet aber, daß eure Flucht nicht geschehe im Winter.“ So steht es in der Bibel: Matthäus 24, Vers 20. Die Kälte ist quälend, und die Tage sind kürzer. Doch hier war der Winter ein Retter in der Not, er hatte das Frische Haff zufrieren lassen, und das Eis war so stark, daß Pferdewagen, beladen mit Habseligkeiten, und sogar Trecker rüberfahren konnten.

Aber viele sind auch ertrunken, wenn die Wagen einbrachen und untergingen und die Menschen, die darauf saßen, mit ihnen. Feindliche Flugzeuge schossen in die Mengen der Flüchtenden, und auch Bomben wurden geworfen.

Lothars Eltern erreichten Danzig und konnten von dort mit dem Zug ins Reich fahren. Der Vater hatte einen Versetzungsbefehl nach Osterburg in der Altmark in der Tasche. Dort sollten die Beamten des Versorgungsamtes Lötzen im Amtsgericht Osterburg weiter ihren Dienst tun. Sie erhielten dort sogar Akten nachgeliefert.

Im Juli 1945 wurde das Gebiet russisch besetzte Zone, die Ostzone; denn ein Teil des von den Westmächten besetzten Gebietes wurde gegen die Westsektoren Berlins eingetauscht. Bald nach der Besetzung des Gebietes durch die Rote Armee wurden deutsche Führungspersönlichkeiten verhaftet und sogar nach

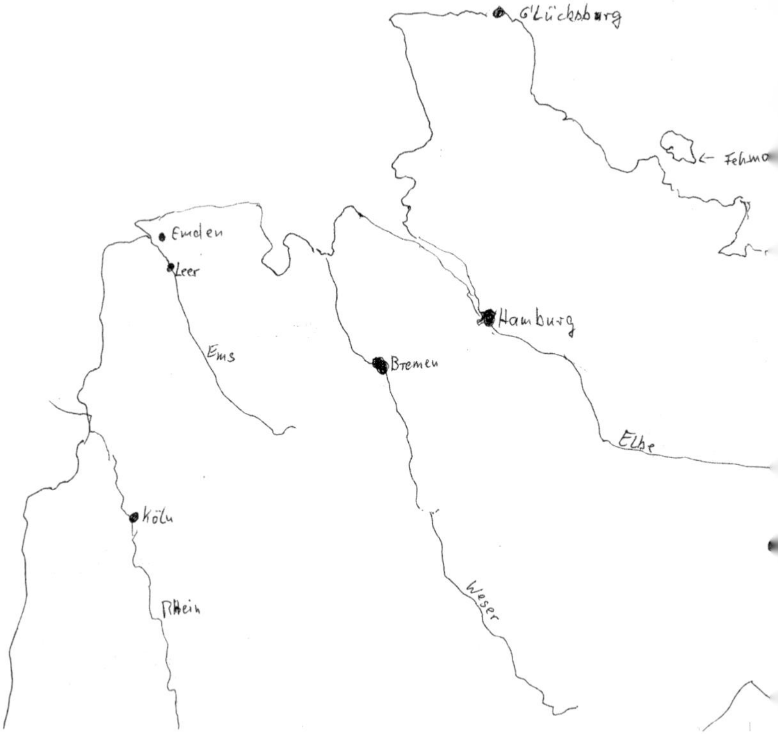
Glücksburg
Fehma
Emden
Leer
Ems
Hamburg
Bremen
Elbe
Köln
Rhein
Weser

Rauschen
Samland
Pillau
Königsberg
Danzig
Frauenburg
Lötzen
Rügen
Kolberg
Belgard
Stettin
Berlin
Oder
Weichsel
Warschau
Breslau

Russland verschleppt, so auch der Leiter des Versorgungsamts und der leitende Arzt, der Lötzener Dr. Schwokowski.

Lothars Vater zog es vor, in den Westen zu fliehen. Damals war die Grenze noch nicht so stark bewacht, so daß Menschen noch fliehen konnten. Lothars Vater hatte sich in einem Kohlenzug versteckt und kam sicher im Westen an. In Gelsenkirchen erhielt er eine Anstellung am dortigen Versorgungsamt, und 1950 erhielt er sogar eine Wohnung.

Nun konnte die Familie zusammenziehen, denn vorher waren Mutter und Bruder von den zuständigen Behörden als Flüchtlinge in Weener in Ostfriesland untergebracht. Bis 1950 lebte die Familie noch getrennt, aber sie lebten alle.

Lothars Vater war der Meinung, daß Lothar mit seinem Notabitur keinen richtigen Schulabschluß hatte, und so sollte er das Abitur nachholen. Lothar bewarb sich am Gymnasium für Jungen in Leer um Aufnahme.

Da er keine Zeugnisse mehr hatte, um zu beweisen, daß er eine höhere Schule besucht hatte, mußte er eine dreitägige Aufnahmeprüfung ablegen. Ihm wurde eine gewisse Vorbereitungszeit gewährt, und dann folgte die Prüfung.

Die ersten zwei Tage verliefen mühelos, und am dritten sollte eine Englischprüfung stattfinden.

Lothar wartete prüfungsbereit, und dann ging die Tür auf, herein trat sein ehemaliger Lötzener Klassenlehrer. Beide, Schüler und Lehrer waren starr vor Schreck und fielen sich in die Arme, und beide weinten vor Ergriffenheit und Freude. „Daß du aus der Hölle heil herausgekommen bist“, weinte der Lehrer, und Lothar dachte das gleiche.

Jetzt hatte er einen Zeugen, der seinen Schulbesuch am Lötzener Gymnasium bestätigen konnte. Lothar jedoch schrieb seine Arbeit, und er konnte an diesem Gymnasium sein Abitur machen.

Er hat es im März 1948 abgelegt. Anschließend wollte Lothar studieren, doch dafür mußte er Geld haben, und er mußte es selbst verdienen. Die Währungsreform stand bevor, und Geld war knapp. Er fand in der dort ansässigen Firma Polak, einem Lebensmittelwerk, eine Anstellung.

Seine Aufgabe war, bei der Herstellung des Feinkostpuddings an den Abfüllmaschinen die Kartonagen bereitzustellen. Und der Pudding hatte für Lothar eine vielsagende Werbung: „Mit A. T. Polaks Mändelchen hält sie den Mann am Bändelchen."

Lothars Bändelchen wurde von einer jungen Frau angezogen, und sie hielt es fest. Sie war eine junge Frau mit dunklen Augen, die Lothar nicht vergessen konnte. Auch sie war völlig mittellos aus der Ostzone in den Westen gekommen und hatte in dieser Fabrik Arbeit gefunden.

Lothar wollte sie ins Kino einladen, aber sie schlug die Einladung aus mit der Begründung, daß sie kein Geld habe und sie sich auch nicht einladen lassen wolle, denn er habe ja auch kein Geld.

Sie hatte wirklich wenig Geld, denn das verdiente Geld war für ihren Lebensunterhalt und vor allem für die notwendigen Anschaffungen viel zu knapp. Sie konnte sich auch nur ein mageres Mittagsbrot mitbringen, während ihre Mitarbeiterinnen die reichhaltigen Wurststullen dabei hatten, die auch einen verführerischen Geruch ausstrahlten, den das Mädchen nicht ertragen konnte.

Sie hatte Hunger. Sie verließ immer den Raum, in dem ihre Kolleginnen zusammen saßen und aßen. So lästerten die satten Frauen über das „eingebildete Mädchen", das angeblich ihre Gesellschaft mied. Sie kannten ja den Hunger nicht. Das Mädchen ging in die Volksküche, um einmal am Tag ein warmes Essen zu bekommen.

Lothars Lage besserte sich erst, als er ins Angestelltenverhältnis übernommen worden war. Er hat in den 50er Jahren in Köln und später in Kiel das Jurastudium absolviert und auch am 1. Juli 1954 sein Mädchen Ilse geheiratet. Anschließend trat er in den öffentlichen Dienst ein: in Nordrhein-Westfalen im Versorgungsamt Essen, und danach in Schleswig-Holstein in den Versorgungsämtern Lübeck und Kiel. Zwei Töchter wurden ihnen geboren, und nun haben sie auch zwei Enkel.

II

Auch Lilo hat von ihrer Flucht erzählt. Als in Lötzen der Aufruf durch die Stadt tönte: „Rette sich wer kann", packten Lilo, ihre Mutter und ihre Schwester Christel das Notwendigste in ihr Handgepäck und gingen zum Bahnhof, um einen Zug zu erreichen, der sie nach Königsberg bringen sollte. Sie erreichten den letzten Zug nach Königsberg.

Dort war der Vater, der zum Versorgungsamt abgeordnet gewesen war. Er hatte schon einige Stunden auf dem Bahnhof gewartet, weil er damit gerechnet hatte, daß seine Familie zu ihm kommen würde, um mit ihm gemeinsam auf die Flucht zu gehen.

Als der Zug in Königsberg angekommen war und die Familie sich fand, war die Freude groß. Jedoch sie war nur kurz, weil gleich ein Bombenhagel über Königsberg einsetzte. Die Familie ließ ihr gesamtes Gepäck stehen und liegen und lief davon, zunächst um Schutz zu suchen.

Als der Bombenhagel sich etwas beruhigt hatte, versuchten sie, aus Köngsberg fortzukommen. Es fuhr nur noch ein Zug nach Rauschen, einem Badeort an der Ostseeküste. Sie stiegen ein und fuhren am Samland herum nach Rauschen. Hier waren schon viele Menschen, die alle hofften, mit einem Schiff über die Ostsee weiterzukommen.

Der Andrang war groß. Doch drumherum war das große Chaos. Gepäckstücke lagen herum, tote und lebendige Pferde von den zurückgelassenen Trecks verteilten sich über die Hafengegend.

Lilo und ihre Schwester gingen am Strand entlang, um etwas Bewegung zu haben. Etwas weiter entfernt von der Menschenansammlung trafen sie auf einen Polizisten, der für den ruhigen Ablauf der Beförderung der Flüchtenden zuständig war.

Christel sprach ihn an, und der Mann ging auf das Gespräch ein, in dem es sich ergab, daß die Familie bei ihm übernachten konnte; denn an diesem Abend ging kein Schiff mehr ab, und die Menschen mußten die Nacht bei eisiger Kälte im Freien verbringen. Aber Lilo und ihre Familie hatten ein Quartier, ein warmes in der Wohnung des Polizisten. Er teilte sie sich mit einem Kollegen, so war in der kleinen Wohnung viel Platz auf dem Fußboden.

Die vier machten es sich mit Wolldecken bequem; denn es war mollig warm im Vergleich mit der Temperatur draußen. Der Mann bereitete seinen Gästen noch eine warme Suppe und heißen Tee. Das war eine Wohltat nach den vielen Stunden der Enthaltsamkeit. Hunger und Durst und die grausame Kälte waren fort, und sie alle hatten eine gute Nacht.

Am nächsten Morgen brach die Familie wieder auf, sie mußten ja fort, dem Grauen entfliehen, das ihnen auf den Fersen war. Der Gastgeber war auch verantwortlich für die Verteilung der Flüchtenden auf die Schiffe, die die Menschen nach Westen bringen sollten, und so kam die Familie etwas bevorzugt auf das nächste Schiff.

Es war am Boden im Laderaum mit etwas Stroh ausgelegt, und hier mußten die Menschen Platz nehmen, so eng wie möglich. Sie hatten nicht mehr Bewegungsfreiheit als bewegungslos stillzusitzen.

Je länger die Fahrt dauerte, um so unerträglicher war das Sitzen, doch die Menschen waren guten Mutes, sie waren auf dem Weg in die Sicherheit. Die Hölle lag hinter ihnen. Während der Fahrt fiel im Schiffsraum eine Holzwand ein, und Angst machte sich breit. Man hielt es für eine Schiffsbeschädigung von außen.

Langsam wurde aus der Angst Zuversicht, und das Schiff landete nach mehreren Stunden im Hafen von Neufahrwasser, dem Vorhafen von Danzig.

Und gleich ging es weiter. Ein Güterzug stand bereit und nahm die Flüchtlinge auf. Auch hier waren die Fußböden mit Stroh ausgelegt, und die Reisenden setzten sich dicht nebeneinander nieder. Sechzig Menschen mußten in einen Waggon hinein, sie konnten nur auf dem Fußboden kauernd sitzen und konnten sich nicht bewegen. So saßen sie stunden- und tagelang und mußten es aushalten.

Gelegentlich hielt der Zug, und das war Erlösung. Nur einmal die Beine ausstrecken, oh war das schön! Und die Notdurft verrichten können war auch immer eine Erlösung. Manchmal war auf einer Haltestation bereits das Rote Kreuz da und teilte Suppe aus und Wasser zum Trinken, und manchmal bekamen sie einen Tag gar nichts.

Oft mußte der Zug nächte- oder tagelang irgendwo auf freier Strecke warten, wie es die Frontlage oder der Eisenbahnplan erforderte. Viele Züge waren unterwegs, die Flüchtlingstransporte, weiter im westlichen Teil der normale Zugverkehr, oder auch die Züge für das Militär. In acht Wochen erreichte der Zug Glücksburg in Schleswig Holstein. Glücksburg, der Name gab Lilo Zuversicht und verhieß Hoffnung.

Hier war Endstation, und die Flüchtlinge wurden auf die Vororte oder naheliegende Dörfer verteilt. Lilos Eltern wurden einem Bauern zugeteilt, der ihnen auf dem Flur ein Bett und einen Kleiderhaken, sowie einen Stuhl und einen Tisch bereitgestellt hatte. Er wohnte in einem geräumigen Bauernhaus.

Lilo und Christel kamen zu einer in der Nähe wohnenden Bäuerin. Sie hatte den beiden Mädchen neben dem Stall einen Raum zu Verfügung gestellt, der aber zwei Schlafgelegenheiten und die notwendigsten Möbel für den täglichen Bedarf hatte. Nachts hörten die Mädchen das Muhen der Kühe, aber sie konnten wenigstens schlafen und die Beine ausstrecken.

Kurz vorher hatte die Bäuerin ihren Mann verloren, er war gefallen. Sie ließ die Mädchen im Haus und auf dem Feld mitarbeiten und versorgte sie mit Essen und Trinken. Auch die Eltern durften bei ihrem Bauern bei der Arbeit helfen, so daß die Familie nicht Hunger zu leiden brauchte. Der Vater suchte sich bald eine regelmäßige Arbeit, und die Mädchen meldeten sich in der Schule an. Sie besuchten die Oberschule für Mädchen in Glücksburg.

Nach und nach zeigte die Bäuerin den Mädchen immer mehr ihre Zuneigung, und sie freute sich herzlich mit Lilo, als Lilo ihr Abitur gemacht hatte. Im Dorf allerdings war man sehr erstaunt, daß das Flüchtlingkind Abitur machen konnte.

Monate später, im Herbst, fand Lilos ältere Schwester durch den Suchdienst des Roten Kreuzes die Familie wieder. Maria, so hieß die Schwester, war zu der Zeit, als die Jungen des Gymnasiums das Notabitur verordnet bekommen hatten, zur Nachrichtenhelferin eingezogen worden. Sie hatte in der Zeit auch ihre Art Kriegsdienst geleistet. Auch sie hat die Zeit überstanden und war in Süddeutschland gelandet. Dann kam sie zu ihrer Familie nach Hause, und die Familie war wieder vereint.

III

Auch Christa erzählte von ihren Erlebnissen auf der Flucht. Sie hat es in einem Erlebnisbericht über fünfzehn Monate der Ungewißheit aufgeschrieben. Sie hat ihn „Vogelfrei" betitelt. Daraus folgt ein Auszug. Sie berichtet aus der Zeit, als die Russen die Gegend um Goldap eingenommen hatten, aber von den Deutschen wieder verdrängt worden waren.

Von dieser Zeit an herrschte eine kriegerische Unruhe in Lötzen und der Umgebung. Ihr Dorf Grünau war voll mit Militär belegt. Die Heeres-Nachrichtentruppe war hier in Stellung gegangen, auch weil das Führerhauptquartier, die Wolfsschanze, in der Nähe lag.

Ihr Hof glich einer Kaserne. Im Haus waren die Schneiderei mit der Bekleidungskammer und die Schusterwerkstatt, in ihres Vaters Werkzeugschuppen die Waffenkammer für Handwaffen untergebracht. Für Christa, sie war 12 Jahre alt, und ihren kleinen Bruder Dietmar, er war fünf, war das eine abwechslungsreiche Zeit.

Die Mutter war voller Sorge. Sie hatte vom Vater seit seinem Fronturlaub ein Jahr davor keine Nachricht mehr erhalten, und der älteste Sohn Wolfgang hatte einen verzweifelten Brief geschrieben. Er war auch wie die Lötzener Gymnasiasten eingezogen worden und dann unfreiwillig in die Waffen-SS gesteckt worden[1].

Von ihrem zweiten Sohn hatte sie überhaupt keine Nachricht. Mutter war krank geworden, auf eine Gallenblasenentzündung war ein Nervenzusammenbruch gefolgt.

Das Leben wurde immer beängstigender, russische Tiefflieger bombardierten Lötzen und Umgebung und schossen mit Bord-

1 Hier sollte man bedenken, daß Günter Grass und Horst Tappert auch nicht mit Begeisterung in die SS eingetreten waren. Eine Weigerung hätte damals den Tod bedeutet.

waffen Gehöfte in Brand. Die Bahnstrecken waren überfüllt mit Sonderzügen, Verwundetentransporten und Militärzügen.

Nach Neujahr 1945 begannen die kriegsgefangenen Franzosen, die auf dem Hof arbeiteten, die Wagen für die Flucht vorzubereiten. Sie nagelten Kisten zusammen und packten Haushalts- und Wertgegenstände hinein, die Wertsachen gut versteckt. Auch die Franzosen wollten mit auf die Flucht gehen, sie fürchteten die russische Invasion.

Der Kanonendonner wurde immer deutlicher hörbar, die Front näherte sich. Ihre Mutter ließ noch schnell ein paar Hühner schlachten, die unterwegs gegessen werden sollten. Das Bettzeug war schon auf dem Treckwagen, und am 23. Januar ganz früh zogen sie los.

Fünf Wagen hatten sich zu einem Treck zusammengefunden. Christas Familie, ihre Verwandten und ihre Leute verteilten sich auf vier Wagen, und der fünfte war für eine Familie aus dem Dorf bereitgestellt, die keinen Wagen hatte. Es schneite und es war bitterkalt.

Kurz vor Lötzen stießen sie auf einen bereits rollenden Treck, und von nun an ging es viel langsamer voran. Das Artilleriefeuer wurde immer lauter, und die sich auf dem Rückzug befindenden deutschen Truppen drängten die Flüchtlingstrecks zur Seite.

So kam es oft zum Stillstand. Die Soldaten warfen aber den Kindern Kekse und Schokolade zu, die sie aus dem Lötzener Proviantdepot herausgeholt hatten, bevor es gesprengt wurde.

Am nächsten Morgen tauchte plötzlich Onkel Emil auf, er war im Januar zum Volkssturm einberufen worden, und er suchte unter den Flüchtenden nach seiner Familie, die er nicht fand. Er verabschiedete sich weinend von ihnen. Sie haben ihn nicht wiedergesehen. Er soll in einem russischen Gefangenenlager an einem Blinddarmdurchbruch gestorben sein.

Der Treck zog weiter nach Westen. Unterwegs wurden sie einmal von der Feldgendarmerie aufgehalten, die ein paar Pferde konfiszierte. So blieben einige Wagen auf dem Feld stehen, von den anderen wurde Ballast abgeworfen und die Leute rückten zusammen. Ein Großteil der Habe wurde zurückgelassen.

Auf einem kleinen Bauernhof machten sie Halt, um zu übernachten, die Besitzer waren schon geflohen. Tante Hannies Baby war unterwegs vor Kälte und Hunger gestorben. Am nächsten Morgen gruben die Franzosen im Garten ein Loch, und das kleine Kind wurde in einem Pappkarton darin beerdigt.

Einmal wurden sie von einem Bombenangriff überrascht, und es gab ein furchtbares Durcheinander, danach aber ging es weiter. In der Nacht wurden sie auf freier Strecke von den Russen geschnappt. Es entstand ein schreckliches Geschieße, und dann wurde es still, und es ging ein Geflüster von Wagen zu Wagen: „Die Russen sind da!"

Es erschienen auch dunkle Gestalten mit Maschinengewehren, die die Wagen nach Soldaten durchsuchten. Hin und wieder hörte man Schüsse und „stoi Germanski".

Es muß ein Spähtrupp gewesen sein, der sie nachts überrascht hatte. Die Russen befahlen ihnen, in ihre Dörfer zurückzukehren, und sie taten es auch, gerieten aber mitten in die Schusslinie, in starkes Artilleriefeuer. Der Treck erlitt Verluste an Menschen und Pferden.

Doch plötzlich befanden sie sich wieder auf der deutschen Seite. Die deutschen Soldaten hatten die Russen wieder zurückgedrängt, weil sie noch viele Flüchtlinge herausholen wollten. Doch das Dorf war den Kämpfen zum Opfer gefallen, es gab brennende Häuser und überall lagen Balken und Trümmer herum.

Die Flucht ging weiter, in Stablack schlachteten die Franzosen ein Kalb und kochten über einem offenen Feuer in Eimern eine Suppe für alle. Zum Trinken haben sie sich Schnee aufgetaut und Kaffee und Tee gekocht. Die warme Mahlzeit und die Getränke taten allen sehr wohl.

Irgendwo in der Gegend trafen sie Herrn Keiner aus Grünau. Er war beim Volkssturm und irrte verzweifelt umher, um noch Grünauer zu treffen. Weinend erzählte er vom Schicksal seines vierzehnjährigen Sohnes Herbert und dessen Freund Werner. Ihre Treckwagen waren von Russen geschnappt worden.

Es war nachts und dunkel. Werner wollte aus Angst vor den Russen zu Herbert in den Wagen steigen. Ein russischer Soldat sah ihn und hielt für einen fliehenden Soldaten. Er schoß auf ihn und traf mit einer Kugel beide Jungen. Sie waren tot. Die Angehörigen konnten sie nicht einmal beerdigen, sie mußten sie in ein Betttuch abgedeckt in einem Schuppen liegenlassen.

Auf der Fluchtroute sind viele Säuglinge, Alte und Kranke gestorben. Auch sind viele Soldaten und Zivilpersonen durch Tiefflieger und durch Waffenbeschuß ums Leben gekommen. Oft blieb den Angehörigen nicht die Zeit, ihre Toten in der gefrorenen Erde zu begraben. Sie blieben zwischen toten Pferden am Rande der endlosen Elendsstraße liegen.

Der Treck ging weiter, auch wenn es am Tag nur wenige Kilometer waren. Am 8. Februar kamen sie am Frischen Haff an, und sie warteten auf die Überfahrt.

Über das Eis war die einzige Möglichkeit, aus Ostpreußen herauszukommen. Russische Tiefflieger bombardierten und beschossen tagsüber ständig das Eis, um es brüchig zu machen und der deutschen Wehrmacht den Rückzug abzuschneiden. Deutsche Jäger waren bemüht, die russischen Jagdbomber in der Luft abzuschießen, bevor die ihre Bomben auf das Eis abladen konnten.

Während des Wartens auf die Überfahrt konnten sie einen Luftkampf beobachten. Es war den deutschen Jagdfliegern gelungen, viele russische Bomber abzuschießen. Die anderen gaben daraufhin auf und drehten ab. So war der Weg für die Flüchtlinge über das Eis offen geblieben.

Am Abend kam der Treck dann endlich in Bewegung, er verließ das Festland. Die Pferde scheuten auf den schwankenden Brettern vor dem aufgischtenden Wasser. Dann griffen Soldaten in die Zügel und führten sie auf die Eisfläche.

Es war nicht einfach für die Pferde, auf dem nassen Eis zu gehen. Durch die Bomben war das Eis stellenweise brüchig, und es stand Wasser auf der Oberfläche. Feldgendarmerie hatte die Route, die noch einigermaßen sicher befahrbar war, mit Laternen abgesteckt. Doch als es dunkel wurde, machte die Polizei Feierabend, ohne auf die Ablösung zu warten, und nahm auch einige Laternen mit. Das irritierte den Treck, und er kam vom abgesteckten Weg ab auf brüchiges Eis.

Einige Fuhrwerke brachen ein, man hörte Hilferufe. Aber es war dunkel und jeder hatte mit sich zu tun.

Das Wasser stieg immer höher. Da ließen die Grünauer ihren Wagen stehen und gingen zu Fuß weiter. Sie faßten sich an die Hände und bildeten eine Kette, die Kinder verteilt zwischen den Erwachsenen. Vorsichtig tasteten sie sich im Dunkeln von Eisscholle zu Eisscholle und erreichten auf Umwegen glücklich das Ufer der Nehrung. Noch lange hörten sie die Hilferufe und das Brechen des Eises.

Auf der Nehrung war ein Feldlazarett eingerichtet, das mit Verwundeten überfüllt war. So mußten die Flüchtlinge bei Eisregen die ganze Nacht im Freien verbringen.

In einer Waschküche haben Frauen vom Roten Kreuz Tee gekocht und an die Leute ausgegeben. Außer auf der Erde im nassen Schnee gab es keine Sitzgelegenheit. Christa lehnte sich an einen Staketenzaun und schlief sogar kurz im Stehen ein.

Für die kleinen Kinder war es besonders anstrengend.

Am Morgen kam Frau Grigo, die Frau des Schmiedemeisters aus Grünau die Uferböschung zu ihnen hinauf. Sie hatte es mit ihrem Wagen bis auf die Nehrung geschafft. Sie holte ihre Federbetten vom Wagen, und die kleinen Kinder wurden darin am Strand zum Aufwärmen eingerollt.

Vom Ufer konnten sie alle ihre fünf Fuhrwerke noch sehen. Der Franzose Georg war bei den Pferden geblieben. Christa war noch einmal zu den Wagen zurückgegangen. Ihr kleiner Bruder Dietmar hatte gejammert, daß er Hunger hatte.

Sie ging, um Essen zu holen und den Franzosen Georg mit dem Fuhrwerk zur Nehrung zu lotsen. Die Eisfläche war ein Bild des Grauens. Von manchen eingebrochenen Wagen ragte noch ein Stück aus dem Wasser, und an flachen Stellen lagen tote Pferde.

Als Christa gerade mit ihrer Tasche vom Wagen stieg, brausten Tiefflieger über sie hinweg. Da die fünf Wagen außerhalb der Treckreihe standen, hielten die Russen diese für deutsches Militär und beschossen sie mit Bordwaffen und warfen Eierbomben ab. Die Pferde zogen ruckartig an und Christa wurde in den Wagen zurückgeschleudert, das war ihr Glück, denn wäre sie zwischen Wagen und Pferde gefallen, wäre sie sicher schwer verletzt worden.

Der Franzose konnte die Pferde halten und beruhigen, das eine war schwer verwundet und mußte später erschossen werden. Christa hatte einen kleinen Streifschuß über dem linken Auge und Splitter an der linken Hand abbekommen. Sie schnappte die Tasche mit den Eßwaren und lief heulend zum Ufer. Ringsum hörte sie Schreie und Hilferufe.

Es gab bei diesem Angriff einige Tote und Schwerverletzte, die mit Rodelschlitten vom Eis geholt wurden. Auf der Nehrung

vor einem Haus lag eine Frau stöhnend in einem Holztrog. Sie trug Filzstiefel, und der eine war voll Blut. Ihre kleinen Kinder kauerten vor dem Trog und jammerten und weinten: „Mama, Mama!"
Die Familie treckte auf der Nehrung am Strand der Ostsee entlang bis Kahlberg. Unterwegs übernachteten sie in einem Unterstand der Organisation Todt. In diesem Bunker war es gemütlich warm, und die Soldaten versorgten sie mit einer warmen Suppe.

In Kahlberg hatten sie sich schon zwei Strandkörbe zum Übernachten zusammengestellt, da kamen im Dunkeln zwei Tramfähren an die Anlegestelle, um verwundete Soldaten abzuholen. Da sie noch Platz hatten, nahmen die Fähren Frauen mit Kindern mit. Die Familie ließ ihren Wagen stehen und stieg nur mit Handgepäck auf die zweite Fähre. Die anderen treckten weiter.

Die Franzosen sind auf dem Treck zurückgeblieben. Die Familie hat nie erfahren, ob sie die Flucht lebend überstanden haben.

Im Frachtraum lagen sie wie die Heringe zwischen den Verwundeten. Die Matrosen versorgten sie mit einer warmen Suppe, und die Kinder bekamen sogar Pudding.

Durch den Bomben- und Torpedobeschuß war die See sehr unruhig. Während des Angriffs wurde der Motor abgestellt und das Licht ausgeschaltet.

Am 17. Februar legte die Fähre unbeschädigt im Hafen von Danzig-Neufahrwasser an. Dort hat sie das Rote Kreuz in einer Halle notdürftig versorgt. Sie litten alle an einem ruhrartigen Durchfall. Dietmar war am stärksten betroffen. Er konnte seinen Stuhl nicht halten, und sie mußten seine Wäsche wegwerfen, weil keine Möglichkeit zum Waschen da war. Die Mutter konnte den kleinen Kerl nur an der Pumpe mit eiskaltem Wasser waschen.

Auf dem Hafengelände standen Viehwagen bereit, in die die Flüchtlinge verladen wurden, und am 18. Februar wurden sie mit dem Güterzug nach Westen gefahren.

Der Viehwagen war mit Flüchtlingen vollgestopft, und jeder hatte nur einen engen Sitzplatz auf dem mit Stroh ausgelegten Boden. In der Ecke stand ein Marmeladeneimer, der für die Notdurft bereitgestellt war. Den hat jeder benutzt. Der Zug fuhr durch Hinterpommern, und er stand ab zu auf dem Abstellgleis, manchmal 12 Stunden.

Die Reise ging an die Grenze des Erträglichen, jedoch bekamen sie Tee und Brote gereicht, und das war wohltuend.

Am 20. Februar abends kam der Zug in Belgard in Hinterpommern an. Es fiel leichter Schnee, als sie zu Fuß zu ihrer Unterkunft im dortigen Gerichtsgebäude wandern mußten. Für die Kranken war der Weg sehr beschwerlich, und die meisten waren krank.

Am nächsten Morgen erhielten sie die Gelegenheit, im Keller des Amtsgerichts zu baden und frische Wäsche anzuziehen. War das eine Wohltat nach vier Wochen ohne Reinigung.

Onkel Helmut hatte durch Zufall mitbekommen, daß in der Frühe ein desertierter junger deutscher Soldat standrechtlich erschossen worden war. Christa hörte es, als er es ihrer Mutter zuflüsterte, und sie mußte an ihre beiden großen Brüder denken.

Oma Breuer kam mit Typhus ins Krankenhaus, wo sie bald starb, und sie wurde auf dem Friedhof in einem Massengrab beigesetzt.

Am 3. März um 19 Uhr wurde Alarm zum Räumungsbefehl gegeben. Sie stellten sich mit ihrer letzten Habe auf die Straße, in der Hoffnung, von Wehrmachtsfahrzeugen mitgenommen zu werden. Auf diese Weise kamen sie weiter nach Norden, und sie landeten auf einem Gut im Norden.

Der Russe war inzwischen so weit vorgedrungen, daß ihr Weg nach Westen abgeriegelt war. Die Wehrmacht riet ihnen, wieder nach Belgard mitzukommen, da die Menschen in der Stadt den feindlichen Zugriffen nicht so sehr ausgeliefert wären. Das taten sie auch.

Am Marktplatz in Belgard verließen sie das Militärfahrzeug und suchten Schutz im Keller des Hauses. Am nächsten Morgen war der Russe da, die Menschen im Keller legten weiße Armbinden um, es war ein Schutz vor den Russen, sie wurden nicht behelligt.

Als sie den Keller verließen, schien draußen die Sonne, und betrunkene Russen fuhren in offenen Lastwagen grölend durch die Straßen. Die Familie mußte sich nun eine Bleibe suchen. Sie fanden auch eine.

Im Haus Markt 12 war die Haustür offen, die Bewohner waren geflüchtet, und so quartierten sie sich in der verlassenen Wohnung ein. Sie waren zunächst von der Straße. Der Onkel inspizierte die Speisekammer und fand dort ein frisch geschlachtetes Huhn. Die Mutter war sehr erschöpft und verängstigt, sie mußte aber erst einmal eine Suppe kochen, das hat sie wieder von ihrer Angst abgelenkt.

In dem Haus befand sich links gegenüber eine Schneiderwerkstatt. Sie wurde laufend von Plünderern und Russen heimgesucht. Die Russen drangen auch in ihre Wohnung und durchsuchten sie nach Waffen und deutschen Soldaten. Onkel Helmut hielt einer einmal die Pistole an die Schläfe, zog dann aber wieder von dannen, nachdem er ihm die Uhr abgenommen hatte.

Nach drei Tagen war Plünderungsverbot. In das Nachbarhaus zog ein GPU-Kapitän mit seiner Dolmetscherin ein. Er führte nachts im Rathaus die Verhöre der Parteigenossen.

Vor dem Haus ging rund um die Uhr ein Wachtposten auf und ab. Dadurch war das Haus vor Plünderern und betrunkenen Russen etwas geschützt. Sie hielten sich nicht an das Verbot.

Am 7. März spätabends klopfte jemand vom Hinterhof ans Fenster, und alle erschraken und verhielten sich ganz still. Da fragte jemand: „Sind sie Deutsche?"

Die Leute drinnen öffneten das Fenster und sie konnten die Wohnungseigentümer, Familie Gless, begrüßen, die sich nach mißglückter Flucht heimgeschlichen hatten. Sie waren froh, Deutsche anzutreffen, und beide Familien blieben jahrelang in Freundschaft verbunden.

Mit Familie Gless war auch Familie Schindler zurückgekehrt, ihnen gehörte die Wohnung im 1. Stock, und eine junge Schneiderin kehrte in den zweiten Stock zurück. Diese Wohnungen waren zwar ausgeplündert, aber sie waren noch frei, und so hatten alle wieder ein Zuhause.

Doch Herr Schindler wurde einige Tage später von den Russen verschleppt.

Da die russischen Soldaten und auch die polnische Miliz Frauen und Kinder auf der Straße zur Arbeit aufgriffen, trauten sich die Deutschen nicht mehr auf die Straße, aber sie mußten es, wenn sie für das tägliche Essen sorgen mußten.

Man mußte stundenlang nach Brot Schlange stehen, und durfte sich freuen, wenn man noch Brot bekam. Viele mußten unverrichteter Ding wieder ohne Brot nach Hause gehen.

Mutter hatten sie einmal auf der Straße aufgegriffen, und sie mußte den ganzen Nachmittag und die Nacht auf dem Bahnhof die konfiszierten Sachen verladen, die nach Rußland abtransportiert wurden. Als sie am Morgen auf dem Nachhauseweg war, griff man sie erneut auf, und sie kam erst am Abend heim. Auch im Haus war immer noch viel Unruhe, denn die Russen suchten immer noch nach deutschen Soldaten, und sie waren nicht besonders rücksichtsvoll.

Die Deutschen lebten Tag und Nacht in Angst vor Erschießen, Vergewaltigung und Verschleppung. Da hätte ihnen der Wachtposten vor dem Haus auch nicht helfen können.

Dann zog der Pole Max Hagedorn zu Herta Gless, der Schwiegertochter des alten Ehepaars Gless. Herta und Max lebten nun in der Wohnung, in die die Familie sich eingenistet hatte.

Oma und Opa Gless schliefen hinter der Schneiderwerkstatt. Opa Gless war Schneidermeister und hatte vorher Uniformen geschneidert. Ihm gehörte die Werkstatt. Christas Familie zog nach oben in die Mansardenstube. Darin standen zwei Betten und ein Kinderbett; in dem einen schlief Onkel Helmut, im anderen schliefen Mutter und Dietmar, und Christa schlief in dem viel zu kurzen Kinderbett.

Max versorgte von nun an alle Mitbewohner mit Lebensmitteln und beschützte sie vor Übergriffen.

Von nun an nähte Opa Gless Uniformen für russische Offiziere. Da waren seine braunen alten Parteistoffe, die er versteckt hatte, von großem Nutzen. Als es in der Stadt bekannt wurde, daß im Haus Markt Nr. 12 ein Schneider wohnte, kamen auch Polen mit Näh- und Änderungsvorschlägen. Onkel Helmut half beim Auftrennen der alten Klamotten.

Alle bezahlten in Naturalien, so daß die große Not gemildert war. Einmal brachten die Russen ein ganzes Schwein. Die Erwachsenen haben es heimlich im Waschhaus im Hinterhof abgebrüht und verarbeitet. Die Kinder mußten Schmiere stehen und warnen, wenn sich jemand näherte. Die ersten Wochen waren sie alle gut versorgt. Oma Gless hatte für alle gekocht.

In der Marienstraße wurde ein Arbeitsamt eingerichtet, dort mußten sich alle Deutschen ab dem 10. Lebensjahr jeden Tag zur Arbeit melden. Von hier aus wurden sie von Milizen zu ihren Arbeitsplätzen geführt.

Die Kinder ließ man in Gruppen zusammen. In den ersten Wochen waren es zum größten Teil Auf- und Ausräumungsarbeiten, die sie zu leisten hatten. Gleich im Anfang haben die Kinder Leichen aus der Petrikirche mit Handwagen zum Friedhof gefahren, wo sie in Massengräbern bestattet wurden. Das waren Soldaten und Zivilisten, die bei den Kämpfen um Belgard ums Leben gekommen waren, und auch Selbstmörder, die man in Wohnungen gefunden hatte.

Sie mußten auch Geschäfte und Wohnungen ausräumen und die Sachen auf LKWs laden, die zum Bahnhof gebracht und dort von Frauen verladen wurden, und ab ging alles nach Rußland. Aus den Betrieben und Fabriken wurden Maschinen und Werkstoffe – alles was brauchbar war – ausgeräumt und abtransportiert, nach Rußland.

Wenn Wohnungen von geflüchteten Eigentümern ausgeräumt wurden, klaute Christa heimlich, was brauchbar war: Spielzeug für den kleinen Bruder Dietmar und vor allem Bücher, Christas Lieblingsstücke.

Die Polen drückten sicher ein Auge zu, schließlich waren die Bücher ja in deutscher Sprache geschrieben. Als der Herbst kam, wurde vieles davon in den Ofen gesteckt; denn man wollte nicht frieren.

Der Belgarder Superintendent Zitzke war nicht geflüchtet. Er kümmerte sich um die deutschen Kinder und hielt sogar im Pfarrhaus Konfirmandenunterricht für sie ab. Damit schützte er sie auch vor der Willkür der Polen und Russen. Auch Christa ging zum Unterricht, wenn sie sich vor der Arbeit drücken konnte.

Ostern konfirmierte er sie in der St.-Georgen-Kapelle. Während des Gottesdienstes rissen polnische Kinder die Kapellentür auf, pöbelten und warfen mit Steinen nach den Konfirmanden. Christas Konfirmationsgeschenk waren ein Stück Bäckerkuchen und 20 Zloty von Oma Gless.

Im evangelischen Gemeindehaus am Leibnitzplatz richteten die Polen ein Waisenheim ein. Christa gehörte mit zu der Arbeitsgruppe, die die Räume und Fenster zur Einweihung putzen sollte.

In der Mehrzahl befanden sich deutsche Kinder in dem Heim. Die Kinder durften nicht deutsch sprechen, sonst wurden sie bestraft. Die Erzieherinnen übten mit ihnen polnische Lieder und Gedichte ein. Die Kinder plapperten die Texte nach, verstanden aber den Inhalt nicht. Man wollte sie schnell zu polnischen Staatsbürgern umerziehen. Das führte dazu, daß viele deutsche Eltern ihre auf der Flucht verlorengegangenen Kinder nicht wiederfanden.

In einem abgedunkelten Raum entdeckte Christa durch Zufall kleine kranke Kinder, die in Gitterbetten apathisch dahinvegetierten, es schien sich kaum jemand um sie zu kümmern.

Einige Zeit lang wurden die Kinder und Jugendlichen zur Straßenreinigung beordert. Das war eine angenehme Beschäftigung. Sie hatten da keinen bewaffneten Wachtposten, sondern einen deutschen Kriegsinvaliden als Aufseher. Als Arbeitsgeräte hatten sie zwei Schaufeln und jeder einen Strauchbesen, und mit einem alten Gaul und einem klapprigen Kastenwagen fuhren sie den Schmutz weg.

Wenn die Woche vorüber war, war die Stadt blitzsauber. Und wenn die Kinder ihr Tagessoll erfüllt hatten, gingen sie strolchen und organisieren. Sie durften sich aber nicht von polnischen Jungen erwischen lassen, die die deutschen Kinder verprügeln wollten, wo immer sie sie fanden. Dann liefen sie schnell zu den russischen Soldaten, die die deutschen Kinder lieber hatten als die polnischen.

Am 9. Mai 1945 veranstaltete das russische Militär einen großen Truppenaufmarsch auf dem Marktplatz, den die Flüchtlinge von der Schneiderwerkstatt aus beobachten konnten. Sie atmeten auf, denn sie wußten nun, daß der Krieg endlich zu Ende war. Sie mußten aber auch die letzte Hoffnung aufgeben, befreit zu werden, und glaubten nun, in ewiger Knechtschaft und als vogelfreie Menschen leben zu müssen.

Christas Mutter sorgte sich sehr um ihren Mann und ihre beiden Söhne Wolfgang und Siegfried. Waren sie in Gefangenschaft oder etwa schon tot?

In einem großen Gebäude in der Karlstraße entdeckten die Mädchen deutsche Männer, die dort gefangengehalten wurden. Zuhause packten sie Päckchen mit Broten und Zigaretten, die Opa Gless für das Nähen bekommen hatte. Die Mädchen schlichen sich damit in die Nähe des Gebäudes und spielten dort zum Schein. Wenn niemand zu sehen war, ließen sie die Päckchen durch die Kellergitter fallen.

Das war sehr riskant und gefährlich. Die Miliz hatte ihre Kommandantur im Rathaus gleich um die Ecke. Als die Kinder beinahe erwischt worden wären, liefen sie schnell in das Haus des russischen Kapitäns und versteckten sich im Hinterhaus. Da trauten sich die Verfolger nicht hinein, aber das Päckchenschenken war damit zu Ende.

Im Herbst begannen die deutschen Familien Brennmaterial für den Winter zu besorgen. Also zogen die Mädchen mit Axt und Säge und einem Handwagen in die Schrebergärten und bauten dort die Holzhütten ab. Onkel Helmut hackte dann das Holz zu Hause ofengerecht zu.

Ende November, Anfang Dezember waren die Mädchen wieder zur Arbeit eingeteilt. Diesmal ging es zu einem Bauernhof. Die Kartoffeln steckten noch in der Erde. Die Frauen gruben sie aus und füllten sie in Säcke. Die Mädchen mußten die vollen Säcke auf Handwagen laden und über den aufgeweichten, schlammigen Feldweg circa 2 Kilometer zum Hof ziehen.

Dort schleppten sie die schweren Säcke viele Stufen in einen tiefen Keller hinunter. Wenn ihre Kraft nachgelassen hatte, ließen sie die Säcke einfach die Stufen hinunterrollen. Sie waren abends fix und fertig. Doch dieses war die einzige Arbeit, für die sie bezahlt wurden.

Der eine Milizoffizier, der für die Arbeitseinteilung zuständig war, war ein freundlicher Mensch. Er hieß Josef, und er achtete immer darauf, daß die Kinder nicht auf gefährliche Arbeitsstellen geschickt wurden. Der andere jedoch war das ganze Gegenteil. Er hatte es auf Christa abgesehen.

Er teilte sie alleine auf eine Arbeit ein und stellte ihr dann nach. Einmal schickte er sie in eine ehemalige Weinhandlung in den Keller, wo sie Flaschen spülen sollte. Christa ahnte seine Absicht und holte ihre Mutter zum Helfen. Als er dann auftauchte und die Mutter sah, musste er wütend wieder abziehen.

Ein anderes Mal hatte er sie bis zu ihrer Mansarde verfolgt und sie in eine Ecke gedrängt. Christa hatte gebissen und mit Fäusten und Füßen um sich geschlagen. Zum Glück kam jemand die Treppe herauf, und der Peiniger lief schnell weg, weil er nicht erkannt werden wollte. Josef sorgte danach dafür, daß er versetzt wurde, und dann war Ruhe.

Der Pole Max Hagedorn, der mit Herta Gless zusammengezogen war, sorgte für die gesamte Familie, denn er war ihr sehr zugetan. Auch er hoffte, daß die Deutschen und die Amerikaner zurückkommen und die Russen und die roten Polen wieder vertreiben würden. Über dieses Thema hatten sie sich im Beisein mit Max und Gertrud Schindler unterhalten.

Frau Schindler hatte dieses Gespräch ihrem polnischen Arbeitgeber verraten, obwohl sie durch Max auch viel Gutes erhalten hatte. Sie stammte aus Oberschlesien und wollte für Polen optieren, da mußte sie ihren Haß gegen Deutsche beweisen, indem sie sie denunzierte.

Die Folge blieb auch nicht lange aus. Am 26. November wurden Max Hagedorn, Herta Gless und bald auch Onkel Helmut von der polnischen Gestapo in den GPU-Keller weggeholt. Sie wurden über die „schwarze Stunde", ihre Unterhaltung, verhört.

Max Hagedorn wurden Deutschfreundlichkeit, Verstoß gegen Rot-Polen und Knüppelehe mit einer deutschen Frau vorgeworfen. Onkel Helmut sollte seine Beteiligung an diesem Gespräch zugeben und gegen Max aussagen, damit sie ihn hängen konnten. Doch Onkel Helmut verharmloste das Gespräch und stritt alles ab. Darauf fing man an, ihn zu foltern.

Zunächst wurden seine Taschen leer gemacht, das eingenähte Geld, einige Tausender, herausgeholt und sein goldener ring mit zwei brillanten und zwei Rubinen abgezogen. Er mußte sich in eine Zimmerecke stellen, und einer der Verhörer packte seinen Hinterkopf und stieß ihn immer wieder in die Ecke, daß jede Schläfe an eine Wand schlug.

Darauf mußte er sich auf den Fußboden auf den Bauch legen, und einer trat mit seinem Fuß auf sein Genick und schlug mit einem Bleikabel auf seine ganze Hinterfront, von den Schultern bis zu den Hacken, ein zweiter stellte sich quer dazu und drosch ebenfalls mit einem Bleikabel auf ihn ein. So ging es im Doppelschlag Hieb auf Hieb, bis die ganze Hinterfront ein Karo aufwies. War einer ermüdet, so löste ihn ein dritter ab. Die ganze Haut war blutunterlaufen und teils aufgeplatzt.

Dann mußte er sich die Hose hinten 'runterziehen und sich über einen Stuhl legen, und es gab Hiebe mit einer Lederpeitsche. Danach stellte man ihn mit dem Rücken mit 1/2 m Abstand zur Wand, einer stellte sich vor ihn hin und schaukelte ihn an den Schultern packend hin und her und stieß ihn plötzlich mit einem scharfen Stoß nach hinten, so daß der Hinterkopf an die Wand schlug. Blitzschnell zog er ihn zurück und sprang gleichzeitig mit einem Knie hoch, so daß die Brust des Gefolterten auf das spitze Knie schlug. Auch diese Prozedur wiederholte sich.

Onkel Helmut biß aber die Zähne zusammen und gab keinen Mucks von sich.

Die Folterer behaupteten dann, dieses alles bei der SS selbst durchgemacht zu haben.

Nach diesen Kniestößen verspürte Onkel Helmut etwas wie Wasser oder Blut in der Brust, daß sich nach vielen Wochen tiefer bis in die Herzgegend herabzog. Als er diesen Schmerz meldete, bekam er genau an dieser Stelle einen Kolbenstoß, und es begann derselbe Vorgang an der Brust. Darauf verschwieg er immer seine Schmerzen.

Das alles nannte sich Vernehmung und dauerte immer einen halben Tag.

Danach ging es in den Keller hinunter, in dem sechs bis acht Feldbetten standen. In jedem schliefen zwei Leidgenossen, darunter waren auch zwei polnische Zivilisten, man hielt sie für Spitzel. Da aber immer 20 bis 25 Mann in einer Zelle waren, mußten die übrigen auf dem Zementfußboden schlafen.

Es gab keine Decken und keine Unterlagen, aber einen Eimer mit Holzdeckel. Jeder mußte sich bis aufs Hemd entkleiden, nicht einmal die Socken durften anbehalten werden. Onkel Helmut legte sich auf seine Hose und bedeckte sich mit seiner Jacke. So schlief er, und draußen waren ca. 20° Frost.

Zu Mittag gab es einen halben Teller voll Wassersuppe mit ein paar Kartoffelstückchen drin, abends gab es ein Viertel bis zu einem halben Liter Kaffee und zwei dünne und trockene Scheiben Brot, die bis zum Mittag am nächsten Tag reichen mußte.

Das Kratzen und Fangen der Läuse war ihre einzige Unterhaltung. Onkel Helmut brachte es in einer Nacht auf 43 Lausvernichtungen. Die Gefangenen hatten alle Kopf- und Kleiderläuse.

Nach dem Waschen ging es für 20–30 Minuten auf den Hof. Dort spazierten sie immer im Kreis herum und dann hinter eine Holzwand. Dort war eine Stange angebracht, über die ein Großteil dessen abgelassen werden mußte, damit der Eimer in den Zellen nicht so schnell voll wurde.

An dieser Stelle waren einmal ein Deutscher und ein Pole getürmt. Die Rache blieb nicht aus. Es gab „schwarze Nächte" für die Zurückgebliebenen. Sie wurden einzeln auf den Kellergang oder in den Kartoffelkeller geholt, und dort schlugen viele Polen mit den verschiedensten Gegenständen, sogar mit Vierkantlatten auf sie ein, egal wohin sie trafen.

Wer unten lag, wurde mit Fußtritten hochgebracht oder an den Geschlechtsteilen gepackt und hochgehoben.

Nach so einer Nacht gab es viele Beulen und schwarze Flecken. An diesen Stellen faulte dann das Fleisch von den Knochen, aber es gab keine Hilfe.

In Onkel Helmuts Zelle schlief auch der Koch, der mit seinem Helfer für die ca. 120 Mann kochte. Diese beiden brachten zur Nacht einen Eimer mit heißem Wasser mit, damit konnten die Geschlagenen ihre Wunden säubern. Handtücher oder Lappen gab es nicht. Sie kauten das Brot zu Brei und legten es auf ihre Wunden. Die Wunden heilten aber schlecht oder gar nicht.

Einem alten Kaufmann brachen sie zum zweiten Mal den

Unterarm, und ein 72jähriger Lehrer starb an dieser Quälerei. Seine Frau und seine Tochter durften ihn in der Nacht in einem Laken gewickelt abholen, und sie fuhren seine Leiche auf einem Handwagen zum Friedhof.

Die Störungen in der Nacht unternahmen nur betrunkene Polen, auch Zivilisten, um ihre Wollust an den Wehrlosen auszutoben. Sie holten ehemalige Parteigenossen nackt in die Frauenzellen und rissen und zerrten an deren Geschlechtsteilen herum und trieben ihren Ulk mit ihnen.

Onkel Helmut meldete sich freiwillig zum Kartoffelschälen, es war die letzte Woche vor seiner Entlassung. Sie waren mit 5 Leuten dabei und bekamen etwas Suppe extra. Sie hatten den ganzen Tag zu tun, denn es mußte eine ganze Badewanne voll geschält werden. Auch die polnischen Beamten holten hier Kartoffeln für ihre Küchen nach oben.

Dann eines Nachts kamen russische Offiziere durch die Zellen und fragten jeden nach seiner „Schuld“. Es war für viele die letzte Vernehmung, die zur Entlassung führte, oder auch nach Köslin in den sogenannten Wasserkeller, aus dem es keine Rückkehr gab.

Auch Onkel Helmut wurde zu seiner letzten Vernehmung geholt. Er wurde in eine Toilette gesperrt, und von da aus konnte er die Vernehmung von Herta Gless und Max Hagedorn mithören.

Dann war er an der Reihe. Er sollte alles zugeben, was ihm vorgeworfen wurde. Doch er bestritt alles, und sie drohten ihm mit einer Zeugin, die sie hereinholten: Frau Schindler. Sie redete ihm gut zu, alles zuzugeben, damit er freikäme. Er gab aber nichts zu und erhielt noch ein paar Hiebe mit Stöcken überall hin, wo sie trafen. Doch für ihn war es die schlichteste Vernehmung, und sie dauerte auch nicht so lange.

Frau Schindler machte ihre Aussage in Polnisch, und Onkel Helmut mußte unterschreiben. Dann wurde er entlassen, und als er nach Hause kam, waren Herta Gless und Max Hagedorn auch schon da.

In Belgard blieben sie bis April 1946. Ab Herbst 1945 begannen die Vertreibungen der Deutschen, die nicht für Polen optieren wollten. Man holte die Leute nachts aus den Wohnungen, trieb sie zu einer Sammelstelle und von dort zum Bahnhof, wo sie wieder in Viehwagen verfrachtet und von dort in die sowjetisch besetzte Zone gebracht wurden.

Max Hagedorn, der freundliche Pole, der sich immer um sie gekümmert hatte, versorgte Christa und ihre Familie heimlich mit Informationen, nämlich, daß auch die englisch besetzte Zone Flüchtlinge aufnehmen sollte. Er ließ seine Beziehungen spielen, damit die Familie nicht so früh ausgesiedelt wurde; denn die später Ausgesiedelten kamen in den Westen. Im April 1946 war es endlich so weit. Max riet ihnen, sich bereit zu halten.

Eines Nachts klopfte bewaffnete Miliz an die Tür und befahl ihnen, sich mit 10 kg Gepäck vor der Haustür bereit zu halten. Man brachte auch sie zu einer Sammelstelle und von dort zum Bahnhof. Die Verladung in die geschlossenen Güterwaggons war immer die gleiche.

Doch hier wurde ihnen geraten, die Türen von innen mit Draht zu verbarrikadieren, der ihnen ausgehändigt wurde. Sie sollten sich damit vor Plünderungen schützen, wenn der Zug auf offener Strecke stehen bleiben und warten mußte. Das war Praxis damals, die Züge wurden geplündert, die Passagiere mitunter mißhandelt. Unterwegs fuhr der Zug schrittweise, damit die Plünderer aufspringen konnten. Sie rüttelten an den Wagentüren und riefen: „Aufmachen, Polizei!“ Auch schossen sie in die Wagen, und man hörte Schreie und Hilferufe.

Es dauerte sehr lange, bis sie an einem Vorort in Stettin ankamen. Sie mußten lange marschieren, bis sie zu einer Siedlung kamen. Der Marsch war sehr beschwerlich, und Dietmar mußte zeitweise getragen werden. Die Häuser in der Siedlung waren leer, hier kamen die Aussiedler kurzfristig unter, und dort haben sie in leeren Räumen auf den Fußböden kampiert. Die Möbel der früheren Wohnungsinhaber waren schon längst nach Rußland transportiert worden.

Dann wurden sie in ein eingezäuntes Lager gebracht und als erstes entlaust. Dort kamen sie in Baracken unter. Es gab eine Kommandantur- und die Kontrollbaracke für das letzte Filzen. Es gab eine Küche und eine Krankenbaracke.

Hinter den Wohnblöcken waren Gräben ausgehoben und Donnerbalken drüber gelegt. Wenn ein Graben voll war, wurde er mit Kalk bestreut und zugeschüttet. Daneben war schon das nächste Freiluft-WC aufgebaut. Eine alte Frau ist einmal vom Brett in die Grube gefallen. Man hat sie wieder herausgeholt. Doch Christa ging immer mit ihrem kleinen Bruder mit, wenn er dorthin mußte.

An der Küchenbaracke standen immer lange Schlangen nach Kaffee, Tee, einer Scheibe Brot und einer Wassersuppe an. Nach einigen Tagen wurden die Ausreisenden zur Ausreise aufgerufen, und erst mußten sie durch die Filzbaracke. Sie durften kein Geld und keine Wertsachen mitnehmen. Wenn man bei jemandem etwas fand, wurde ihm alles abgenommen. Verdächtige Leute wurden in Einzelkabinen nackt durchsucht.

Nach der letzten Untersuchung fuhr man sie auf Lastwagen zum Bahnhof. Dort stand ein Personenzug bereit, und englische Soldaten hießen sie herzlich willkommen: „Welcome to Germany!“ Sobald alle ihre Plätze eingenommen hatten, wurden sie mit Essen bewirtet. Die Kinder erhielten sogar die gute Cadburyschokolade. Es war wie im Himmel!

Zunächst fuhren sie durch die sowjetisch besetzte Zone, und dort war das Zugpersonal bis zur Grenze ostdeutsch. An der Grenze wurde westdeutsches Personal ausgetauscht, und auch die Lok wurde gewechselt. Dieser Transport soll der erste gewesen sein, der in die westliche Zone ging.

Die Fahrt ging zügig nach Bad Segeberg, und hier wechselten sie noch einmal den Zug. Sie fuhren nach Burg auf Fehmarn, das ihnen im Laufe der Jahre zur zweiten Heimat geworden ist.

Viele hätte man befragen können zur rechten Zeit. Jetzt ruhen sie auf den Friedhöfen und ein wichtiges, schreckliches deutsches Kapitel ist zu Ende.

Udo Madaus

„Cavete culpam tacendi"

„Hütet Euch vor der Schuld des Schweigens." – Dieser Spruch steht auf Latein über dem Eingang des Gerichtsgebäudes in Lucca, der Hauptstadt der gleichnamigen und geschichtsträchtigen Provinz in Mittelitalien: Der Platz dieser Inschrift lässt die Vermutung zu, dass sie sich mahnend an diejenigen wendet, die vor Gericht als Kläger, Angeklagte oder Zeugen stehen. Inzwischen bin ich aber zu der Erkenntnis gelangt, dass darüber hinaus die „Schuld des Schweigens" – wie zu beweisen sein wird – auch auf den Vertretern der Rechtsetzung und Rechtsprechung, sowie auf allen, die für das Recht in einem Rechtsstaat verantwortlich sind, lastet.

Die Hauptgründe für das Schweigen/Verschweigen im positiven oder negativen Sinn („Reden ist Silber - Schweigen ist Gold" – „Schweigen ist für viel Unglück gut") sind schnell aufgezählt: Man schweigt aus Angst, aus Unkenntnis, um jemand zu schützen, aus schlechtem Gewissen oder: weil man schweigen will!

Der letztgenannte Grund – weil man schweigen will – ist insbesondere der ehemaligen Bundesregierung unter Dr. Helmut Kohl bei dem größten politischen Skandal in der Nachkriegsgeschichte zum Vorwurf zu machen. Sie behauptete bekanntlich, dass die Nichtrückgabe der zwischen 1945 und 1949 rechtswidrig und brutal erfolgten Konfiskationen gegenüber der UdSSR und DDR sanktioniert werden musste, um die Wiedervereinigung zu erreichen. Das stimmt nachweislich nicht!

Wir erinnern uns – d. h. die Familie Madaus als Betroffene insbesondere –, dass zigtausende von „Enteignungen" im landwirtschaftlichen, industriellen, gewerblichen und privaten Bereich zwischen 1945 und 1949 gegen besatzungsrechtliche Vereinbarungen und gegen Menschenrechtsgrundsätze von den deutschen Kommunisten in der „Ostzone“ durchgeführt wurden, wovon über 2 Millionen Entschädigungs- und Rückgabeansprüche nach der Wende zeugen.

Chronologische Darstellung der Geschehnisse zwischen 1945 und 1949, die zur widerrechtlichen Enteignung der Firma Dr. Madaus und Co., Radebeul führten:

Die Jahre 1945–1948 in Radebeul/Dresden, die jetzt zu schildern sind, waren für die zwei Inhaber und Geschäftsführer der Firma Dr. Madaus, insbesondere für Friedemund Madaus (abgekürzt F. M.), der bei Kriegsende (Mai 1945) in Dresden geblieben war, und Hans Madaus, der wegen Zerstörung seines Hauses in der Dresdener Hähnelstraße im März 1945 mit seiner Familie nach Aichstetten/Allgäu geflüchtet war, fast genauso aufregend wie das letzte Kriegsjahr. Der 3. Inhaber – Dr. med. Gerhard Madaus – war am 26. Februar 1942 verstorben: Seine Familie hatte kurz vor Kriegsende ebenfalls die Flucht ins Allgäu angetreten.

6.–8. Mai 1945: Einmarsch der sowjetischen Truppe in Dresden/Radebeul.

Die Firma hatte die alliierten Luftangriffe auf Dresden am 13., 14. und 15. Februar 1945 unversehrt überstanden. Zum Schutz vor den gefürchteten sowjetischen Soldaten hatten sich mit F. M. ca. 300 Frauen in der Firma aufgehalten resp. Schutz gesucht.

Kurze Zeit danach erschien dort ein Vorauskommando, bestehend aus einem sowjetischen Offizier und zwei Mann, zur „Sicherstellung des Betriebes“ resp. um die Demontage vorzubereiten.

Am **22. Juni 1945** legte der leitende russ. Offizier, Oberst Dimitrew, den Befehl vor, wonach die Firma Dr. Madaus u. Co. bis zum **1. August 1945** zu „evakuieren“, d.h. zu demontieren sei. Die gesamte maschinelle Einrichtung fiel darunter, um – wie der Offizier F. M. erklärte – die durch deutsche Truppen zerstörten russischen Pharmabetriebe in Charkow und Leningrad wieder aufzubauen.

Er empfahl F. M., „fürsorglich“ während der Demontage sein Büro nach außerhalb zu verlegen, und verbot F. M. den Zutritt.

25. Juni 1945: F. M. versuchte verzweifelt mit Hilfe von Prof. Sauerbruch, Prof. Warnkros (beide einflussreiche Mediziner) bei Behörden in Berlin, Dresden und Radebeul einen Stopp der Demontage zu erreichen.

Am **29. Juni 1945** gab es den schriftlichen Bescheid von der Sanitätschefin der Roten Armee, Frau Oberst Cerkowa, wonach aufgrund einer vorzulegenden Liste ca. 5% des Maschinenparks der Fa. Madaus im Interesse der Seuchenbekämpfung und deren Vorbeugung im Radebeuler Betrieb zu belassen seien.

Am **14. und 16. Juli 1945** fanden noch weitere Gespräche mit Prof. Sauerbruch, dem sächsischen Staatssekretär Dr. Konitzer, Ministerialrat Dr. Böhne und Oberst Bogoljebow statt. Diese brachten aber keine weitere Erleichterung der Demontage.

22. August – 21. November 1945: Friedemund Madaus in Radebeul

Ende September 1945: Die Demontage ist beendet, ca. 270 Eisenbahnwaggons (so in einem Bericht von F. M.) – nicht nur mit Maschinen beladen, sondern auch mit Rohstoffen, Laborgeräten, Bibliothek, Druckereimaschinen und Drucksätzen – rollen vom Bahnhof „Radebeul-Ost" gen Sowjetunion.

Am **1. Oktober 1945** ordnet der russische Hilfskommandant für Wirtschaftsfragen in Radebeul, Oberleutnant Butonow die Wiederaufnahme der Produktion unter der Leitung von F. M. an.

Folgende Auflagen waren zu befolgen:

- Der Betrieb ist bis 10. Oktober 1945 mit dem früheren Fertigungsprogramm für pflanzliche Spezialitäten, homöopathische Oligoplexe, biochemische Produkte, Kosmetika usw. in Gang zu setzen.
- Nicht mehr als 200 Arbeitskräfte sind zu beschäftigen.
- Nicht mehr als 30 Maschineneinheiten dürfen aufgestellt werden.
- Die Ausstellung eines neuen Betriebspasses ist unverzüglich zu beantragen.

Die Zukunft der Firma Madaus schien gesichert. Mit großem Einsatzwillen und Einsatzfreude und vielen Ideen begann man mit der neuen Situation fertigzuwerden. Z. B. wurde der demontierte große Heizkessel, der die ganze Firma versorgte, durch einen ehemaligen Dampf-Lokomotiv-Kessel ersetzt, dessen Fahrgestell kaputt war.

Am **20. Oktober 1945** wurde die *Proklamation Nr. 10 des Alliierten Kontrollrats (AKR)* verkündet. Der AKR erhielt über Deutschland die oberste Regierungsgewalt für alle vier Besatzungszonen/Besatzungsmächte (Franzosen, Engländer, Amerikaner, Russen) übertragen. Darin wurden die *Grundsätze zu einer Rechtspflege für Deutschland festgelegt, die sich auf den Errungenschaften der Demokratie, der Zivilisation und der Gerechtigkeit begründet.*

Im einzelnen steht darin, was insbesondere auch für die sowjetische Besatzungszone galt (siehe später unter SMA = Sowjetische Militär-Administration):

- Alle Personen sind vor dem Gesetz gleich.
- Niemand darf des Lebens, der persönlichen Freiheit oder seines Eigentums beraubt werden, es sei denn auf Grund eines gesetzlichen Gerichtsverfahrens.
- In jedem Strafverfahren müssen den Angeklagten Rechte zugestanden werden, die einer demokratischen Rechtsauffassung entsprechen.

usw. usw.

Am **30. Oktober 1945** erfolgte – abgestimmt mit Protokoll Nr. 10 des AKR – das Gesetz Nr. 52 des AKR, das festlegte, wer als Nazi-/Kriegsverbrecher anzusehen war und bestraft werden sollte.

Am gleichen Tag erfolgte – darauf abgestimmt – der Befehl Nr. 124 der Sowjetischen Militär-Administration (SMA) – vom obersten Chef: Marschall Schukow – über die Beschlagnahme und provisorische Übernahme von einigen Eigentumskategorien.

Das betraf:

1. das deutsche Staatseigentum
2. das Eigentum führender Nazis
3. das Eigentum von Personen, die von der SMA auf Listen erfasst waren.

Die weiteren Geschehnisse in der sowjetischen Besatzungszone (SBZ) wurden mehr und mehr – teilweise auch mit Zustimmung der SMA – von deutschen kommunistischen Kräften beherrscht. In Sachsen taten sich zur Durchsetzung der stalinistisch-leninistischen Ideologie der Vorsitzende der Kommission der Landesverwaltung Fritz Selbmann und seine Vize-Präsidenten Kurt Fischer und Erich Rohner hervor.

16. Februar 1946 – 4. März 1946: F. M. in Radebeul/Dresden

15. März 1946: Besprechung unter Leitung von Stadtrat Noack (SED), in Gegenwart auch des Oberbürgermeisters von Radebeul, Dr. Schröter (SED), in der Firma Madaus, wo folgende Erklärung beschlossen wurde: *„Herr Friedemund Madaus hat keinerlei Anweisungen mehr zu geben; er ist weder als Betriebsführer noch als Geschäftsführer, noch als Inhaber für das Radebeuler Werk anzusprechen."*

16. März 1946: Unter diesem Datum wurde ein wichtiger Fragebogen über die Firma von den zwei Vertretern von F. M., den zwei Prokuristen – Dr. Alfred Kuhn und Dr. Otto Kamecke – ausgefüllt und gemeinsam mit dem Betriebsratsvorsitzenden Helbig unterschrieben. Er diente zu der Feststellung, wer gemäß SMA-Befehl Nr. 124 den Nazismus und die Kriegsverbrechen in der Firma unterstützt hatte.

Am **29. März 1946** wurde die „Zentrale deutsche Kommission für Sequestrierungen und Beschlagnahme" bei der Landesverwaltung Sachsen mit 6 Mitgliedern unter dem Vorsitz von Dr. Lange geschaffen, der weitere Schritte gegen alle verdächtigen Personen zu unternehmen hatte.

15. April 1946: Die Zwangsvereinigung von SPD und KPD in der Ostzone zur Sozialistischen Einheitspartei (SED) wurde durchgeführt. Die schwachen Oppositionsparteien CDU und LPD waren damit erledigt.

29. April 1946: Die für Madaus zuständige Kommission zur Vorbereitung des Sächsischen Volksentscheids (V. E.) in Radebeul gab beim „Amt für betriebliche Neuordnung“ folgende Beurteilung über Madaus ab:

„Der Betriebsinhaber Friedemund Madaus gehörte nicht der NSDAP an. Während des Krieges lag die Produktion wie im Frieden auf dem Gebiete der Arzneimittelherstellung. Die beachtliche Steigerung der Erzeugnisse ist verständlich, da in dieser Zeit, besonders auch von ziviler Seite, erhöhte Anforderungen gestellt wurden. Ausländische Zivilarbeiter wurden, besonders in den Gartenbaubetrieben, in größerer Zahl beschäftigt und im eigenen Lager gehalten. Die Behandlung war einwandfrei und die zusätzliche Betreuung trotz der immer wieder verlangten Einhaltung der vorgeschriebenen Sätze vorbildlich. Differenzen kamen nie vor. Die Firma Madaus gilt in der öffentlichen Meinung als vorbildlicher Betrieb in der sozialen Einstellung zu ihrer Arbeiterschaft, wie auch der jetzige Betriebsinhaber größtes Vertrauen bei dieser genießt.“

Unterzeichnet von: Stadtrat W. Noack (SED), Oberbürgermeister Dr. Schroeter (SED), Kommissionsmitglieder: H. Hofmann und E. Schöning (beide SED), W. Högner (CDU), W. Kretschmar (LPD).

Anmerkung:
Es bleibt für den Autor ein Rätsel, dass es am **29. April 1946** zu der positiven obigen Beurteilung von F. M. und der Firma kam, aber bereits am **15. März 1946** – also ca. 6 Wochen vorher – anlässlich einer Besprechung in der Firma obige Erklärung verabschiedet wurde, die für F. M. das „Aus“ in Radebeul bedeutete.

Am **25. Mai 1946** verabschiedete die Landesverwaltung Sachsen ihrerseits das *„Gesetz zur Übergabe von Betrieben gemäß Volksentscheid der Kriegs- und Nazi-Verbrecher“*.

Die Medien und die Behörden überschlugen sich mit Kommentaren über den Sächsischen Volksentscheid.

In einem Kommuniqué der Landesverwaltung Sachsen vom 27. Mai 1946 heißt es u. a.: *„Durch den Volksentscheid sollen die wahren Schuldigen an dem nazistischen Regime bestraft werden. Der Volksentscheid richtet sich nicht gegen die kleinen Mitläufer, sondern gegen die wirklichen Verbrecher und aktivistischen Nazis, die die Schuld am heutigen Elend des deutschen Volkes tragen. Diejenigen gewerblichen Unternehmungen, die nicht in erheblichen Maße belastet sind, sind ihren Eigentümern zurückzugeben. Wir legen Wert darauf, jeden Fall nach genauen Unterlagen zu prüfen. Jeder kann Entlastungsmaterial vorlegen. In Zweifelsfällen wird er sogar persönlich vorgeladen."*

Aufgrund dieser sehr positiven Beurteilung der Firma / Inhaber (s. o.) wurde Madaus ***nicht*** auf die *Liste A* zum Volksentscheid gesetzt, worauf die 12 größten Radebeuler Firmen standen. Diese sollten gemäß Volksentscheid in „Volkseigentum" überführt werden. Dazu der Vermerk: ***„Alle im Kreis Radebeul unter Beschlagnahme stehenden Unternehmen**, die in der Aufstellung zur Liste A nicht enthalten sind, **werden ihren Eigentümern zurückgegeben**."*

Am **1. Juli 1946** fand der sächsische Volksentscheid statt: 77,7% Ja-Stimmen für die Enteignung der 12 Radebeuler Firmen – ohne Madaus – Hurra!

6. Juli 1946: Im „Sächsischen Tageblatt" erscheint folgende Mitteilung: *„Keine Beschlagnahme mehr. Eine aus unserem Leserkreis gestellte Anfrage, die das ‚Sächsische Tageblatt' der Landesverwaltung Sachsen unterbreitete, beantwortete der Leiter der Abteilung Allgemeine Volksbildung dahingehend, dass*

nach dem Volksentscheid keinerlei Beschlagnahmen ohne gesetzliche Grundlage erfolgen werden. *Der Volksentscheid soll dahin führen, das alle Übergriffe und irrtümlichen Beschlagnahmen für die Zukunft ein für allemal unmöglich gemacht werden. Dies hat auch das Präsidium der Landesverwaltung Sachsen ausdrücklich in seiner Deklaration zum Volksentscheid erklärt."*

Das Ende der Firma Dr. Madaus u. Co. als Familienunternehmen

Eine unglaublich Hetz- und Verleumdungsaktion durch die kommunistischen Kräfte, die durch die Zwangsvereinigung von SPD und KPD zur SED am **15. April 1946** nunmehr das absolute Sagen hatten, setzte gegen die Firma Dr. Madaus u. Co. und gegen F. M. ein. Die Gründe: Der Firma gelangen als erster Firma in der Ostzone erfolgreiche Versuche mit *Penicillin* im **Januar 1946**, das im **April 1947** auf den Markt kam. Nachdem F. M. wegen der Gefahr einer Verhaftung Radebeul hatte verlassen müssen, beantragten die beiden Geschäftsführer F. M. und H. M. vom Westen notariell die Sitzverlegung der Firma von Radebeul nach Bonn. Hinzu kamen die persönlichen Verleumdungen gegen F. M. mit den Vorwürfen: Geldentnahme, Abwerbung einer Fachkraft (Gärtner Augustin), Kleinhalten des Betriebes.

Alle Vorwürfe konnten von ihm in einem Einspruchsschreiben vom **9. April 1947** klar und eindeutig widerlegt werden.

Der schon erwähnte F. Selbmann zeigte immer mehr sein „wahres Gesicht". Sein Zynismus war – wie eine Rede in Döbeln im **September 1946** zeigt – nicht zu überbieten:

„Wir haben, ich sage es ganz offen, den Kampf um die Enteignung geführt mit Mitteln und Methoden, wie wir sie vielleicht

nach der ersten demokratischen Landtagswahl (20. Oktober 1946) in Sachsen nicht mehr anwenden können, mit Mitteln der Beobachtung, mit Mitten der Polizei, mit Mitteln der Verhaftung. Das war ein sehr ‚unterirdischer Kampf', der nur durchgestanden werden konnte, wenn man vom ersten Tage an klipp und klar sah: Das ist die Aufgabe.“

Im **September 1946** wurde bekannt, dass Madaus auf die sogenannte Liste C gesetzt war, d. h. als ein für die SMA arbeitender resp. ihr unterstellter Betrieb galt. Grund: Der Sächsische Volksentscheid war gelaufen, die Firma konnte nach den Verlautbarungen nicht mehr enteignet werden. Sie wurde deshalb gemäß Eintrag auf Liste C für die Inhaber gesperrt.

Am **5. Dezember 1946** reichte eine kommunistische Betriebsgruppe beim SED-Vorstand einen Bericht mit 5 Anlagen ein, die nachweisen sollten, dass die Firma Dr. Madaus u. Co. bewusst falsche Angaben zum Volksentscheid gemacht habe, und beantragte die nachträgliche Enteignung.

9. Dezember 1946: Die dem SED-Kreisvorstand übersandten Unterlagen gingen an die sächsische Landesverwaltung – Abteilung Wirtschaft und Arbeit, wo sie am **13. Dezember 1946** eintrafen. Der zuständige SED-Vorstand, Spira, schrieb dazu: *„Wenn die Enteignung jetzt nicht möglich ist, dann veranlasst bitte, dass die Verschiebung nach dem Westen verhindert wird.“* Amtlicher Vermerk von Genosse Bruno Haupt: *„Falkenberg zu Überprüfung – Enteignung beantragen.“*

7. Februar – 7. März 1947: Sonderprüfung von „Industrieverwaltung Nr. 60 – Dresden“ durch die Direktoren Ludwig Delz und Richard Vetter.

14. Februar 1947: Zwischenbericht von diesen.

4. März 1947: Schlussbericht, der besagte, dass eine Beschlagnahme nicht erfolge und Madaus als C-Betrieb weitergeführt werde.

15. März 1947: Ein weiterer Schlussbericht der Herren Delz und Vetter – vermutlich auf höheren Befehl – kam anhand des Antrags zur nachträglichen Enteignung der Firma zu der Schlussfolgerung: „*Die Enteignung der Firma Dr. Madaus u. Co. ist nicht nur gerechtfertigt, sondern eine besondere Forderung der Zeit, zumal ihre Inhaber das faschistische Regime tatkräftig und aktiv unterstützt und gefördert haben. Somit sind sie an den Verbrechen, die allen Völkern der Welt zugefügt wurden, schuldig geworden.*"

18. März 1947: Zur Überraschung traf an diesem Tag bei der Stadtverwaltung Radebeul der in Bad Godesberg ausgestellte notariell beurkundete Antrag auf Löschung der Firma im dortigen Handelsregister und die Verlegung des Firmensitzes nach Bonn ein.

15. Mai 1947: „Zu II O A /Volksentscheid-Betrieb": *Infolge Wegfalls der Sitzung des Gesamtministeriums am 15. Mai 1947 hat das Gesamtministerium im Umlaufwege am 13. und 14. Mai 1947 folgenden Beschluss gefasst:* ***„Die Fa. Dr. Madaus u. Co. /Radebeul wird für enteignet erklärt."***[1]

gez. Geyer (Justitiar)

1 Anm. des Autors: Dieser Beschluss betraf 18 Betriebe und Betriebsteile in Sachsen.

Der Leser wir sofort erkennen, dass hier nichts stimmt: Madaus war nicht vom Volksentscheid betroffen. Es gab dafür auch keinen SMA-Befehl und keine Zustimmung der SMA. Die Enteignung einer Firma – wie Madaus –, die wieder 480 Mitarbeiter und Mitarbeiterinnen beschäftigte, im *„Umlaufwege"* kann nur derjenige nachvollziehen, der die hasserfüllte Leipziger Rede des Vorsitzenden der SED, Herrn Lohagen, vom **9. Oktober 1947** liest, der dieselbe Sprache spricht, wie sein Kollege Fritz Selbmann:

„Wer nicht mit uns geht, sondern mit den reaktionären Kräften, wird in unserer Zone rücksichtslos liquidiert und vernichtet ... Wir erlassen in den nächsten Wochen Befehle und Gesetze, die geeignet sein werden, den anderen das Hören und Sehen vergehen zu lassen. Künftig werden dort keine Bezugscheine und Lebensmittel zur Verteilung kommen; Ihr werdet euch noch wundern ... Was ihr heute denkt, ist mir vollkommen gleichgültig. Uns wird niemand beirren."

Noch folgende Bemerkung:
Nach einer von der „Zentralen Deutschen Kommission" eingereichten Liste A sind in Sachsen 2.297 Betriebe enteignet worden: in Dresden-Stadt 169 Betriebe, in Dresden-Land 80 Betriebe. Noch **Ende Oktober 1947** und am **13. November 1947** (also ca. 6 Monate nach dem obigen Beschluss der Landesregierung) wurde in zwei amtlichen Schreiben an die Landesregierung die Firma Madaus als „C-Betrieb" bezeichnet. Auch noch am **25. November 1947** durch den Treuhänder Schneider an die Industrie- und Handelskammer in Köln.

Wichtig: ***Das ist der Beweis, dass der Beschluss der Landesregierung vom 14. Mai 1947, in dem die Firma Madaus als enteignet erklärt wird, falsch ist.***

In Köln begann eine neue Zeit für Madaus

Über 40 Jahre gingen ins Land. Die zigtausenden Betroffenen der Eigentumswegnahmen – besser der Konfiskationen – zwischen 1945 und 1949 fanden im Westen von Deutschland eine neue Heimat – wie Firma und Familie Madaus in Köln. Über 150 Radebeuler Mitarbeiter, die in Folge auch nach dem Westen geflohen waren, fanden einen neuen Arbeitsplatz bei MADAUS oder konnten ihre frühere Tätigkeit als Laborant, Buchhalter, in der Produktion oder im Vertrieb usw. fortsetzen. Das war für die im Aufbau befindliche Firma in Köln von großer Bedeutung.

In den folgenden Jahren waren sich alle führenden Politiker in der Bundesrepublik (gegründet am **23. Mai 1949**), zahlreiche Juristen, Verfassungsrechtler, Diplomaten, Wirtschaftsfachleute einig, diese kommunistischen Willkürakte zwischen 1945 und 1949, die gegen Grundsätze des Verfassungsrechts, des Völkerrechts, der Menschenrechte verstoßen, ***„nie und nimmer anzuerkennen“***, so Altbundeskanzler Dr. K. Adenauer, Prof. L. Ehrhard, Carlo Schmid, Ernst Reuter u. v. a. m.

Am **7. April 1960** gab der Bundestag folgende Erklärung – auch im Namen der Bundesregierung – ab: *„Die Bundesregierung fühlt sich berechtigt und verpflichtet, als die einzige legale deutsche Regierung hier zu sprechen, der das Wohl und Wehe jener Bevölkerung am Herzen liegt, die am Zusammenleben mit uns in Freiheit und Ordnung verhindert ist. Wir würden uns einer großen Unterlassungssünde schuldig machen, wenn nicht nur dieses Haus durch den Mund des Präsidenten, sondern auch die Bundesregierung jenes usurpatorische Regime in Ostdeutschland, das bis zur Stunde ohne Legitimation regiert, nicht anklagten, die Menschenrechte und auch die diesbezüglichen Artikel ihrer eigenen Verfassung verletzt zu haben. Ich darf wohl in Ih-*

rer aller Namen – hier gibt es in diesem Hause keine Trennungslinie – die Erklärung abgeben, ***dass die Bundesregierung und Bürgerschaft des freien Deutschlands niemals anerkennen werden, was an gesellschaftlichen Strukturänderungen zur Zeit im Machtbereich des Sowjetismus vollzogen wird. Das ist für uns null und nichtig****.“*

Fehlverhalten der Exekutive

Es kam die Wende und die Gespräche zwischen Vertretern der DDR (Prof. Dr. Günther Krause) und der BRD (Dr. Wolfgang Schäuble). Als Ergebnis wurde am **15. Januar 1990** eine „gemeinsame Erklärung zur Regelung offener Vermögensfragen durch Kabinettsbeschluss der beiden deutschen Regierungen verabschiedet, und am **31. August 1990** der Einigungsvertrag (E.V.) unterschrieben. Er sah vor, dass die Enteignungen, die zwischen dem **8. Mai 1945** und dem **7. Oktober 1949** auf besatzungsrechtlicher oder besatzungshoheitlicher Grundlage stattgefunden hatten, nicht rückgängig gemacht werden dürften, da es andernfalls keine Zustimmung der Sowjetunion zur Wiedervereinigung beider deutschen Staaten gegeben hätte.

Nach der 2. und 3. Lesung des Einigungsvertrages am **20. September 1990** kam es am **22. September 1990** zur abschließenden Beratung im Bundesrat. Der Bundestag stimmte unmittelbar danach ab, wobei 68 CDU-Abgeordnete und 44 FDP-Abgeordnete wegen *Art. 3 GG* – Gleichheitsgrundsatz – und *Art. 14 GG* – Eigentumsgarantie – nur *unter Vorbehalt* ihre Stimme abgaben.

Im **Oktober 1990** wurde von mehreren betroffenen Eigentümern bei dem Bundesverfassungsgericht (BVerfG) in Karlsruhe Verfassungsbeschwerde erhoben. Am **22. Januar 1991** kam es zur Anhörung der *Staatssekretäre Dr. Kinkel und Dr. Kastrup als*

Zeugen der Bundesregierung, die die unwahre Behauptung vortrugen, dass die Sowjetunion die Nichtrückgabe der zwischen 1945 und 1949 von ihr durchgeführten und genehmigten Eigentumswegnahmen zur Bedingung für die Wiedervereinigung beider deutscher Staaten gemacht habe.

Am **30. Januar 1991** bestätigte der Bundeskanzler *Dr. Helmut Kohl* im Bundestag zusätzlich diese Version: *„Der Fortbestand der Maßnahmen zwischen 1945 und 1949 wurde von der Sowjetunion zu einer Bedingung für die Wiedervereinigung gemacht. Ich sage klar, daran durfte die Wiedervereinigung nicht scheitern!"*

Als Folge davon nahm das BVerfG diese Aussagen in die Urteilsbegründung auf und unterstellte der Bundesregierung, dass sie davon ausgehen konnte, dass es eine solche russische Bedingung gegeben habe. Das Bodenreform-Urteil vom **23. April 1991** entschied dementsprechend, sodass alle juristischen Bemühungen um Rückgabe und/oder Entschädigungen der landwirtschaftlichen, industriellen und privaten Vermögenswerte ausgeschlossen wurden.

Davon waren die Familien Madaus mit ihrem gesamten Firmen- und Privat-Eigentum in Dresden/Radebeul betroffen.

Auch im 2. Verfahren vor dem BVerfG, das durch anwaltliches Geschick für Madaus zugelassen wurde und in dem *neue* Tatsachen und *neue* Beweisanträge vorgetragen resp. beantragt wurden, *schmetterte* das „Hohe Gericht" *ohne* mündliche Verhandlung und ohne Zeugenvernehmungen nach 5 Jahren (!) die Beschwerde im **April 1996** *ab*.

Die Familien Madaus waren sprachlos und nunmehr vor deutschen Gerichten endgültig machtlos.

In den Jahren nach diesen Gerichtsentscheidungen hat sich die Bundesregierung unter Dr. Helmut Kohl den Vorwurf gefallen lassen müssen, sie habe die Wahrheit über das, was die Sowjetunion wirklich wollte, verschwiegen, ja aus politischen und finanziellen Gründen die vorgebliche Bedingung regelrecht erfunden. Erwiesen ist, dass die damalige Bundesregierung schon frühzeitig – im **März 1990** – also *vor* der „Gemeinsamen Erklärung“, *vor* dem Einigungsvertrag und den 2+4-Gesprächen beschloss: *keine* Rückgabe und *keine* Entschädigung für Bodenreform und Industrie-Enteignungen. Dies – wie man heute weiß – vor einer Wahl 1990 in der DDR, um die dortigen Bürger zu beruhigen, dass ihnen nichts wieder weggenommen werde, was früher anderen gehörte. Das wollte sowieso niemand.

Dann meinte die Bundesregierung, sie müsse ihr Versprechen gegenüber den westdeutschen Bürgern einhalten: *keine Steuererhöhungen wegen der Kosten der Wiedervereinigung*. Dazu sollte der Verkauf des so genannten „Volkseigentums“ dienen, von dem das Bundesfinanzministerium sich Milliarden erhoffte.

Zu diesen Vorwürfen und Bedenken kamen *eindeutige* Beweise und Aussagen von hoher russischer Seite, die nach und nach bekannt wurden: Aussagen von M. Gorbatschow selbst, von Außenminister Schewardnadse, vom russischen Berater Datschitchew, vom Botschafter Terechow, von dem ostdeutschen Verhandlungsführer Prof. Günther Krause u. a. m. *Alle betonten* – teilweise an Eidesstatt – *dass es eine russische Bedingung* ***nicht*** *gegeben hat, auch* ***keine*** *DDR-Bedingung!*

Das Fehlverhalten der Bundesregierung (Exekutive) war klar

Die Empörung der Betroffenen machte sich in tausenden von Briefen Luft. Sie ging sogar soweit, der Bundesregierung schwere *strafrechtliche Vergehen* – wie Prozessbetrug, Urkundenfälschung, Urkundenunterdrückung, Hehlerei, Falschaussagen u. a. m. vorzuwerfen.

Die Bundesregierung wehrte sich nicht dagegen und schwieg! Sie schwieg, weil sie schweigen wollte oder musste und Konsequenzen fürchtete!

Auch die Medien griffen das Thema auf, z. B. bereits 1991 in der „Zeit“ mit dem Artikel „Am Anfang stand die Lüge“ von Michael Naumann.

Diese Schuld der Bundesregierung führte zu einem immensen Schaden in der DDR, weil tausende von investitionswilligen und engagierten „Alteigentümern“ vom Wiederaufbau im Osten und damit der Schaffung von Arbeitsplätzen ausgegrenzt wurden. Unverzeihlich!

Fehlverhalten der Legislative

Der *zweite Hauptbeteiligte* an diesem nur als Skandal zu bezeichnenden Vorgang ist *das Parlament als Legislative*.

Den einzelnen Bundestagsabgeordneten sowie dem Rechts- und Petitionsausschuss des Bundestages wurden alle Fakten durch Dokumentationen und Beweise vor Augen geführt. Sie wurden in zahlreichen Eingaben und Anträgen bei Parteitagen aufgefordert, dafür zu sorgen, dass die Wahrheit durch Einsetzung eines Untersuchungsausschusses „auf den Tisch“ kommt. Die Mehrheit der Abgeordneten schwieg dazu in geradezu beschämender Weise; nicht aus Unkenntnis, sondern aus Angst vor der Parteiführung oder aus Angst um ihr Bundestagsmandat. In zahlreichen Gesprächen der Betroffenen mit ihren *zuständigen* Abgeordneten war immer wieder zu hören: „Sie haben ja recht, aber bitte haben Sie Verständnis, dass ich mich nicht engagieren kann.“ Dem Verfasser selbst hat ein Bundestagsabgeordneter, Jurist und als Justizminister in NRW im Falle eines Wahlsieges der CDU vorgesehen, auf einen Brief, in dem die strafrechtlichen Delikte der Bundesregierung im Zusammenhang mit den Enteignungen zwischen 1945 und 1949 eindringlich geschildert wurden, geschrieben: „Selbst wenn Sie mit Ihren emotionalen Äußerungen Recht haben, interessiert mich das nicht."

Mit solchen Abgeordneten, deren Aufgabe es ist, im Sinne der Gewaltenteilung über die Bundesregierung eine Kontrolle auszuüben, ist unserem Rechtsstaat nicht gedient.

In den Gesprächen mit den Abgeordneten ist oft auch zu spüren, dass sie aus einem schlechten Gewissen heraus schweigen, denn aufgrund der Tatsache, dass die Bundesregierung und damit die Bundesrepublik heute als Hehler bezeichnet werden kann, ohne dass man eine Beleidigungsklage befürchten muss, und aufgrund der Tatsache, dass es, wo ein Hehler ist, auch einen Dieb gibt, muss das Schuldbewusstsein der dies Duldenden doch noch vorhanden sein.

Fehlverhalten der Judikative

Die unglückseligste Rolle spielt nach Meinung des Verfassers der „Dritte im Bunde": die Judikative (das Bundesverfassungsgericht und die Verwaltungsgerichte). Nach dem Gewaltenteilungsprinzip sollte diese von unabhängigen Gerichten/Richtern ausgeübt werden. Die drei wesentlichen Entscheidungen des Bundesverfassungsgerichts – 1. Bodenreform-Urteil im **April 1991**, 2. Beschluss im **April 1996** und 3. das ablehnende Urteil über die EALG-Beschwerde im **November 2000** – haben absolut politischen Charakter und weisen auf eine „stille Allianz" zwischen Exekutive und Judikative hin.

Da mit Vermutungen hier nicht gedient sein kann, möchte der Verfasser nur darauf hinweisen, dass im 2. Bodenreform-Verfahren zwischen 1991 und 1996 die Anwälte der drei noch anhängigen Verfahren in ausführlichen Schriftsätzen dem Gericht alle Erkenntnisse und Beweise vermittelten, wonach es nach den Aussagen von Gorbatschow, Bush, Schewardnadse, Genscher, Krause, Kwizinskij u. a. *keine Bedingung der UdSSR oder DDR* zur Wiedervereinigung geben konnte und die Bundesregierung aufgrund ihrer *eigenen* Kenntnis davon auch nicht pflichtgemäß ausgehen konnte, dass es eine solche gab. *Alle* Beweisanträge hat das Gericht ohne Anberaumung einer mündlichen Verhandlung vom Tisch gewischt.

Dem *„Hohen Gericht"* ist also im besonderen Maß vorzuwerfen, dass es auf viele Tatsachen, die zur Wahrheitsfindung dienten, geschwiegen hat und auch jahrelang schwieg, als seine unklare, nicht sehr verständliche Ausdrucksweise der Entscheidungsbegründungen in dem **Beschluss von April 1996** zu Falschinterpretationen durch die Bundesregierung und durch die Verwaltungsgerichte, gewollt oder nicht gewollt, führte. Es machte sich damit auch mitschuldig, dass z. B. die Bundesregierung und die Verwaltungsgerichte aus dem Wort „Nichtrückgängigmachung" ein „Rückgabeverbot" machten und dass von der ursprünglichen Beachtung des Gleichheitsgrundsatzes bei den Entschädigungs-/Ausgleichs-Leistungen im EALG-Verfahren wieder abgewichen wurde. Das Gericht folgte uneingeschränkt dem Vortrag des Bundesfinanzministers, der auf die schlechte Finanzlage der Bundesrepublik hinwies. Die Verkaufserlöse, die aus den – zwischen 1945 und 1949 – vereinnahmten Vermögenswerten erzielt wurden und in die Kassen des Finanzministeriums gelandet waren, verschwieg er.

Die Schuld des Schweigens trifft also auch auf das höchste Gericht zu, sodass der Spruch „Hütet Euch vor der Schuld des

Schweigens“ eine grundsätzliche und umfassende Bedeutung hat.

Das Gericht schwieg auch zu den vielen gutachterlichen Ausführungen der Verfassungslehre, deren angesehene Vertreter in den Anhörungen zum EALG-Gesetz unisono und eindringlich forderten, dass das Prinzip unseres Rechts- und Sozialstaates eine Rückgabe/Teilrückgabe des beim Fiskus liegenden und frei verfügbaren Eigentums gebietet.

Bei so viel Fehlverhalten, Schweigen und Verschweigen aller drei Staatsgewalten fragt man sich, ob in unserem Rechtsstaat noch alles in Ordnung ist und ob im Hinblick auf das Gebot der Gewaltenteilung hier nicht eine gefährliche Macht und Übermacht des Staates, also ein Übermaß an staatlichem Dirigismus tätig ist, dem zu begegnen ist.

Zum Thema „Gewaltenteilung und Judikative“ (http://www.gewaltenteilung.de) fand der Verfasser einen Auszug einer bemerkenswerten Rede von P. J. Anselm Feuerbach, die dieser anlässlich seiner Einführung in das Amt des Präsidenten des Appellationsgerichts zu Ansbach 1817 hielt: ***„Der Richter empfängt sein Amt, das die Pflicht auf sich hat, keinem anderen Herrn zu dienen als der Gerechtigkeit. So sind die Richter innerhalb der Grenzen ihres Richteramtes so wenig Diener der obersten Gewalt, dass sie dieser, wenn sie jene Grenzen überschreiten sollte, sogar den Gehorsam zu versagen nicht etwa nur berechtigt, sondern kraft ihres Eides dazu verpflichtet sind. Der Ungehorsam ist dem Richter eine heilige Pflicht, wo der Gehorsam Treuebruch sein würde gegen die Gerechtigkeit, in deren Dienst er allein gegeben ist.“***

Und (verkürzt) fährt Feuerbach fort: ***„Wenn die Herrschaft des Unrechts und des Unverstandes bis in das Heiligtum der Gerechtigkeit gedrungen ist, wenn der Geist der Rechts- und***

Wahrheitsliebe aus den Gerichtssälen entwichen ist ..., dann ist der Grund des Staatsgebäudes untergraben ...“

Die Frage: „Was muss der Bürger tun, um den Überschreitungen der verfassungsgemäßen Grenzen durch die politischen Institutionen zu begegnen?“ – diese Frage muss öffentlich gestellt werden – und muss jeder sich selbst stellen.

Die Antwort kann nur lauten: **„Hütet Euch selbst vor der Schuld des Schweigens.“** Was der Verfasser beweisen und befolgen wollte.

GÜNTHER MELCHERT

Knospen im Winter

Erzählung nach autobiografischen Motiven zum Thema „Das Ende des zweiten Weltkriegs. Zusammenbruch und Neubeginn vor siebzig Jahren"

Zeit: Von den dreißiger Jahren des vorigen Jahrhunderts bis ins neue Jahrtausend

Schauplätze: Köln – ein Dorf bei Düren – Schlesien – Thüringen – Köln

Personen:
Die Erzählerin Milena
Mihail, deren Bruder
Die Mutter der Geschwister
Der Vater an der Front – später vermisst
Mutters Kollegin und Freundin Sophia
Mutters Freundin Irene
Milenas Freundin Hella
Privatleute im Rahmen der Kinderlandverschickung
Hauswirte in Schlesien
Flüchtlinge ebendort
Junger Leutnant
Ella, junge Bäuerin in Thüringen
Anne, deren Tochter
Amerikaner und Russen
Russischer Stadtkommandant von Apolda und Ehefrau
Micha, Mutters seelenverwandter Russe
Ärztin

Verhaltenstherapeutin
Türkischer Junge
Federico, Kellner in Wattlers Fischerhaus
Kellnerin 1940 ebendort
Studentin Beate, Aushilfskellnerin ebendort nach 2000
Katze Josy
weißes Kaninchen, aus schwarzem Zylinder gezaubert
Kaninchen Hansi

Als junges Mädchen tat ich mich mit meiner Mutter schwer, vor allem, weil sie in den letzten Kriegsjahren 1943–1945 wegen ihrer bestimmenden Art mit der Empfindsamkeit meines drei Jahre jüngeren, 1936 geborenen Bruders Mihail nicht zurechtkam …

Ein altes Foto

Obwohl meine Mutter, Jahrgang 1911, von Kindheit an kränkelte, ist sie älter als neunzig geworden und hat den Sprung ins neue Jahrtausend geschafft. Bis zuletzt lebte sie in dem kleinen Haus mit Garten im Norden von Köln, wo auch mein Bruder und ich geboren und aufgewachsen sind.

Im Laufe der Jahrzehnte hatten sich unzählige Sachen angesammelt, die ich sichten und teilweise entsorgen musste. Wobei sich der Speicher als Fundgrube erwies. Unter anderem entdeckte ich eine uralte riesige Hutschachtel mit Hüten, Kappen, Mützen, Handschuhen und Kopftüchern – aber auch Spielsachen von mir, wie Puppen und Kinderbücher – und aus den Fünfziger-/Sechzigerjahren Petticoats sowie luftige Organdy- und Organzakleider. Nicht zu vergessen die Sachen von Mihail; auch er spielte mit Puppen – wenn ich nicht da war oder keine Lust hatte, sogar allein –, aber auch mit Soldaten. Am wichtigsten waren mir seine Kinderzeichnungen, die mich wehmütig stimmten, zumal er sie, als er seinen Namen noch nicht schreiben konnte, mit einem kleinen grünen Hufeisen signierte …

Unser altes Haus hatte es mir so angetan, dass ich es nicht übers Herz brachte, es zu verkaufen oder zugunsten eines Neubaus abreißen zu lassen, und da zwei Jahre zuvor mein Mann gestorben war, der sich mit meiner Mutter prächtig verstand, hatte ich freie Hand und zog in das Haus, nachdem ich es einschließlich Eigenarbeit hatte renovieren lassen.

Zur Einweihungsfeier war auch Hella, meine Freundin aus der Kinderzeit, gekommen. Sie blieb so lange, bis mir nichts anderes übrig blieb, als sie einzuladen, bei mir zu übernachten.

Abends sprachen wir bei einer Flasche „Schwarzer Mädchen-Traube“ über alte Zeiten. Plötzlich tat Hella sehr geheimnisvoll, ging auf den Flur, wo ich sie in ihrer großen Handtasche hantieren sah, und kam mit einem Fotoapparat zurück, der Jahrzehnte alt ein musste. Während ich ihn irritiert musterte, fragte sie mich schmunzelnd: „Milena, kennst du den?“

Ich machte eine vage Handbewegung, und sie fuhr fort: „Kürzlich habe ich ihn auf einem Flohmarkt auf der Rheinufer-Promenade entdeckt, zwischen Bastei, Dom und Hohenzollern-Brücke – und er gefiel mir so gut, dass ich ihn vom Fleck weg gekauft habe.“

Eigentlich wollte Hella den Apparat auf ihrer Anrichte aufstellen, wo ihr antiquarischer Krimskrams steht, aber dann kam sie auf die Idee, prüfen zu lassen, ob er noch funktionierte und ging in ein Fotogeschäft.

Der Apparat war nicht nur intakt, er enthielt sogar noch einen Film. Der Inhaber des Geschäfts fragte Hella, ob er den Film, sofern noch tauglich, entwickeln sollte. Aus einer Laune heraus sagte Hella ja; vielleicht sprangen alte Fotos von Köln und Umgebung heraus.

Nachdem Hella mit ihrer Erzählung bis hierhin vorgedrungen

war, hielt sie mir plötzlich, wiederum lächelnd, ein Foto unter die Nase und sagte: „Leider ist nur dieses Foto beim Entwickeln etwas geworden.“

Als ich es betrachtete, krampften sich meine Hände zusammen, und mir brach kalter Schweiß aus. Das Foto zeigte meinen kleinen Bruder Mihail. Neben ihm stand ein Mann mittleren Alters, der in einen mit weißem Schal drapierten schwarzen Umhang gehüllt war. Und aus einem wiederum schwarzen Zylinder zauberte dieser Mann ein weißes Kaninchen hervor – unter den verklärten Blicken von Mihail. Dieser Mann war unser Vater, der sich in seiner Freizeit als Zauberkünstler versuchte, hier anlässlich des sechsten Geburtstags von Mihail. Nach seiner Rückkehr an die Front haben wir Vater, der aus beruflichen Gründen – er war ein prominenter Chefkoch, der von Stadt zu Stadt und von Hotel zu Hotel zog – nie wieder gesehen.

Franz, Mutters jüngster Bruder, sagte über Vater zu uns: „Nun ist leider auch unser Familien-Zauberkünstler ein Opfer des faulen Zaubers geworden, den der Magier der Massen, Adolf Hitler, veranstaltet hat …“

Offiziell gilt unser Vater bis heute als verschollen; nach dem Krieg hieß es offiziell „vermisst“. Mutter hat ihn nie für tot erklären lassen – mit Einverständnis der Familie. Wir wollten seinen möglichen Tod juristisch nicht manifestieren. Vielleicht war Vater tatsächlich „nur verschollen“ und tauchte nach vielen Jahren wieder auf. Wir wussten von solchen wundersamen Wiederauferstehungen …

Bombardierungen von Köln und Evakuierung nach Schlesien

Vom Mai 1942 bis Anfang 1944 nahmen die Bombardierungen auf unsere Großstadt Köln dermaßen überhand, dass wir sie nicht ertrugen; besonders Mihail nahm es den Atem, und er wurde in eine Lungenheilstätte geschickt. Nachdem er Monate später leidlich wieder hergestellt nach Hause zurückgekommen war, wurden wir nach erneuten Bombardierungen im Keller unseres Hauses verschüttet. Mutter und ich verkrafteten es besser als mein Mihail. Körperlich und seelisch völlig zerrüttet, kam er im Rahmen der „Kinderlandverschickung" privat zu einer Familie in ein Dorf bei Düren. Doch sein Zustand verschlimmerte sich. Und so ließ Mutter, inzwischen ebenfalls körperlich und seelisch angeschlagen, sich mit uns evakuieren – nach Schlesien zwischen Breslau und Brieg in die Kleinstadt Löwen.

Wegen der „Lungengeschichte", wie seine Krankheit damals umschrieben wurde, bekam Mihail Sonderzuteilungen von Lebensmittelmarken für Butter, Fleisch, Obst und Gemüse, nahm aber genau wie ich immer mehr ab, bis er zum „Strich in der Landschaft" wurde. Unsere zu Übergewicht neigende Mutter verlor kaum ein Pfund …

Zu erzählen, wie es uns in Schlesien erging, würde diesen Rahmen hier sprengen, und so beschränke ich mich auf zwei Ereignisse, von denen das erste Mihails Beziehung zu Tieren und seine Persönlichkeit charakterisiert.

Im Hause der Familie Butzke, bei der wir untergekommen waren und die ein Haushaltswarengeschäft am Rathausplatz betrieb, lebte eine Katze unter dem Kosenamen Josy, um die sich vorwiegend Frau Butzkes Nesthäkchen Anita kümmerte, die etwas älter war als Mihail. Josy war ein liebenswertes, vornehmes, bedächtiges und bescheidenes Geschöpf mit glänzenden Tischmanieren, das nur wenig aß und in jeder Weise ihrem adeligen Taufnamen „Josefine von Gleiwitz-Maifritz-Follmersdorf" höchste Ehre machte. Aber wenn der Hafer sie stach, sprang sie über Tische, Bänke und Schränke. Weihnachten 1944 trieb sie es besonders bunt, indem sie den „unchristlichen Frevel" beging, im Stall der großen Krippen-Anlage herumzustreunen und das Jesulein zu inspizieren. Als sie den Heiland sogar im Maul davontrug, drohte Anitas Mutter, unser adeliges Fräulein Josy wie eine Streunerin mit Schimpf und Schande vom Hof zu jagen, woraufhin Anitas Augen noch stärker funkelten als die von Josy. Das geschah bei einer Kaffeetafel, nachdem bereits das Kuchen-Service abgetragen worden war.

Plötzlich zündete sich ein älterer Nachbar eine Zigarre an und steckte gedankenverloren mit dem noch brennenden Zündholz eine zusammengeknüllte kleine Papierserviette in Brand, die im Aschenbecher lag und über den Rand aufs Tischtuch zu gleiten drohte.

Die Hausherrin zeterte: „Gustav, hast du den Verstand verloren? Mit einem solchen Leichtsinn kannst du Haus und Hof abfackeln!“, sie war aber geistesgegenwärtig genug, den kleinen Brand zu ersticken. Da sagte Anita dem Anschein nach ungerührt: „Haus und Hof abfackeln, genau das tue ich, wenn ihr meiner Josy auch nur ein Schnurrbarthaar krümmt.“ Und mein Bruder ergänzte: „Bravo, Josy hat nichts Böses getan, sie hat nicht mal etwas umgeschmissen und wollte das Jesuskind nur in Sicherheit bringen.“

„Wieso in Sicherheit bringen?“, fragte Lehrling Bernard.

Mihail antwortete, wie aus der Pistole geschossen: „Habt ihr nicht Ochs und Esel beachtet? Sie machten auf schläfrig. Als sie sich unbeobachtet fühlten, rissen sie die Glupschaugen auf, leckten sich die Lefzen, zeigten die Zähne, und Ochs und Kuh stießen sogar mit den Hörnern, um unser Jesulein aufzuspießen.“

Das Kaffee- und Kuchenkränzchen meinte wohl, Mihail wollte scherzen, und lachte, aber er setzte nach: „Wenn ihr unsere Josy trotzdem abschaffen wollt, dann nur über meine Leiche …!“

Ich war wieder mächtig stolz auf meinen jungen Bruder, zumal er seinem Spottnamen, den unsere Mutter ihm verliehen hatte, „Herr Rechtsanwalt“, erneut Ehre gemacht hatte; andererseits war ich betroffen und fragte mich, ob seine Bemerkung „nur über meine Leiche“ eine Redensart war oder ob er sich im Ernstfall für irgendetwas oder irgendwen tatsächlich bis zum Letzten eingesetzt hätte …

Das zweite bemerkenswerte Ereignis betraf etwa sechs Wochen später unsere Flucht zurück nach Westen vor den anrückenden Russen, Anfang 1945. Es war schon Artillerie-Beschuss zu hören sowie Detonationen, die sich später als Ergebnis der Sprengung einer Neißebrücke herausstellten. „Es ist höchste Eisenbahn abzuhauen“, erklärte eine unserer Leidensgenossinnen, „aber Züge verkehren nicht mehr.“

Ein Militärfahrzeug sollte uns vor dem Schulgebäude abholen, aber es hatte außer Flüchtlingen Funk- und sonstige Geräte an Bord und war überfüllt. Mihail war schon eingestiegen. Ohne sich wehren zu können, wurde er, der übertrieben ausgedrückt nicht viel schwerer wog als ein Brot, wie ein solches über die Köpfe der Leute gehoben und nach draußen geschoben, wo ich ihn in die Arme schloss.

Mutter bedrängte den Leiter der Expedition, einen jungen Leutnant massiv, wie es ihrer Art entsprach: „Geräte oder Waffen sind Euch wichtiger als Menschen?“ Der Leutnant wehrte sich nicht mit dem üblichen Hinweis, er hätte Befehl, sondern sagte: „Wir brauchen Funkgeräte und Munition, um die uns anvertrauten Menschen zu schützen. Sicher hört Ihr im Hintergrund unsere Geschütze gegen die Russen.“

Dann versprach er Mutter, wiederzukommen und alle Wartenden, ausschließlich Mütter mit Kindern, tatsächlich abzuholen. Da fixierte Mutter ihn mit ihren strengen grau-grünen Augen, die nicht nur uns Kindern höchsten Respekt einflößten, und sagte in ihrer bestimmenden, lauten, akzentuierten Art: „Wenn Sie ihr Versprechen, uns hier aus der Hölle zu befreien, nicht einlösen, dann ist das ein Verbrechen, und ich werde Ihnen meinerseits versprechen, dass Ihre Seele von Ihrem Gewissen Ihr Leben lang wie von Krebs zerfressen wird!“ …

Die Nacht schleppte sich quälend dahin. Und unsere Hoffnung auf Rettung sank auf den Nullpunkt. Plötzlich schälte sich aus dem Morgennebel, der sich wie ein Gottes- oder Schicksals-Zeichen allmählich lichtete, vor der Schule ein Fahrzeug. Es war ein Lazarettauto, das wir mit etlichen schwer verwundeten Soldaten teilten, und es war einer der wenigen Momente, in denen ich Zeuge wurde, dass Mutter jemanden in die Arme schloss: den Leutnant …

Flucht nach Thüringen

Nach wochenlangen Irrfahrten, zeitweise auf großen Schlitten und Viehwagen, erreichten wir ein Dorf in Thüringen, der zweiten Station unserer Evakuierung; Mutters Kollegin und Freundin Sophia hatte es hierhin verschlagen, und sie hatte uns geraten, uns ihr anzuschließen.

Innerhalb weniger Monate mussten wir zweimal umziehen, bevor wir im Sommer auf einem Bauernhof unterkamen. Der Mann der Bäuerin, etwa so alt wie Mutter, war wie die meisten Männer eingezogen. Mit Hilfe eines „Knechts und einer Magd“, für mich schon damals menschenverachtende Bezeichnungen, bewirtschaftete Ella den kleinen Hof. Mein scheuer Bruder hatte auch hier Schwierigkeiten, sich einzugewöhnen und litt unsagbar unter Heimweh, noch mehr als in Schlesien.

Merkwürdigerweise sprach er oft von zwei Rhododendron-Büschen in unserem Garten, einem großen und einem kleinen Busch, die gewissermaßen Schulter an Schulter standen.

Um Mihail auf humorvolle Weise abzulenken, fragte ich, ob die Büsche Namen hätten. Er antwortete ernst: „Der große Busch, das bist du, und der kleine, das bin ich."

Wie so oft ließ ich mich auf seine Sichtweise ein und ergänzte: „Wenn wir zurückkommen, dann bist du größer als ich", und setzte scherzhaft hinzu: „Das wirkt sich dann wohl auch auf das Wachstum der Büsche aus."

Es gab nichts, was meinen Mihail aufheitern konnte, denn er antwortete leise: „Wer weiß, ob wir überhaupt zurückkommen", und zog mich mit in seine niedergeschlagene Stimmung hinunter.

Am Tag, bevor wir unser Haus in Köln verlassen hatten, das Mutter heimlich einer Jüdin überließ, ohne zu ahnen, dass in der damaligen Zeit ein solcher Freundschaftsdienst unser Leben hätte bedrohen können, hatte es leicht geschneit. Der Schnee rieselte immer noch auf die Büsche, und es fiel meinem kleinen Bruder auf, worauf ich nicht geachtet hatte, dass die Knospen schon so deutlich entwickelt waren, als stünde der Frühling vor der Tür. Mihail sorgte sich, die Knospen würden erfrieren, aber Mutter beruhigte ihn, dieser Naturzustand sei im grünen Bereich, also auch im Botanischen Garten zu besichtigen. Mir flüsterte sie zu: „Welche Gedanken der Junge sich macht, unfassbar." Ich kniff die Lippen zusammen. Wie immer stand ich auf der Seite meines kleinen Bruders und fand seine Gedanken angemessen.

Auch in Schlesien und Thüringen ließ ihn das Schicksal der Büsche nicht los, als hätten wir uns nahestehende Menschen zurückgelassen, sodass er immer wieder von ihnen sprach. Als er vor der Flucht aus Schlesien schon in dem Militärfahrzeug steckte, musste ich daran denken, was er daheim in Köln vor der Evakuierung gesagt hatte: „Wer weiß, ob wir jemals zurückkommen." Und mich durchfuhr ein eisiger Schreck, wir würden getrennt. Umso glücklicher war ich, als Mihail wieder aus dem Fahrzeug expediert wurde …

Auf dem Bauernhof in Thüringen fühlte ich mich wohl, zumal die zierliche hübsche Bäuerin Ella eine Tochter in meinem Alter hatte: Sie hieß Anne und war zwölf Jahre jung, und da Anne auf Anhieb auch meinen Bruder ins Herz schloss, taute er allmählich auf.

Zugelaufen

Eines Tages kam er mit einem Kaninchen an. Es war ihm auf der Straße nachgelaufen wie ein Hündchen. Obwohl sein Fell braun war, glich es jenem Kaninchen, das Vater vor etlicher Zeit aus dem Zylinder gezaubert hatte. Da die Halterin des Kaninchens nicht auszumachen war, erlaubten Mutter und die Bäuerin meinem Bruder, das Kaninchen, dem er den Namen Hansi gab, zu behalten, zumal einer der zahlreichen Kaninchenställe leer stand. Voraussetzung für die Erlaubnis von Ella, mit der sich unsere heikle Mutter blendend verstand: „Mihail sorgt selbst für Futter und mistet den Stall aus."

Mit einem Leiterwagen holten Mihail und ich von den Wiesen außerhalb des Dorfes so viel Löwenzahn und Klee, dass es für sämtliche Kaninchen des Hofs reichte, und alle waren voll des Lobes für meinen Bruder, den ich noch nie so unbeschwert erlebt hatte wie im Sommer 1945, zumal inzwischen der Krieg zu Ende war.

Zunächst marschierten die Amerikaner ein. Die Stahlhelme tief in die Stirn gezogen und bis an die Zähne bewaffnet, stürmten sie in die Keller der Häuser und richteten ihre entsicherten Gewehre auf Greise, Frauen und Kinder, die sich zu Tode verängstigt aneinander schmiegten und gegen die Wände drängten. Aber das war nur der erste Eindruck von den Amerikanern, die wohl ihrerseits Angst hatten, sogar vor deutschen Zivilisten.

Nachdem sie sich akklimatisiert hatten, wurden sie so zugänglich, vornehmlich bei uns Kindern, dass sie uns Süßigkeiten schenkten. Etliche Zeit später wurden die Amerikaner von den Russen abgelöst, die lachend, lärmend, mit Taschentüchern und halb geleerten Wodkaflaschen winkend, auf Lastkraftwagen Einzug hielten.

Mein Großvater, ein Ingenieur, war im ersten Jahrzehnt des vorigen Jahrhunderts von den Deutz-Motoren-Werken in Köln zur Kaspischen-Schwarzmeer-Gesellschaft in Baku abgeordnet worden und hatte Frau und Kinder mitgenommen; nach Ausbruch des ersten Weltkriegs wurden sie nach Sibirien interniert. Mutter war also mit ihren Geschwistern in Russland, das sich nach der Oktoberrevolution 1917 in die Sowjetunion verwandelt hatte, aufgewachsen. Seitdem beherrschte sie die russische Sprache in „Wort und Schrift", wie es später von deutschen Behörden bürokratisch umschrieben wurde, und so erhielt sie eine Anstellung als Dolmetscherin beim russischen Stadt-Kommandanten der thüringischen Kreisstadt Apolda. Gleichzeitig fungierte sie als Gesellschafterin von dessen Ehefrau. Vorteile hatten wir keine. Besonders unter den Evakuierten war Schmalhans Küchenmeister.

Während der Übergangszeit war die Schule monatelang geschlossen. Wir Kinder mussten auf einigen den Großbauern gehörenden Feldern arbeiten, auf denen wir noch während der letzten Kriegsmonate von Tieffliegern beschossen worden waren. Entlohnt wurden wir mit Naturalien wie Kartoffeln und Steckrüben. Aus Sauerampfer, den wir am Wiesenrand ausrissen, bereitete Mutter Salat und Gemüse, aber unsere Anstrengungen reichten nicht, um satt zu werden, zumal es zum Frühstück nur trockenes Brot gab, allenfalls mit Marmelade, dazu Kaffee-Ersatz, den sogenannten Muckefuck. Das galt angeblich auch für die Familie unserer Wirtin, obwohl sie Bäuerin war. Die genauen Hintergründe habe ich nie hinterfragt …

Eines Tages tauchte das Gerücht auf, in der Gegend sei eine junge deutsche Frau von einem russischen Soldaten vergewaltigt worden. Als Mutter abends von ihrem Dienst heimkam, wurde sie von Ella gefragt, ob sie genaueres wüsste.

Das Gerücht beruhte auf Tatsachen; aber die Vergewaltigung war in einer anderen Stadt passiert. Trotzdem hatte Mutters Arbeitgeber die ihm unmittelbar Unterstellten sowie die Soldaten antreten lassen und eine flammende Rede gehalten. Tenor dieser Rede: „Wer unter meinem Kommando einem Mädchen oder einer Frau auch nur ein Haar krümmt, der wird standrechtlich erschossen.“ Mutter war tief beeindruckt, und die Ansprache des Stadtkommandanten hat gefruchtet …

Kaninchen Hansi war bei meinem Bruder so zutraulich, dass es ihm wie ein Haustier hinterherlief, sobald es aus dem Stall hoppelte. Was dazu führte, dass wir Hansi mitnahmen, bei Radtouren oder in dem Leiterwagen, in dem wir auch das Grünfutter transportierten.

Den Fotoapparat, der inzwischen in den Besitz meiner Freundin Hella übergegangen ist, hatte ich oft dabei und fotografierte meinen Bruder und Hansi beim Tollen auf den Wiesen. Etliche Male war auch unsere gemeinsame Freundin Anne mit von der Partie. Eines der Fotos löste Heiterkeit aus. Es zeigte Mihail auf einer Waldlichtung, im Schatten einer Rotbuche schlafend, den ebenfalls schlafenden Hansi im Arm …

Anders als ich war Anne körperlich und geistig schon eine kleine Frau. Es wurde gemunkelt, sie ginge mit einem älteren Jungen oder sogar mit einem Amerikaner. Jedenfalls hatte sie oft Süßigkeiten ergattert, die sie mit uns wie eine Schwester teilte.

Wenn Anne und Mihail wieder die Köpfe zusammengesteckt und etwas ausgeheckt hatten, wollte ich ihn aushorchen, nicht zuletzt aus schwesterlicher Eifersucht, und so fragte ich ihn: „Stimmt es, dass Anne mit einem Ami geht?"

Mihail antwortete grinsend: „Dann wären wir ja Zuhälter, wenn wir das Zeug hier annehmen. – Aber mit den Amis pennt sie nicht, sie maggelt mit ihnen."

Was unter Maggeln[1] zu verstehen war, wollte oder konnte er nicht sagen und schob mir, bevor ich ihn mit weiteren Fragen löchern konnte, einen Riegel Schokolade in den vor Erstaunen sperrangelweit offen stehenden Mund; sich selbst genehmigte er einen Chewing Gum, auf dem er wie ein Ami herumkaute und den er in hohem Bogen ausspuckte. Und so lernte ich mir bisher unbekannte Seiten meines Bruders kennen: Zuverlässigkeit, Verschwiegenheit, Lockerheit und hintergründigen Humor, den er wohl hier entwickelt hatte, weil er sich mit Unterstützung von Anne trotz ausländischer Besetzung freier fühlte als bisher …

Sie las viel und lieh mir Bücher. Unter ihrem Einfluss wagte sich auch Mihail an Literatur, die sein bisheriges Niveau in den Schatten stellte, wie die Erzählungen „Kleider machen Leute", „Pole Poppenspäler" und „Der Schimmelreiter".

Eines Tages entdeckte ich Mihail auf einer Bank vor der Kirche; gegenüber plätscherte der Utenbach, an dessen Ufer eine Trauerweide den Kopf hängen ließ, sodass ihre Zweige, die wie grüne Haare aussahen, im Wasser hingen. In dieser Atmosphäre las Mihail Goethes „Werther". Wir unterhielten uns später mit Anne über dieses als Briefroman geschriebene Bruderliebestrauerspiel, und ich merkte, dass Mihail nicht die geringste Verständnisschwierigkeit hatte, sondern sich sogar mit Werther identifizierte, auch, dass dieser aus enttäuschter Liebe den Freitod suchte. Da gesellten sich zu meiner Liebe sogar Hoch-

1 zweideutige Geschäfte machen

achtung, aber auch Gewissensbisse, weil ich ihn wegen seiner Scheu unterschätzt hatte. Dass er sich mit Werther zu stark befasst haben könnte, ahnte ich nicht.

Der Tanz der Salome

Eines Abends zelebrierte Anne zu den aus dem Grammophon dringenden Klängen der gleichnamigen Oper von Richard Strauß den Tanz der Salome. Woher auch immer, jedenfalls besaß Anne sieben durchsichtige, farbige Tücher, die sie während ihres Fantasietanzes ablegte, wobei sie sich so graziös im Rhythmus der Musik bewegte wie eine Ballett-Tänzerin. Das konnte ihr keiner beigebracht haben; es war Begabung, und auch Mihail war so begeistert, dass er enthusiastisch Beifall klatschte. Das einzige, was wir beim Finale von ihrem entblößten Körper erhaschen konnten, war ein Blick auf die Knospen ihrer mädchenhaften Brüste.

Ihre Darbietung unterstrich das Vertrauen, das sie in uns setzte, nichts weiter zu tratschen, und so schien sich zwischen uns eine Freundschaft fürs Leben anzubahnen, zumal wir Tag und Nacht zusammenhingen wie die Kletten.

Zwischen Anne und Mihail schien sich noch mehr anzubahnen. Als wir eines Nachmittags Hand in Hand über eine Wiese spazierten, nannte sie Mihail „meinen Mann", trotz des Alters-Unterschiedes, der sich zwischen zwölf und neun Jahren üblicherweise noch stark bemerkbar macht. Mihail war keine Spur verlegen und wandte nur ein: „Eigentlich wollte ich Milena heiraten", und somit erstickte er auf Anhieb meine wieder aufflammende Eifersucht. Um keine Antwort verlegen entgegnete Anne: „Na und? Dann heiratest du uns beide." Wir lachten alle drei, womit sich die mir peinliche Situation auflöste. Und es machte Anne auch nichts aus, dass ihr „Verlobter" im Gegensatz zu uns Mädchen es nicht wagte, auf Bäume zu klettern, sich wie ein Pascha mit von uns stibitzten Äpfeln, Birnen und Kirschen verwöhnen ließ und so wenig Geschick offenbarte, dass Anne sogar ihres Vaters Fahrrad aufpumpen musste, das sie ihm überlassen hatte …

Herbststimmung

Sommer und Herbst flogen dahin wie Vögel im Wind. Der November rauschte heran und somit die Zeit des Schlachtens.

Mihail fragte sorgenvoll: „Die werden doch wohl meinem Hansi nichts antun?"

Anne beruhigte ihn: „Quatsch, Hansi gehört doch zu uns. Und wenn wir nicht so viel Futter angeschleppt hätten, gäbe es keine Kaninchen zum schlachten." Aber nach dem Gehabe der Erwachsenen machten auch wir Mädchen uns so große Sorgen, dass wir uns vergewissern wollten.

Nachdem wir tagelang herumgedruckst und auch unsere Mütter sich um unmissverständliche Antworten gedrückt oder sich mit Sprüchen aus der Affäre gezogen hatten wie „Kommt Zeit, kommt Rat …", sagte der „Knecht" die Wahrheit: „Ja, auch eurem Hansi geht's an den Kragen."

Diese Nachricht schmetterte uns zu Boden, aber dann richteten wir uns gegenseitig wieder auf und schafften Raum für klare Überlegungen. Die Entscheidung, wie mit Hansi verfahren würde, musste unserer Ansicht nach meine Mutter fällen; Hansi hatte ja mit dem Hof nur insoweit zu tun, als er Nachbar seiner Artgenossen war und Gastrecht genoss wie wir. Aber es half kein Bitten und Betteln. Mutter blieb unnachsichtig und versuchte sogar, ihre Hände in Unschuld zu waschen, indem sie behauptete, nicht sie sei für die Entscheidung zuständig, sondern die Verhältnisse. Und auch Anne, auf der unsere letzten Hoffnungen ruhten, konnte nichts ausrichten; die Erwachsenen waren nicht umzustimmen.

Am stärksten war Mihail getroffen. Er konnte nicht mehr schlafen und sprach nur noch das Nötigste. Als er sich nach jeder Mahlzeit erbrach, ging ich mit ihm zu einer Ärztin, obwohl mir klar war, dass sich sein Magen verschloss, weil seine Seele verweigerte. Auch die Ärztin erkannte das schnell, hatte aber genau so schnell ein Argument zur Hand, das die Schlächter stützte: „Kaninchen sind nur Nutztiere, wie Enten, Gänse und Schweine, die ja auch bald drankommen."

Mihail war leichenblass und schwieg. Mein kläglich herausgewürgtes Argument: „Hansi ist kein Nutztier, sondern unser Freund" tat die Ärztin mit einer wegwerfenden Handbewegung ab – auch mein nächstes Argument: „Kein noch so gefräßiger Wolf reißt ein Lamm, das mit ihm zusammen aufgewachsen ist, er beschützt es sogar …"

Anne und ich konnten die Gleichgültigkeit, von der alle Erwachsenen in dieser Frage befallen zu sein schienen wie von einer schweren Krankheit, nicht fassen und hatten um meinen kleinen Bruder schlimmste Befürchtungen, zumal er von der Magd sogar noch am Abend vor Hansis „Hinrichtung" gequält wurde: „Freu dich und halt dich bereit. Morgen ist es soweit. Da wird Schlachtfest gefeiert. Du darfst sogar zusehen und den Braten mitessen!" Anne stopfte ihr den Mund mit einem Spüllappen, aber Mihail rannte aus der Küche.

Am nächsten Morgen herrschte helle Aufregung, nicht nur, weil es nachts heftig geschneit hatte. Offenbar witterten die Tiere, was ihnen bevorstand. Dann griff die Aufregung auf uns Menschen über. Mein Bruder und Hansi waren verschwunden.

Zunächst suchten wir den Bauernhof ab, vor allem die Scheune, in der wir oft gespielt hatten. Vielleicht hatten sich die beiden im Heu versteckt. Aber keine Spur. Dann suchten wir außerhalb des Hofs. Schließlich dehnten wir die Suche auf das gesamte Dorf aus – vergeblich.

Eine verschneite Lichtung im Wald

Anne und ich erhielten den Auftrag, zu überlegen, wo sich Mihail sonst aufhalten könnte. Freunde hatte er außer uns keine, und auch die verschneiten Wiesen und die vielen inzwischen kahlen Obstbäume, unterhalb deren der Utenbach plätscherte, boten kein Versteck. Da kam mir die Lichtung im Wald in den Sinn. Anne und ich stürmten dorthin und sahen die beiden regungslos und ohne Atem im Schnee liegen: meinen Bruder und seinen kleinen Freund …

Meine Mutter war wie versteinert, und auch ich brachte kein Wort über die Lippen, zumal ich mir heftigste Vorwürfe machte, den Zustand meines Bruders nicht in voller Tragweite erkannt und nicht Himmel und Hölle in Bewegung gesetzt zu haben, um Hansis Leben zu retten und damit auch das Leben meines Bruders. Und mir fiel wieder ein, wie er in Schlesien mit Anita für Katze Josy gekämpft hatte. Die meisten Erwachsenen, angeblich durch den Krieg abgehärtet, reagierten wie Eisklötze in der Antarktis.

Nur Anne ging aus sich heraus. Sie schluchzte hemmungslos, schlug mit den Fäusten auf ihre Mutter ein und schrie: „Was die Bomben im Krieg nicht geschafft haben, das hast du geschafft: du Doppelmörderin!" Noch jemand schluchzte laut, merkwürdigerweise die Magd, die Mihail so übel mitgespielt hatte. Vermutlich wurde sie von Gewissensbissen geplagt, aber Anne beschimpfte sie als Heuchlerin …

Während der nächsten Wochen wechselte Anne kaum ein Wort und wurde noch kränker, als Mihail es gewesen war, und magerte völlig ab. Alle nahmen an, dies sei auch bei ihr seelisch bedingt. Dann stellte die Ärztin fest, dass Anne von einem Bandwurm befallen war. Ich sah einen Zusammenhang: Anne hatte wohl keine innere Kraft, sich gegen den Angriff des riesigen Wurms zu wehren, und ich schämte mich, zumindest körperlich gesund zu sein …

Kurz darauf überschlugen sich die Ereignisse, privat wie politisch. Mutter war eine „Seelenverwandtschaft“ mit einem russischen Offizier eingegangen, den sie bei dem Stadt-Kommandanten und dessen Frau kennen gelernt hatte. Von diesem Mann, der tragischerweise so ähnlich hieß wie mein Bruder, nämlich Micha, erfuhr sie unter dem Siegel der Verschwiegenheit, dass ihr „Arbeitgeber“ abberufen und nach Moskau zurückbeordert würde. Dieser hatte sich so an die Dienste meiner Mutter gewöhnt und seine Frau an Mutters Gesellschaft, dass sie uns mitnehmen wollten. Wir wussten, was das nach sich zöge: Wir würden die Heimat nie wiedersehen, und so beschlossen wir, in einer Nacht- und Nebelaktion mit dem Zug weiter nach Westen Richtung Rheinland zu flüchten.

Auf dem Bahnhof brach Anne wieder in Tränen aus, doch ich Sturkopf hatte mich innerlich immer noch so verbarrikadiert, dass ich fragte: „Warum weinst du denn?“ Als läge es nicht auf der Hand und als sei mir nicht selbst zum Heulen zumute gewesen!

Anne antwortete völlig entgeistert: „Ich hätte nie gedacht, dass du so kalt sein kannst“, und schlich mit hängenden Schultern aus dem Bahnhof, während Mutter und ich in den Zug stiegen.

Seltsamerweise gab Mutter keinen Kommentar, auch später nicht, vielleicht, weil sie selbst hinter einer Mauer scheinbarer Fühllosigkeit zu überleben versuchte.

Nachdem sich meine seelischen Wogen ein wenig geglättet hatten, versuchte ich, mir Rechenschaft über mein Verhalten abzulegen. Gründe für meine Verschlossenheit gab es mehrere, wobei ich die Erfahrung machte, dass der Spruch nicht zutrifft, zumindest nicht auf mich, wonach die Zeit alle Wunden heilt.

Ungebrochene Trauer um den Tod meines toten Bruders und seines kleinen Freundes Hansi und Angst vor der Deportation in die Sowjetunion. Dazu ständig schwelendes Heimweh. Dahinter verblasste kurzfristig der Abschiedsschmerz, der später desto heftiger aufflammte und dann über Jahrzehnte hinweg schwelte bis zum heutigen Tag …

Nach der Wiedervereinigung von Ost- und Westdeutschland bin ich mit meinen Mann nach Thüringen gefahren und habe Anne und ihre Mutter ausfindig gemacht. Der aus der Kriegsgefangenschaft krank heimgekommene Vater von Anne war inzwischen gestorben und die Mutter in einem Seniorenheim untergebracht. Anne wohnte mir ihrem Mann in der Kreisstadt Apolda, aber ich war so befangen, trotz des Beistandes meines Mannes, dass ich es nicht fertigbrachte, mit Anne oder ihrer Mutter, die jetzt wohl auch nicht mehr lebt, Verbindung aufzunehmen, und so haben wir einander nicht wieder gesehen. Bei meiner Mutter vermied ich das Thema aus Gründen, die später beleuchtet werden.

Unsere Mütter haben bis Ende der Siebzigerjahre miteinander korrespondiert. In keinem Brief von Ella stand ein Gruß von Anne an mich. Ob Mutter meine Grüße an Anne ausgerichtet hat, weiß ich nicht. Mutter gab mir keinen Brief zu lesen. Warum ich nicht danach fragte, kann ich mir nicht erklären. Meine Briefe an Anne blieben unbeantwortet, und ich war wohl mindestens so traurig wie sie, als ich ihren Abschiedsschmerz nach außen hin nicht erwidern konnte.

Später hielt ich es für möglich, dass meine oder (und) unsere Briefe abgefangen worden waren, vielleicht, um uns die Trennung nicht noch schwerer zu machen: Argumente von Hella, die mir nicht einleuchten. Aber im Laufe des Lebens bin ich so oft Opfer von Unterstellungen geworden, dass ich nicht mit gleicher Münze heimzahlen möchte. Und zu klären ist die vertrackte

Situation nicht mehr. Ich habe nie wieder eine Freundin gehabt, zu der ich einen so starke Verbundenheit empfunden hätte wie zu Anne, nicht zuletzt, weil Mihail uns verband, auch über seinen Tod hinaus. Jetzt noch zu versuchen, Verbindung zu Anne aufzunehmen, traue ich mich nicht – auch nicht, mir Gewissheit zu verschaffen, ob sie noch lebt.

Rückkehr in die Heimat

Nach langen Irrfahrten überquerten Mutter und ich am ersten Dezember 1945 mit dem Zug die Hohenzollernbrücke von Köln-Deutz bis zum Hauptbahnhof.

Nachdem wir uns wieder stundenlang angeschwiegen hatten, sagte ich zu meiner Mutter, die total überrascht war, weil ich doch noch ‚den Mund aufkriegte': „Hoffentlich stehen die beiden noch."

So, als hätte ich sie losgeschickt, verließ sie das Abteil, stellte sich an ein Fenster und steckte die Nase in den Wind. Plötzlich drehte sie sich nach mir um und rief: „Komm schnell!" – in einem Tonfall, als hätte sie eine Weltsensation erblickt.

Meine Neugier hatte ich mir bewahrt. So stellte ich mich neben Mutter und wusste nun, worauf sie hinauswollte: auf die beiden Domtürme. Bis heute gilt, dass viele Kölner vom Anblick der beiden Domtürme als Wahrzeichen der Stadt unfassbar stark emotionalisiert werden, was viele Lieder beweisen. Etliche andere europäische Großstädte wie London, Paris und Rom haben mindestens gleichwertige Kulturbauten zu bieten, wie den Buckingham Palace, den Eiffelturm und den Petersdom, trotzdem machen die Einwohner nicht solches Aufhebens wie die Kölner von ihrem Dom und den aus ihrer Sicht bis in den Himmel ragenden Türmen. Sie standen tatsächlich noch, und auch ich war froh. Aber ich hatte etwas anderes gemeint.

Eine Stunde später betrat ich mit Mutter und heftig klopfendem Herzen durch die knarrende kleine Pforte unseren Garten. Das Haus hatte keinen Schaden erlitten, zumindest nicht äußerlich; das hatten wir schon von weitem gesehen.

Als ich auf das Haus zuging und den Kopf wandte, krampften sich nicht nur meine Hände zusammen, sondern auch mein Herz. Der große Rhododendron war noch höher gewachsen und zeigte trotz der winterlichen Kälte pralle Knospen. Sein kleiner Bruder hatte nicht überlebt, er war verdorrt, und ich war nicht fähig, Mutter auch nur anzusehen …

Ein verhängnisvolles Weihnachtsgeschenk

Weihnachten stand vor der Tür. Während der gesamten Adventszeit hatte ich überlegt, welches Geschenk für Mutter angemessen sei. Ein Jahr zuvor, noch in Schlesien, hatte ich für sie zwei Deckchen gehäkelt und Mihail hatte ihr zwei Kristall-Schalen geschenkt: aus dem Haushaltswarengeschäft der Familie Butzke, bei der wir am Marktplatz gegenüber dem Rathaus einquartiert waren. Mihail hatte die Schalen als Gegenleistung für Handlangerarbeiten im Geschäft erhalten …

Heiligabend war ich dämonisch gespannt auf das Gesicht von Mutter, wenn sie mein Geschenk aus dem Papier wickeln würde. Aber es kam etwas dazwischen. Mutter, die sich allein im Wohnzimmer zu schaffen machte, konnte die Zeit der Bescherung nicht abwarten und betastete einige Geschenkpäckchen, um sie auf ihren mutmaßlichen Inhalt hin abzuklopfen.

Aus dem Wohnzimmer drangen plötzlich ein lauter Schrei und ein dumpfer Fall. Auch Tanten und Onkel hatten es gehört und liefen herbei. Ich riss die Tür auf und sah Mutter am Boden liegen: mit verzerrtem Gesicht und verrenkten Händen, denen mein Geschenk entfallen war.

Mein Geschenk bestand aus einem Foto, das ich in der Wald-Lichtung in Thüringen aufgenommen hatte. Es zeigte meinen toten Bruder im Schnee, seinen ebenfalls toten Freund Hansi im Arm haltend.

Mutter hatte alle Symptome eines Schlaganfalls, im Alter von erst vierundvierzig Jahren, aber die Lähmungen ihres Gesichts, ihrer Sprache und ihrer linken Hand waren seelischer Natur. Was ich verbrochen hatte, war die schlimmste Gemeinheit und Niedertracht meines noch jungen Lebens. Auf gewisse Weise war es schlimmer als das, was Mutter meinem Bruder angetan hatte, auch wenn es ihn das Leben kostete. Mutter war unbedacht vorgegangen, aber ich wollte sie in den Abgründen ihrer Seele treffen, verschlagen und heimtückisch. Und ich konnte es nicht wiedergutmachen. Das einzige, was mir blieb: der Schwur, niemanden mehr absichtlich zu verletzen, und auch diesen Schwur habe ich dann und wann gebrochen …

Im Laufe der Jahre konnte Mutter wieder sprechen und leidlich ihre linke Hand bewegen. Aber wenn sie sich aufregte, zitterte ihre linke Hand so stark, dass Mutter sie mit der rechten festhalten musste, sodass ich immer wieder daran erinnert wurde, was ich getan hatte.

Auch die Vorwürfe, die ich glaubte, gegen sie erheben zu dürfen, habe ich revidiert. So sehr Mihail und ich unter ihrer resoluten Art gelitten haben: Ohne sie hätten wir den Krieg nicht überlebt. Das beweist der Umstand, wie sie in Schlesien mit dem jungen Leutnant umgesprungen ist. Ohne ihre Nötigung hätte er vielleicht nicht das Wagnis auf sich genommen zurückzukommen, um uns und andere Mütter mit Kindern in Sicherheit zu bringen. Und so haben Mutter und ich miteinander Frieden geschlossen.

Das neue Jahrtausend im Spiegel des Tausendjährigen Reichs

Nachdem ich meine berufliche Laufbahn als Sonderschul-Lehrerin abgeschlossen hatte, haben mich die damaligen Ereignisse wieder so bedrängt, dass ich das Gespräch mit einer Psychologin suchte. Als ich auf meinen Bruder Mihail und dessen Kaninchen Hansi zu sprechen kam, sagte sie in scharfem Tonfall: „Hat man euch damals nicht beigebracht, dass Kinder Erwachsenen bedingungslos zu gehorchen haben? Und wie wichtig es für Erwachsene ist, Fleisch zu essen? Besonders in einer so schwierigen Versorgungslage wie in einem Krieg?"

Ich war so bestürzt, dass ich mich in Ironie flüchtete, und fuhr in ihrer Gangart fort: „Sie haben ja so Recht: Kaninchen sind nichts weiter als Nutztiere, wie Hühner, Enten und Gänse, deren Schicksal es ist, für uns Menschen geschlachtet zu werden und in den Topf zu kommen."

Die Psychologin benutzte also das gleiche Argument wie die NS-Ärztin vor fünfzig Jahren. Und ich antwortete ebenfalls wie damals: „Hansi war unser Freund." Dann fügte ich hinzu: „Das Kaninchen ist meinem Bruder nachgelaufen und hat sich somit unter seinen Schutz gestellt. Daher fühlte sich mein Bruder für Hansis Leben so verantwortlich, dass er sein eigenes Leben für ihn in die Waagschale warf. Können Sie als Psychologin diesen moralischen Gesichtspunkt nicht nachvollziehen?"

Sie antwortete ungerührt: „Begriffe wie Schuld, Moral oder Verantwortung haben in der Psychologie nichts verloren. Der Psychologe trägt wie jeder andere Mensch Verantwortung nur für sich selbst …"

Die damalige NS-Ärztin und die heutige Verhaltenstherapeutin schwammen also auf der gleichen Welle, die Therapeutin war sogar noch reaktionärer. Was die Kleidung betraf, unterschieden sie sich jedoch gewaltig. Die NS-Ärztin aus dem „Tausendjährigen Reich“ trug einen weißen Kittel; die Psychologin aus den Anfängen des neuen Jahrtausends trat in schwarzer Lederkleidung auf, mit hennadurchwirkten Haaren und in voller Kriegsbemalung.

Sicher war die Therapeutin nicht repräsentativ für ihren Berufsstand. Aber für mich stand fest, dass ein Mensch meines Zuschnitts bei diesen Leuten, mit denen ich mehrfach unangenehme Erfahrungen gemacht hatte, nichts Zuträgliches findet, und so führten meine Wege an ihnen vorbei …

Ein Loch im Rhein

Meine Hoffnung, nach der Rückkehr ins Elternhaus würde ich in einer Schublade Fotos finden, auf denen ich mit Mihail zu sehen wäre, trog. Dann wurde mir klar, warum. Fast ausschließlich war ich es gewesen, die Mihail, der sich nicht gerne auf Fotos verewigen ließ, vor die Linse lockte, mit dem damals üblichen heuchlerischen Versprechen: „Wenn es Klick macht, kommt ein Vögelchen zum Vorschein.“

Schließlich entdeckte ich doch noch ein Foto, sogar ein besonders stimmungsvolles und erinnerungsträchtiges, in einem Umschlag, mit einem Brief, der an eine Nachbarin mit dem Status einer Halbjüdin abgeschickt, aber wegen angeblicher Nichtzustellbarkeit von der Post zurückgeschickt worden war.

Im Vordergrund des Fotos war Mihail als Vierjähriger zu sehen mit mir als Siebenjähriger, Hand in Hand. In einigem Abstand hinter uns folgte Mutter, in einem grauen Kostüm mit künstlicher dunkler Blume am Revers und mit einem abenteuerlichen, damals hochmodernen Gebilde auf dem Kopf, das einen Hut darstellte. Mutter ging zwischen Onkeln, Tanten und sonstigen Verwandten. Unsere Kusinen und Cousins waren nicht dabei.

Ich fragte mich, wo Vater steckte. An der Front? Oder in einem Lazarett? Nein, ich erinnerte mich genau; er war bei diesem Spaziergang am linken Rheinufer dabei. Vermutlich hatte er das Foto geschossen. Links floss der Rhein, rechts stand die Bastei, ein altes Bastionsgebäude, dessen Räume heute wie damals als Restauration geführt werden. Rechts im Hintergrund erhob sich der Dom mit seinen beiden schlanken unverwechselbaren Türmen. Am Himmel war ein Flugzeug zu erkennen, das einen Kondensstreifen hinter sich herzog, wie ein entlaufener Hund seine Leine. Auch die Leser werden später etwas erkennen, nämlich, warum ich das Foto hier so ausführlich beschrieben habe.

Nachdem dieses Foto und wohl noch andere inzwischen verlegte oder verlorene Fotos gemacht worden waren, wanderten wir weiter am Rheinufer entlang in nördlicher Richtung. Dann stiegen wir die Steinstufen einer Treppe hinauf bis zur Rheinuferstraße, überquerten sie und kehrten in Wattlers Fischerhaus ein, das immer noch existiert, im Dunstkreis der Zoobrücke, heute als Pizzeria.

Neben Wattlers Fischerhaus breitete sich ein dazugehörendes Gartencafé aus. Während unsere Familie an zwei zusammengestellten Tischen saß, Kuchen aß und Kaffee, Tee und Limonade trank, erklang das Tuten eines Rheindampfers, über dem wiederum ein Flugzeug seine Bahn zog; es herrschte 1940 ja Krieg.

Plötzlich fragte Klein-Mihail in seiner konzentrierten Art und mit tiefer Stimme, mit der er Aufmerksamkeit auf sich lenkte: „Wenn ein Schiff von einem Flieger getroffen wird und untergeht, bleibt dann im Rhein ein Loch?“

Diese Frage klang so naiv, dass sie eine Lachsalve auslöste. Mutter lächelte milder und nachsichtig. Ich kniff die Lippen zusammen. Ein Kind auszulachen, ist für mich nach wie vor der Gipfel der Gemeinheit. Vater erwiderte etwas, das sich tief in meinem Gedächtnis eingenistet hat, zumal es sich ungewollt reimte: „Dass ihr Schlaumeier – bis auf Milena – alle lacht, ist völlig unangebracht. Mein Junge hat bestimmt nicht gemeint, im Wasser bliebe für alle Zeiten ein Loch."

Ich drückte ihm verstohlen die Hand, während die Gemaßregelten ihren Gesprächsfaden wieder aufnahmen.

Mihail schien das alles nicht zu berühren, vielleicht hatte er es auch nicht mitbekommen. Jedenfalls stand er auf und tollte im Garten herum, nun seinerseits von unserer Mutter gemaßregelt. Nach Diphtherie und Windpocken hatte Mihails Herz so gelitten („etwas abgekriegt", wie Mutter es umschrieb), dass er sich ruhig verhalten sollte.

Mit Vater im Rücken versuchte er jetzt trotzig, eine Vereinbarung mit Mutter zu treffen: „Ich komme erst wieder an den Tisch, wenn ich malen darf."

Natürlich hatten wir keine entsprechenden Utensilien dabei.

Die Kellnerin, die Mihail ein frisches Glas Kinderbier brachte, eine Mischung aus Mineralwasser und Himbeersaft, sagte zu ihm: „Wenn du magst, dann bringe ich dir einen großen Bogen Papier und Buntstifte."

Mihail war Feuer und Flamme. Um sich auszubreiten, hockte er sich an einen leeren Nebentisch und malte, was seine Fantasie hergab. Als eine der Tanten einen Blick auf sein Werk werfen wollte, wehrte er energisch ab. Vielleicht hatte ihn das Gelächter doch getroffen. Nachdem er sein Bild beendet hatte, ging die Kellnerin auf ihn zu, warf ihrerseits einen Blick auf das inzwischen bunt gewordene weiße Blatt, und es entfuhr ihr ein: „Donnerwetter! Du bist ja schon ein richtiger kleiner Künstler!" In ihrem Tonfall schwang so viel echte Hochachtung mit, zumindest in meinen Ohren, als sei meinem Herzblatt ein kleines Meisterwerk gelungen. Ob er es merkte, konnte ich nicht beurteilen, aber mir, die ich immer noch darunter litt, dass er ausgelacht worden war, tat es gut.

Mit einem triumphierenden Seitenblick auf unsere Tisch-Gesellschaft sagte Mihail zu der Kellnerin: „Du bist nett. Das schenke ich dir." Dann schob er ihr das Blatt zu. Also war die symbolische Ohrfeige an ihm nicht spurlos vorübergegangen, sie hatte ihn getroffen, zumindest gestreift.

Die Kellnerin sah unsicher zu uns herüber, und mein Vater ermutigte sie: „Nehmen Sie ruhig. Der Kleine ist großzügiger als die meisten Erwachsenen." Woraufhin die Kellnerin meinem Mihail übers borstige Haar strich, sich bedankte und mit dem Blatt und den Stiften verschwand.

Bis heute begreife ich nicht, warum ich nicht wenigstens einen Blick auf die Zeichnung geworfen habe, was später zu einer erheblichen Irritation führen sollte …

Sechzig Jahre später

Im Sommer 2001 wurde meine geistig noch sehr rege Mutter neunzig Jahre alt. An ihrem Geburtstag machten wir Arm in Arm einen Spaziergang durch den Botanischen Garten und den Zoo, für den sie seit Jahren eine Dauerkarte besaß. Außerdem hatte sie die Patenschaft über einen kleinen Pandabären übernommen.

Nach dem Zoobesuch wanderten wir langsam zum Rhein hinunter, unter der Seilbahn und der Auffahrt zur Zoobrücke hindurch zu Wattlers Fischerhaus.

Jahrelang stillgelegt, wurde es inzwischen unter neuem Namen wieder bewirtschaftet, und wir setzten uns. An einem Gartentisch ergab sich wie von selbst, dass wir von alten Zeiten sprachen.

Während Mutter sich genüsslich ein Stück Schwarzwälder Kirschtorte zu Gemüte führte, sagte sie, wie um sich zu entschuldigen: „Die Torte brauche ich nicht zu beißen, sie rutscht von selbst hinunter – wie ein kleines Kind eine Rutschbahn."

Ich konnte mir einen kleine Stichelei nicht verkneifen: „In den letzten Jahren hast du auch sonst den Biss verloren."

Sie drohte mir mit dem Zeigefinger, aber es war nur eine Geste. Sie hatte sich tatsächlich stark verändert und war anders als früher, ohne etwas von ihnen zu fordern, auf Menschen zugegangen, besonders auf Kinder. Kaum hatten wir jetzt darüber gesprochen, da trippelte ein kleiner Junge auf uns zu und sprach Mutter in einer Sprache an, die ich nicht verstand. Wie selbstverständlich antwortete Mutter ihm mit einem Schwall von Worten in seiner Sprache, die ich erst allmählich als Türkisch identifizierte. Dass Mutter sich zumindest notdürftig in einigen Sprachen verständigen konnte, wusste ich. Aber dass sie auch türkisch sprach, dem Anschein nach fließend, überraschte mich.

Nachdem der Junge zu seinen Eltern zurückgelaufen war, erklärte sie: „In Baku, wo ich als junges Mädchen mit Eltern und Geschwistern einige Jahre lang zugebracht habe, lebten wie heutzutage mehr als dreißig Prozent Türken, und so habe ich von deren Kindern auf der Straße die Sprache gelernt wie Russisch von den Russen …"

Meine Bewunderung mischte sich mit Unmut, und ich mäkelte: „Das hättest du mir sagen sollen, wie so manches andere, was du unter den Teppich gekehrt hast."

Da antworte sie in kläglichem Tonfall, den ich noch nie an ihr gehört hatte: „Warum bis du denn immer so streng mit mir? Ich liebe dich doch!"

Dieses Geständnis hatte sie mir noch nie gemacht, und ich war irritiert, aber auch so gerührt, dass ich beschloss, sie ab jetzt pfleglicher zu behandeln …

Irgendwann ging ich ins Haus. Auf dem Weg zum „Stillen Örtchen" sah ich an einer Wand etliche Kinderzeichnungen und entdeckte hinter Glas eine besonders bunte Zeichnung, bei deren Anblick mir ein siedender Schauer über den Nacken rieselte, zumal die Zeichnung rechts unten mit einem kleinen grünen Hufeisen signiert war, dem Signum vom kleinen Mihail! Ich dachte: ‚Wahnsinn! Die jeweiligen Inhaber vom Fischerhaus haben die Zeichnung hängen lassen – über sechzig Jahre hinweg! Aber wieso ist sie mir nie aufgefallen? Und wäre Mihail am Leben geblieben und ein berühmter Maler geworden, dann wäre die kleine Zeichnung vermutlich unbezahlbar, zumindest eine Sensation.' Für mich bedeutete sie auch als bloße Erinnerung ein Millionen-Vermögen.

Ich fragte Federico, den vorbeikommenden Kellner, ob ich die Zeichnung kurz mit in den Garten nehmen und jemandem zeigen dürfe. Er schmunzelte und sagte in einem leichten italienischen Akzent: „Selbstverständlich, gnädige Frau, es wird den Maler freuen."

Wie bei vielen betagten Menschen hatte Mutters Kurzzeitgedächtnis erheblich gelitten, aber ihr Langzeitgedächtnis war so intakt, dass sie sich sofort wieder wehmütig daran erinnerte, was damals passiert war, jedoch nicht an die Zeichnung; wir hatten sie ja nicht gesehen. Auf den ersten Blick hin sah die Zeichnung aus, wie von dem Foto abgemalt, und ich verglich sie mit dem Foto, das ich stets bei mir trug wie einen Siegelring: im Vordergrund, Hand in Hand, Mihail und ich, allerdings nur mit Strichen angedeutet; dahinter Mutter im Kostüm, eingerahmt von weiteren Strichmännchen und Frauen. Vorne rechts die Bastei, kurz dahinter der Dom, diese Gebäude, wiederum mit Strichen, relativ anschaulich. Auch das Flugzeug am Himmel war zu sehen, aber kein Kondensstreifen: es klinkte etwas aus; kein Zweifel, was das sein sollte: Bomben. Und die Bomben trafen ein Schiff mitten auf dem Rhein.

Plötzlich kam Beate zu uns an den Tisch, eine junge Studentin, die hier in Stoßzeiten aushalf und auf einen Sprung vorbeigekommen war. Wir hatten uns mehrfach toll miteinander unterhalten. Jetzt sagte sie zu mir, wobei sie auf die Zeichnung deutete: „Federico hat mir erzählt, dass Sie sich die Zeichnung kurz ausgeliehen haben. Bemerkenswert von der Hand eines kleinen Kindes, nicht wahr? Dahinter verbirgt sich auch eine brisante Geschichte. Wenn Sie und ihre Mutter Appetit haben, tische ich sie Ihnen gerne auf.“

Natürlich waren wir gespannt darauf, was Beate davon zu wissen glaubte. Um sie nicht zu irritieren, steckte ich das Foto heimlich weg, während sie bereits erzählte: „In den vierziger Jahren hat meine Großmutter als junge Frau hier serviert – ich setze also unsere Familientradition in der dritten Generation fort – und Großmutter hat mir folgendes erzählt: Irgendwann im Sommer des zweiten Kriegsjahres 1940 hat sich eine große Familie an zwei Tischen hier niedergelassen. Es war aber nur ein Kind dabei: ein etwa vier- bis fünfjähriger Junge. Plötzlich fragte der Kleine so laut und deutlich, dass meine Großmutter es am Nebentisch mitbekam, an dem sie soeben kassierte: ‚Wenn ein Schiff untergeht, bleibt dann ein Loch im Rhein …?‘“

Trotz des warmen Wetters bekam ich eine Gänsehaut auf den Armen, und ich sah, wie Mutters linke Hand zitterte, während Beate in ihren Erinnerungen schwelgte: „Alle haben gelacht bis auf den Vater und die große Schwester des Jungen …“

Beate erzählte nun nahezu haarklein, was wir wussten, woraufhin Mutters linke Hand so stark zitterte, dass sie diese mit der rechten festhalten musste.

Irgendwann fragte ich Beate, vor Spannung fast berstend, was sie als Außenstehende an dieser Geschichte faszinieren würde.

Da antwortete sie: „Der Kleine, ich glaube, er hatte einen tschechischen Vornamen, Milos oder so ähnlich. Das war zu dieser Zeit noch kein Stein des Anstoßes im Hitlerregime … Also, er hat zeichnerisch das umgesetzt, was er noch nicht in Worte kleiden konnte. – Sehen Sie hier das Schiff auf der Zeichnung, mitten auf dem Rhein? Es wird aus einem Flugzeug bombardiert und geht unter. Aber nicht wie die Titanic, die sich auf die Seite legte, nachdem sie von einem Eisberg aufgeschlitzt worden war. Der Bug des Rheindampfers frisst sich ins Flussbett. Und dort entsteht jenes Loch, das der Junge sich wohl vorgestellt hatte. Aber er wusste noch nicht, dass ein Loch im Flussbett nach Bergung eines Schiffes durch den Strom innerhalb weniger Minuten mit Geröll und Schlick wieder zugeschüttet sein würde …"

Mutter und ich waren sprachlos. So weit wie Beate, also eine völlig Fremde, hatte keiner von uns gedacht. Und wir waren noch erstaunter, als Beate hinzufügte: „Ich studiere Kinder-Psychologie und habe die Frage des Jungen zum Thema meiner Diplomarbeit gemacht und die Zeichnung mit einbezogen."

Spätestens jetzt war es für Mutter und mich Zeit, die Karten auf den Tisch zu legen, und nun war Beate erstaunt. Sie staunte sogar „Bauklötze", wie Mutter es später umschrieb. Und Beate bot uns an, uns eine Kopie ihrer Arbeit zukommen zu lassen …

Kaum jemals haben Mutter und ich eine so seltsame Mischung aus Freude und Wehmut empfunden wie während dieser Geburtstagsstunden, und auch Beate ging es nahe, dass Mihail nicht mehr lebte, zumal ich das Foto wieder auf den Tisch legte und ihr Mihail zeigte, den sie nur aus der Beschreibung ihrer Oma kannte.

Diese hatte die Zeichnung damals mit heimgenommen, und Beate hatte erst kürzlich nach Sanierung des Fischerhauses und dem Tod ihrer Großmutter die Zeichnung vorübergehend zwischen anderen Kinderzeichnungen neueren Datums – aber mit ähnlichen Motiven – an die Wand geheftet, um zu sehen, ob den Betrachtern der „Fremdling" auffiele.

Nachdem Beate sich einstweilen von uns verabschiedet hatte, entdeckte Mutter einen weiteren Unterschied zwischen Zeichnung und Foto. Im Hintergrund der Zeichnung war die Hohenzollernbrücke zu sehen, die den Rhein zwischen Dom und Messeturm überspannt; auf dem Foto nicht. In der Realität macht der Rhein nämlich aus Sicht der Bastei einen Knick, sodass von hier aus die Hohenzollernbrücke nicht zu sehen ist. Trotzdem hatte Mihail sie auf der Zeichnung verewigt, und Mutter sagte lächelnd: „Werten wir es als künstlerische Freiheit deines kleinen Bruders, genauso wie das untergehende Schiff, das sich in den Rheinboden gräbt …“

Selbstanklagen

Dann wurde sie von einer Sekunde auf die andere bitterernst und klagte: „Wegen einem einzigen Wort aus vier Buchstaben, das ein Vierjähriger vergessen hat, haben wir ihn mit einer Lachsalve an die Wand genagelt. So eine Schande! Für die gesamte Familie! Aber vor allem für mich, seine Mutter!“

Ich ging davon, sie sei so mitgenommen, dass sie etwas durcheinander gebracht hätte, und so fragte ich: „Welches Wort mit vier Buchstaben?“

Da antwortete sie: „Bett. Er hat das Rhein-Bett gemeint und fand das Wort nicht oder hat es noch nicht gekannt. So blieb ihm nichts anders übrig, als es mit einer Zeichnung zu übersetzen, und wir haben sie uns nicht einmal angesehen!“

Ich wollte sie beschwichtigen, aber sie stürzte sich immer tiefer in den Abgrund ihrer Selbstvorwürfe wie eine Lebensmüde von einer Rheinbrücke: „Damit nicht genug, habe ich ihm Jahre später die Sonderrationen von Lebensmitteln gestohlen, das heißt, weggegessen. Auch während der Evakuierung in Thüringen konnte ich meine Essgier nicht zügeln. So ließ ich es zu, dass sein geliebtes Kaninchen Hansi geschlachtet wurde, und so habe ich meinen Jungen, deinen geliebten Bruder, umgebracht!“

Mutters linke Hand zuckte so stark, dass sie eine Kaffeetasse umwarf, wodurch sich ein Rest Kaffee über den Tisch ergoss.

Ich umklammerte Mutters Hand; und um Mutter, die ich noch nie so selbstkritisch, ja selbstzerfleischend erlebt hatte, weiter vor sich selbst zu schützen, griff ich mich selbst an: „Und ich habe ein Foto geschossen, das seinen Tod festhielt und es dir unter den Weihnachtsbaum gelegt: Das war niederträchtig, verschlagen und heimtückisch und stellt deine Verfehlungen tief in den Schatten."

Mutter schüttelte den Kopf, aber ich setzte nach: „Doch! Du hast nicht bedacht, was du anrichten würdest, aber ich habe mit Absicht gehandelt, um dich zu verletzen. Dass es so tief greifen würde, wollte ich natürlich nicht. Und ich habe zu deinen Gunsten noch etwas in die Waagschale zu werfen, das zentnerschwer wiegt: Ohne dich hätten wir den Krieg nicht überlebt!"

Da Mutter mich irritiert ansah, erklärte ich ihr, worauf ich abzielte, mit der durch ihre Nötigung eines Leutnants ermöglichten Flucht aus Schlesien. Trotzdem holte Mutter zu einem weiteren Schlag gegen sich selbst aus:

„Das war selbstverständlich und zählt nicht. Jetzt weiß ich wenigstens, warum ich mit so einem exzellenten Langzeit-Gedächtnis geschlagen bin: damit ich mich bis zum Jüngsten Tag daran erinnere, was ich getan habe!"

Auch dieses Argument wollte ich entkräften, nicht nur mit Worten, auch, indem ich ihre zitternde Hand noch stärker drückte.

Ein Rettungsanker aus Italien

Plötzlich stand Federico an unserem Tisch und sagte: „Scusi, meine Damen, entschuldigen Sie. In meiner Position ist es eigentlich ungehörig, sich bei Gästen einzumischen. Aber bei ihrer enormen Ähnlichkeit ist es offensichtlich, dass Sie Mutter und Tochter sind. Und ein so starkes Familienband – Hand in Hand – findet man sonst nur bei uns – in Bella Italia!"

Er lachte, wir lächelten gequält, und so war der Druck ein wenig gemildert.

Dann sah Federico die Kaffeelache auf dem Tisch und wischte sie so intensiv ab, als wollte er alles wegwischen, was uns belastete. Bevor ich Federico die Zeichnung zurückgab (die Beate uns später im Original abtrat, während sie sich selbst mit einer Kopie begnügte), entdeckte ich darauf noch etwas und sagte zu Mutter, um ihre düsteren Gedanken zu verscheuchen: „Sieh mal. Dem Schiffsuntergang hat unser Mihail etwas Lustiges entgegengesetzt, symptomatisch für den Zwiespalt zwischen seinem melancholischen und sanguinischen Temperament, die beide für ihn typisch waren."

Während Mutter sich tief über die Zeichnung beugte, zeigte ich auf etwas, das er als inhaltlichen künstlerischen Kontrast zu dem untergehenden Schiff in Ufernähe gezeichnet hatte: eine kleine Ente, das Köpfchen im Wasser und das Schwänzchen in die Höh', wie in dem alten Kinderlied, das Mihail oft gesungen hatte. Da fügte sie hinzu: „In diesem Zusammenhang fällt mir etwas ein, das du wahrscheinlich nicht weißt, weil du nicht dabei warst", und sie fing an zu erzählen …

Rückschau auf die Zeit kurz vor dem 2.Weltkrieg

Wie schon mehrfach erwähnt, musste mein Bruder etliche gesundheitliche Handicaps verkraften, einige schon von Geburt an. So lernte er wesentlich später als die meisten Kinder laufen und sprechen. Vielleicht hing dies auch mit unseren verqueren familiären Verhältnissen zusammen. Unser Vater führte das Leben eines Nomaden, indem er seinem Beruf als Küchenchef in den vornehmsten Häusern Großdeutschlands, der

Schweiz und Italiens nachging. Zu stolz, ihn ständig an seine Unterhaltspflicht für sie, Mihail und mich zu erinnern, kehrte Mutter in ihren Beruf als Direktrice von „BP“, einem führenden Betrieb der Bekleidungsindustrie zurück, der inzwischen in einen Rüstungsbetrieb umfunktioniert worden war, in dem vorwiegend Uniformen hergestellt wurden. Nach dem Krieg zu seinen Wurzeln zurückgekehrt, produziert BP wieder ausschließlich Berufskleidung und floriert heute wieder wie vor fast einhundert Jahren. Zurück zu den Vierzigerjahren: Wir Kinder blieben auf der Strecke. Auch wegen des Krieges wurde ich längere Zeit zu Verwandten ins Bergische Land expediert; Mihail verbrachte seine Kleinkindzeit öfter in Krankenhäusern als daheim, wanderte zwischenzeitlich von einer Pflegefamilie zur anderen und verbrachte ein ganzes Jahr lang in Münstereifel bei Verwandten von Mutters Kollegin und Freundin Sophia, die uns später in Thüringen mit offenen Armen empfing. Vermutlich wurde mit Mihail so wenig gesprochen, dass er von sich aus sehr spät zu sprechen begann. Immerhin hat Mutter, wenn sie ihn an Wochenenden von den jeweiligen Pflegestellen heimholte, mit ihrer volltönenden Altstimme oft alle möglichen Lieder vorgesungen, was ihn beeinflusst haben mag, ihm aber auf jeden Fall sehr gefiel …

Eines Sonntagnachmittags – in der Zeit, als Mihail noch daheim war, etwa kurz vor Kriegsbeginn – waren Mutter und er bei Irene, einer von Mutters weiteren Freundinnen, eingeladen, die ein Haus im Grünen hatte, und sie saßen im Garten. Inzwischen brannte die Sonne erbarmungslos, außerdem war es so schwül, dass Mutter unseren Kleinen sicherheitshalber ins Haus brachte, zumal es ihm bei tropischen Temperaturen oft übel wurde, worunter er sein kurzes Leben lang litt.

Irene ging ins Haus und holte Erfrischungsgetränke. Irgendwann erklang Musik, genauer gesagt, es erklang ein Lied, und zwar das Kinderlied „Fuchs, du hast die Gans gestohlen". Mutter fragte Irene, ob sie im Haus den Volksempfänger eingeschaltet hätte; Irene verneinte und deutete auf das Nachbarhaus. Wobei den Damen auffiel, dass das Liedchen „a cappella" präsentiert wurde, also nur gesungen, ohne instrumentale Begleitung. Dann folgte seltsamerweise das Lied „Alle meine Entchen" nach derselben Melodie – und erneut a capella.

Irenes Schwester sagte: „Es ist ausgeschlossen, dass der Sender seinen Hörern kommentarlos solche Lieder zumutet." Da fielen dem Damenkränzchen fiktive Horch-Klappen von den Ohren: Vermutlich war es der Nachbarsjunge, der die Lieder sang. Doch es erhob sich erneut Widerspruch: „Ein Zehnjähriger singt doch nicht solche Kleinkinderlieder – obwohl der dunklen Stimme nach könnte es der Junge trotzdem sein."

Da fiel Irene ein, dass die gesamte Nachbarsfamilie einen Sonntagsausflug mit Fahrrädern unternahm, einschließlich oder sogar auf Bitten des Jungen hin.

Endlich raffte sich die von der Sonne und drohender Gewitterschwüle müde Damengesellschaft auf und bequemte sich vollzählig zum Zaun hin, der das Grundstück von Irene zum Nachbarsgrundstück hin abgrenzte. Unsere Mutter hatte nur zwei- oder dreimal ihre Freundin besucht und noch keinen Blick zu den Nachbarn geworfen, und so wusste sie nicht, dass dieses Grundstück an einen Waldstreifen anschloss und Platz für einen kleinen Teich hatte.

Am Ufer dieses kleinen Teichs saß seelenruhig, nunmehr wieder singend, niemand anderes als Klein-Mihail, wobei er seine Gummiquietschente gewassert hatte und zusah, wie sie mit Windunterstützung am Ufer entlangschwamm.

Wie er aus dem Haus durch den Zaun auf das Nachbar-Grundstück an den Teich gelangt war, hatte die kaffeesüchtige, unterhaltungsfreudige Damenriege nicht mitbekommen. Aber eines wussten alle: Klein-Mihail hatte bisher kein einziges Wort von sich gegeben, nicht einmal die Worte Vati und Mutti, und jetzt sang er zwei Lieder mit vollständigem Text. Und er war umso weniger zu identifizieren, da seine Stimme im Vergleich zu Kindern seines Alters ausgesprochen dunkel klang.

Von dieser, seiner ersten verbalen Äußerung an hatte er eine Altstimme und hätte sich laut Prognose seines Kinderarztes bei weiterer natürlicher Entwicklung aufgrund einer Überlänge seiner Stimmbänder schon etwa ab dem 14. Lebensjahr in den Niederungen des Kellerbasses oder sogar des schwarzen Basses wiedergefunden …

Nachklang

Ein Zeitsprung nach vorn zu Wattlers Fischerhaus im neuen Jahrtausend. Plötzlich stach mir auf Mihails Zeichnung die mit Stichen und Bögen angedeutete Hohenzollernbrücke ins Auge. Dadurch wurde mir bewusst, dass mir die Erinnerung einen Streich gespielt hatte. Als wir Anfang Dezember 1945 nach Köln zurückkehrten, fuhr uns ein eisiger Schreck in die Glieder. Die elegant geschwungenen Bögen der Brücke waren in Schieflage geraten; der mittlere Bogen hing sogar im Wasser wie der gebrochene Flügel eines Schwans. Um den Alliierten die Überquerung des Rheins zu erschweren, war die Brücke von Pionieren der Deutschen Wehrmacht gesprengt worden. Und so blieb uns nichts anderes übrig, als uns mit schlotternden Knien über ein von Regen und Nebel schlüpfrig gewordenes schwankendes Holzprovisorium auf die linke Rheinseite zu quälen, und erst vom Ufer aus sahen wir, dass der Dom zwar schwere Schäden erlitten hatte, dass aber die beiden Türme noch standen …

Hans Meyer

Kriegsende in Butzbach am 29.3.1945

In der Bevölkerung war bereits bekannt geworden, dass eine Kolonne Amerikaner unaufhaltsam auf Butzbach zurollte. Wir hatten nur zu warten. Drei deutsche Panzer rasselten flüchtend am Hause vorbei. Kein Winken, nur Schweigen. Nach den letzten Häusern fanden wir sie später am Straßenrand. Wahrscheinlich waren sie aus Treibstoffmangel verlassen worden. Sporadisch erschienen noch bewaffnete deutsche Soldaten zu Fuß oder auf Fahrzeugen, in kleinen Gruppen, die sich Richtung Gießen vom Feind absetzten. Eine gewisse Hast begleitete sie. Sie alle hatten eine bedrückte Haltung. Es war doch so viel von Heldentum geredet worden! Das machte mich traurig und nachdenklich.

Am Vorabend des letzten Tages ging es von Mund zu Mund, dass die Reithalle am Viehmarkt geöffnet werde, damit sich die Bewohner an den dort reichhaltig lagernden Vorräten des deutschen Militärs bedienen könnten. Das Volk, und ich darunter, wir warteten in respektvollem Abstand auf die Toröffnung. Erst Tage später sickerte durch, dass währenddessen ein heißer Meinungs- und Machtkampf zwischen örtlicher Militärführung, leitenden Parteigenossen und Zivilverwaltung stattfand, ob nun das Elektrizitätswerk neben der Reithalle und folglich das umstehende Volk als letzter Verteidigungsakt in die Luft zu sprengen sei. Die Falken verloren und setzten sich ab.

Beim Öffnen der Tore rannte ich nach Hause, die Familie zu holen. Alle folgten meinem Rufen, Kinder und Erwachsene, auch unser französischer Mitbewohner, Mr. Orsoni. In der Reithalle regierte nur die Gier der Menschen. Sie rafften, was immer sie erreichten. Wir gingen trotz des Zeitdrucks etwas wählerisch vor. Ballen grauer Strickwolle, Militärmäntel und -jacken, Decken, hohe Filzstiefel für den Winter, das waren die Dinge, die wir hauptsächlich mitschleppten. Unser Franzose half uns beim Tragen. Ich, in meiner heißen Liebe zu den deutschen Soldaten, ich nahm auch Koppel, d. h. Gürtel, Patronentaschen, dreieckige Zeltbahnen sowie Tornister mit nach Hause.

Am nächsten Morgen, dem 29. 3. 1945, erwarteten wir bangen Herzens die leider siegreichen Gegner. Wir standen im Schutz der Fenster im oberen Stockwerk. Endlich erschienen die ersten amerikanischen Soldaten, vom Viehmarkt her kommend, auf jeder Seite der Straße im Gänsemarsch, die Waffe in der Armbeuge, den Finger sicherlich am Abzug. Genau so, wie es am Tag der Deutschen Wehrmacht von unseren Soldaten auf dem Übungsplatz der Kaserne dem Volk in Siegesstimmung vorgeführt worden war. Jetzt waren es die wirklichen Feinde. Und die in Siegesstimmung. Kleine, voll besetzte Mannschaftswagen, Jeeps mit schussbereiten MGs, d. h. Maschinengewehren, folgten. Dann die ersten Panzer. Ich sah auf der anderen Straßenseite Richtung Viehmarkt eine Familie vor ihrem Haus stehen. Zu meinem Entsetzen, die winkten dem Feind zu!

Die großartig tönenden Propagandasprüche, die wir Kinder auswendig gelernt hatten, sie zerplatzten wie die schillernden Seifenblasen:

„Das Tausendjährige Reich“ war wohl der begeisterte Ruf und Vorsatz der ersten Stunde nach der Machtübernahme nur zwölf Jahre zuvor.

„Wo können die Autos am schnellsten rasen? Auf Adolf Hitlers Autostraßen!“, so lauteten Frage und Antwort in einem meiner Spiele mit Würfel und Figuren. Das stammte noch aus der Vorkriegszeit, als die wichtigsten Autobahnen gebaut worden waren.

„Ein Kampf, ein Reich, ein Führer!“ zum Kriegsanfang.

„Räder müssen rollen für den Sieg!“, als die Versorgung der Zivilbevölkerung nachließ.

„Der totale Krieg!“, als die letzten alten Männer und die Jungen von der Schulbank weg zur Front geworfen wurden.

Wir hörten noch für zwei oder drei Tage sporadische Schießereien, deren Widerhall aus der höher gelegenen Waldgegend zu uns heruntergeweht wurde. Es endete jedes Mal damit, dass eine Gruppe abgekämpfter deutscher Soldaten, manchmal mit hängenden Armen, manchmal mit hinterm Kopf verschränkten Händen an unserem Haus von schwer bewaffneten Amerikanern vorbeigetrieben wurden.

Die amerikanische Truppe belegte sofort die beiden Schulgebäude und die Turnhalle hinter unserem Anwesen. Es war ein sonniger, milder Märztag. Ich stand zwischen den Gemüsebeeten im Garten und starrte unverwandt auf das mehrstöckige Gebäude der Volksschule, dessen Front in gebrochenem Weiß gemalt war, was folglich jede dunkelfarbige Komponente der Fassade hervorhob. In den vielen Fenstern aller Stockwerke saßen die amerikanischen Soldaten mit nacktem Oberkörper und ließen die Füße baumelnd lüften. Und diese Oberkörper waren alle schwarz, die Köpfe, die Beine, die Arme auch. Ich konnte es kaum als wirklich nehmen!

Während der nächsten Tage sah ich am Himmel mehrmals ein einmotoriges Sportflugzeug mit hoch liegenden Tragflächen kreisen. Es hatte die langen Beine des Fahrwerks ausgestreckt wie ein Storch beim Landen. Natürlich war das ein „Fieselerstorch“, urteilte ich unsachverständig. Dieses berühmte dreisitzige Sportflugzeug, mit dem wir Deutschen den italienischen Führer Benito Mussolini in Italien glorreich aus der Gefangenschaft in einem Berghotel befreiten. Eine Glanzleistung unserer Luftwaffe im Oktober 1943. Also war doch noch Hoffnung in der Luft …

Wenig später lernte ich die neueste Sprachregelung:

„Wir sind befreit worden.“

Neue Maßstäbe

Mit der offiziellen Kapitulation unserer Wehrmacht im Mai 1945 war der Krieg tatsächlich beendet. Unser Land wurde in „Besatzungszonen“ aufgeteilt. Jeder der alliierten Sieger nahm sich eine Zone zum Regieren. Die Russen hatten den größten Teil, den Osten, an sich gerissen. Die Franzosen beherrschten, wie nach dem Ersten Weltkrieg, einen wichtigen Teil des linken Rheinufers, was für uns abermals schmachvoll war. Denn der Rhein war im Laufe der neueren politischen Entwicklungsgeschichte zu einem deutschen Vaterlandssymbol gegen Frankreich erhöht worden. Die Engländer hatten Norddeutschland genommen und die Amerikaner den großen Rest im südlicheren Teil des verbliebenen Landes. Dem Hörensagen nach war die Regierungsweise der Amerikaner die erträglichste. Butzbach zählte zur „Amerikanischen Besatzungszone“. Innerhalb unserer Zone gestattete man uns recht bald normale Bewegungsfreiheit, die jedoch durch die fehlenden Zugverbindungen und Autos anfänglich eingeengt war.

„Off Limits“ stand auf einem Schild geschrieben, das unsere „Befreier“ von heute auf morgen am Eingang der Gartenwirtschaft neben unserem Anwesen angebracht hatten. Danach sah ich ein weiteres an der Türe zum „Café D-Zug“. Das war meine bevorzugte Eisdiele gewesen, so lang und schmal wie der Speisewagen vom D-Zug. Weitere „Off Limits“ erschienen an vereinzelten offenen Tankstellen und vor dem Eingangstor jeder der beiden Kasernen. Wir erfuhren, dass die Worte „Zutritt verboten“ bedeuteten, und zwar nicht für die Amerikaner, Beherrscher der englischen Sprache, sondern spezifisch für alle Deutschen und andere Menschen, die nicht Amerikaner waren. Demnach waren die „Befreiten“ dort ausgeschlossen. Das Englisch begann, ins Deutsche einzusickern. Eine weitere, eine weiße Neuerung stach in die Augen. In der Schloss-Kaserne wie auch in der Schrenzer-Kaserne waren plötzlich die Randsteine der Fuß- und Fahrwege, die Prellsteine an den Hausecken, die Stämme der Bäume weiß getüncht worden. Auch in dem Areal der Fabrik Pintsch-Bamag, wo die Panzer repariert wurden, also immer dort, wo die neuen Herren sich imperativ eingenistet hatten. Augenscheinlich hatten amerikanische Soldaten beschränkte Sehfähigkeit, besonders des Nachts, im Gegensatz zu unseren Ex-Soldaten, die offenbar auch ohne weiße Tünche weder gestolpert noch angestoßen sind.

Ab Mitte des Krieges waren es die „Ausgebombten" anderer Orte, die neuen Wohnraum beanspruchten. Später, gegen Kriegsende, kam der Strom der Flüchtlinge aus den Kampfgebieten hinzu und schließlich die Welle der Vertriebenen aus an die Sieger verlorenen deutschen Landen im Osten. Eine gewaltige Volksverpflanzung. Schon vor und auch nach Beendigung des Krieges hatten es unsere Behörden mit deutscher Gründlichkeit unternommen, jeden nur möglichen oder als überflüssig erachteten Wohnraum zu entdecken und zu erfassen. Er wurde zwangsweise belegt mit Menschen aus diesen drei Gruppen. Unser Anwesen hatte plötzlich mehr Mieter als je zuvor, darunter auch jene Frau, die ein „Korselettche" benötigte und zwei Töchter von üppiger Weiblichkeit hatte. Im Stockwerk über der alten Waschküche und dem Kuhstall hatten zwei winzige Zimmer leer gestanden, die einst den Stallburschen zum Schlafen gedient hatten. Dort lebten, kochten, wohnten sie, seit sie in Frankfurt ihr Heim verloren hatten. Die beiden Mädchen erkannten nach Kriegsende sofort die Möglichkeiten der neuen Wirtschaftslage. Sie stellten direkte und enge Verbindungen mit den Besatzungssoldaten her, ohne rassistische Vorurteile. Uns kam es zugute, als die befreiten einstigen Zwangsarbeiter bei uns zum Plündern auf dem Hof erschienen. Die Mädchen besorgten die schwarze

Militärpolizei, die aber nicht mehr einzuschreiten brauchte, da unser französischer Mieter, Mr. Orsoni, seines Zeichens auch Zwangsarbeiter, die anderen Fremdlinge bereits zum Weggehen überredet hatte.

Unser Geld, die Reichsmark, zirkulierte zwar weiterhin, hatte aber bei Weitem nicht die Kaufkraft der neuen, vom Volk eingesetzten „Zigarettenwährung". Gegen amerikanische Zigaretten war so gut wie alles zu haben, insbesondere viele der sowieso knappen Nahrungsmittel, die über Nacht aus den Läden verschwunden waren. Der Tauschhandel blühte intensiv auf, z. B. Teppiche gegen Kartoffeln, Betttücher gegen rohe Körner von Weizen oder Roggen, Porzellan gegen Eier und so fort. Besonders die Bauern füllten ihre Schränke. Von der Notlage diktiert, regierte das Tätigkeitswort „organisieren" in allen Bereichen des täglichen Lebens. „Organisieren" von allem, was fehlte, war an die Stelle von „beschaffen", auch von „heimlich mitnehmen", sogar von „gegen das Gesetz handeln" getreten. Mit „organisieren" verbarg man geschickt die Herkunft der Ware, sei sie mit Geld, mit Zigaretten oder mit Gegenware bezahlt oder billig entwendet, d. h. gestohlen worden. Die allgemeine Moral hatte sich angepasst, eine bequemere Wertskala geschaffen.

Das vergangene Regime des sogenannten „Dritten Reiches" hatte gleich zu seinem Regierungsbeginn allen Volksgenossen unmissverständlich befohlen, Ahnenforschung zu betreiben, um den schriftlichen Nachweis zu erbringen, dass vor Generationen kein jüdisches Blut in die arischen, völkisch reinen Adern ihrer Familie eingesickert war. Andernfalls hatten die Betroffenen einen weithin sichtbaren gelben „Judenstern" auf Hemd, Bluse, Kleid, Jacke oder Mantel zu tragen. Die Militärregierung der alliierten Eroberer und Befreier, zwölf Jahre später, verfolgte die Träger der abgesetzten Regierungspartei NSDAP, die jetzt „Nazi-Partei" genannt wurde. Sie verlangte von den volljährigen, besiegten Deutschen ihrer Zone die ausführliche Beantwortung in deutscher Sprache eines speziellen Fragebogens mit über 130 Fragen, in englischer und deutscher Sprache gestellt. Fragen über alles ab Geburt bis zur Gegenwart, über Eltern und Vorfahren, schulische und professionelle Erziehung, über Tätigkeit, politische Einstellung und viele andere ernste und lächerliche Themen. Die eidesstattlichen Antworten sollten zur „Entnazifizierung" und der damit verbundenen „Demokratisierung" des deutschen Menschen dienen.

Der deutsche Schriftsteller Ernst v. Salomon beantwortete in seinem Buch „Der Fragebogen" jede Frage. Eine damals kühne und ausgesprochen lehrreiche Darstellung der deutschen Geschichte von vor 1900 bis 1945, auf der Basis seiner persönlichen Erlebnisse. Erschienen im Rowohlt Verlag und übersetzt bei einem Verlag in England.

Es begann eine Hexenjagd auf die ehemaligen Parteigenossen, nunmehr zu „Nazis" gestempelt. Wer keinen „Entnazifizierungsbescheid" vorlegen konnte, allgemein nach dem beliebtesten Waschmittel Persil als „Persilschein" bezeichnet, dem wurde jede Arbeitsanstellung verweigert. Die Parteibonzen, das waren die „dicken Nazis", die blieben bis zur juristischen „Reinigung" eingesperrt. Die „kleineren Nazis" bemühten sich, vor der Behörde ihre Unschuld, ihr Von-nichts-etwas-Wissen nachzuweisen. Diejenigen, die der regierenden Partei der NSDAP nur beigetreten waren, um eine Arbeitsstelle zu behalten oder zu finden, die wurden gnädigerweise als „Mitläufer" eingestuft. Während dieses Reinigungsprozesses kamen viel Feigheit und charakterlicher Schmutz an die Oberfläche. Rechts neben der Straße, die zum Schrenzer hochführte, verbarg sich hinter vielen Bäumen ein Komplex gelblicher Bauten. Er umfasste das wuchtige Zuchthaus und die Wohnhäuser der Angestellten. Das Zuchthaus ähnelte einer mittelalterlichen Burganlage mit hohen

Mauern, dennoch überragt von Gebäuden mit vielen kleinen Fenstern der Zellen der Gefangenen. Es war ursprünglich für Schwerverbrecher bestimmt, wurde jedoch dann für politische Gegner des Nazi-Regimes verwendet. Hier hatten die amerikanischen Soldaten tatsächlich Grund zu befreien. Sie machten daraus einen Austausch der Anti-Nazis gegen die Ex-Nazis.

Die wenigen wieder funktionierenden Radiosender mussten ihr Programm der Zensur der Besatzungsmächte vorlegen oder deren Programm übernehmen. Der Radiokasten, der uns vier Jahre zuvor die Siegesnachrichten von den kriegerischen Fronten als Sondermeldungen gebrachte hatte, der strahlte jetzt oft ein für mich neues, mitreißendes Musiktemperament aus. Das war eine der angenehmen kulturellen Ausstrahlungen, die auf mich einwirkten. Andere Programme waren darauf aus, mich aufzuklären, die Ideale und Götter von gestern seien nichtswürdig und zu verabscheuen. Sie erreichten bei mir nur, dem Neuen mit Skepsis und Unglauben zu begegnen und das Gewesene zu verscharren. Ich fühlte mich verraten.

Der Volksmund beurteilte die neuen Maßstäbe der „Befreiung und Demokratisierung" in Worten eines Stoßgebetes:

„Herr, gib uns das Fünfte Reich, das Vierte ist dem Dritten gleich!"

GERLINDE MÜLLER

Die 1. heilige Kommunion im tschechischen Lager

Seit Generationen lebte unsere Familie im Sudetenland. Wir waren also Sudetendeutsche.

Diese neuere Bezeichnung wurde erst im 20. Jahrhundert gebräuchlich und zwar für die in den Randgebieten Böhmens, Mährens und des ehemaligen Österreichisch-Schlesiens wohnenden Deutschen. Die Vorfahren der meisten Sudetendeutschen z. B. aus Sachsen, Thüringen und Franken wurden auf Grund von Versprechungen nach Böhmen gerufen.

Unter den Luxemburgern, besonders aber unter Karl IV, trugen sie zur Blüte Böhmens bei.

Im 18., 19. und 20. Jahrhundert entstanden durch die Sudetendeutschen bedeutende Gewerbezweige. Die Industrie war hoch entwickelt.

Mit der tschechischen Nationalbewegung im 19. Jahrhundert machte sich ein Gegensatz zwischen den Tschechen und Sudetendeutschen bemerkbar. Doch die österreichische Monarchie gab letzteren Rückhalt. Trotzdem wurden die Sudetendeutschen gegen ihren Willen in die neu gebildete Tschechoslowakei eingegliedert. Nach 1935 geriet die Sudetendeutsche Partei zunehmend unter deutschen Einfluss. Durch Drängen Hitlers wurde schließlich die Abtrennung der sudetendeutschen Gebiete vollzogen. Durch das Münchner Abkommen 1938 wurde der Anschluss der überwiegend von Deutschen bewohnten Randgebiete (Sudetengau) an das Deutsche Reich beschlossen. Nach Ende des 2. Weltkrieges wurde dieses Gebiet wieder der Tschechoslowakei zugesprochen.

In den Jahren 1945/46 vertrieben die Tschechen rund 2,5 Millionen Sudetendeutsche aus ihrer Heimat. Etwa 200 000 wurden zurückgehalten und 1953 zwangsweise eingebürgert.

Viel später erfuhr ich, dass auf der „Flucht" ca. 400 000 Menschen ums Leben kamen.

Meine Gedanken fliehen in die Vergangenheit. Nun, da ich alt bin, mehr denn je.

Eigentlich hatte ich eine glückliche, behütete Kindheit. Von den Kriegswirren merkte ich nichts. Wir, meine kleine Schwester Brigitta und ich, lebten bei meiner Großmutter auf dem Land in einem kleinen Städtchen. Mit uns zwei jüngere Schwestern meiner Mutti, Liesel und Traudel. Die meisten Männer kämpften in den Kriegsgebieten und viele junge Frauen wurden dienstverpflichtet. So auch meine Mutti. Sie arbeitete als Maschinenschreiberin in den damaligen AEG-Werken in Bodenbach. Dort waren auch Kriegsgefangene tätig gewesen.

Wenn ich an meine Großmutter denke, wird mir warm ums Herz. Immer konnten wir mit unseren kleinen Kindersorgen zu ihr kommen, und immer hat sie einen Rat gewusst. Sie war eine fleißige, gütige Frau. Mein Großvater starb, als ich zwei Jahre alt war.

Auf dem Hof tummelten sich Hühner, Gänse, Enten und ein Truthahn. Zwei Schweine, etliche Kaninchen und eine Ziege waren in den Ställen untergebracht. Großmutter hatte viele Tiere (später, im Lager sogar Wanzen!). Und nicht zu vergessen: Da war noch ein Mischlingshund namens Fiffi. Wir hingen an ihm. Meine kleine Schwester lernte an ihm das Laufen. Leider haben fahrende Gaukler ihn verzehrt. Die Knochen fand Großmutter hinter einer Hecke am Bach, nachdem wir tagelang nach ihm gesucht hatten. Wir waren traurig und weinten.

Oftmals musste ich die kleinen, frisch geschlüpften Gänschen hüten. Ein absolutes Gräuel waren für mich die Tiefflieger. Ich versuchte, mich schnell zu verstecken, da ich dachte, es seien Russen. Um dem zu entgehen, ließ ich einmal die Jauchengrube offen. Großmutter entdeckte meine böse Absicht vorzeitig. Sie drohte nur mit dem Finger und versicherte mir, dass diese Flugzeuge den Deutschen gehörten und ich mir keine Sorgen zu machen brauchte.

In den Sommermonaten half sie bei den Bauern das Getreide mit einzubringen und zu dreschen. Für mich gab es nichts Schöneres, als mit den Nachbarskindern die säuberlich gestapelten Strohballen wieder einzureißen. Besonders sehnten wir die Vesperzeit herbei. Denn ich durfte aus Großmutters Bierflasche trinken. Dabei biss ich in ein dick bestrichenes Butterbrot. Oft sagte ich später zu meinem Mann Lothar: „Du wirst es nicht glauben, aber ich habe noch heute diesen Geschmack der Butter und des Biers auf meiner Zunge." Und manchmal esse ich genau so ein Brot und trinke genüsslich dazu einen Schluck Bier, und ich fühle mich in jene Kindertage zurückversetzt.

Ein weiteres Ereignis war das Hopfenpflücken.

Während heute der Hopfen vollständig maschinell verarbeitet wird, war früher eine gewisse Romantik dabei. Die an Drähten gezogenen Kletterstauden wurden an ca. 8 m lange Stangen gespannt. Sobald sich die Dolden hart anfühlten, wurden sie geerntet. Zum Hopfenpflücken gingen ganze Familien. Vor allem Frauen, weil die Männer an der Front oder gefallen waren. Wir Kinder hatten Spaß, wenn wir mit ganzer Kraft die Stauden herunterrissen und dadurch völlig bedeckt waren. Die Frauen saßen vor einem großen Korb, die Stauden über die Knie und rissen schnell die hellgrünen Dolden ab. Schnelligkeit brachte Geld. War der Korb voll, wurde er gewogen, und es gab einen Blechchip. Am Ende des Tages zählte der Aufsichtführende diese Chips zusammen und entlohnte die fleißigen Helfer. Natürlich sahen wir auch hier der Vesperzeit in freudiger Erwartung entgegen. Von weitem, die Feldwege kommend, erspähten wir schon den kleinen Leiterwagen. Es gab oft Buchteln mit Birnen-Mus. Wie schon erwähnt, lebte meine Mutti in der Zeit ihrer Dienstverpflichtung in einem möblierten Zimmer in Bodenbach. Einmal im Monat kam sie nach Haue. Und bei jedem ihrer Besuche brachte sie mir eine große Schleife für das Haar mit. Ich hasste sie, diese Schleifen!

Zumal die Kinder riefen: „Pass auf, dass du mit deinem Propeller nicht davonfliegst!“

An einen ihrer Besuchstage erinnere ich mich sehr deutlich. Sie war ganz entsetzt, als ich ihr im Hochsommer mit einer sogenannten Teufelsmütze entgegenlief. Ich, d. h. die ganze Klasse hatte Läuse! Um sie radikal zu bekämpfen, schnitt man uns einfach eine Glatze. Und ich brauchte keine Schleifen tragen!

Kurz vor dem endgültigen Zusammenbruch des sogenannten Deutschen Reiches (aber das wusste an jenem Tag noch niemand) liefen Groß und Klein zur Hauptstraße. Natürlich war auch ich neugierig. Ein endloser Menschenzug schlurfte an unseren Augen vorüber. Sie waren zerlumpt und ausgehungert. Auf dem Ärmel prangte ein gelber Stern. Von der SS und ihren Hunden flankiert, bot sich uns ein grausames Bild. Ab und zu prügelten sie auf diese erbarmungswürdigen Geschöpfe ein. Eine Frau schleppte sich mit letzter Kraft vorwärts und klammerte sich an eine andere, aus Angst hinzufallen. Diese verlor den Halt und stürzte mit ihr auf das Kopfsteinpflaster. Laute, schrille Befehle des Soldaten. Da sich die beiden nicht erhoben, schoss er ein paar Mal auf diese Menschenbündel. Sie rührten sich nicht mehr. Nachfolgend trampelte man einfach über sie hinweg. Viele der Umherstehenden bekreuzigten sich, andere lachten höhnisch. Ja, lachten!

Mit dieser Riesenschleife wollte ich nicht fotografiert werden

Da erst begann ich zu begreifen, was Krieg bedeutet, welche Gräuel er mit sich bringt. Dieses Erlebnis hat sich mir bis heute eingeprägt.

Man flüsterte sich zu, dass es Juden aus der Glasfabrik seien, die man zum Judenghetto umfunktioniert hatte. Bestimmt wurden sie noch schnell in eines der Konzentrationslager gebracht und dort vergast.

1945. Der Krieg war verloren. Die Erwachsenen stiegen auf die Dachböden und entdeckten bereits die ersten russischen Panzer. Panik! Und dann geschah, was nach Kriegen so üblich ist. Meine Tante Traudel, damals 15 Jahre, eine Nachbarin und deren Tochter wurden vergewaltigt.

Meine Großmutter hatte viele tschechische Bekannte. Unter ihnen einen ihr gut gesinnten Großbauern, mit Namen Horworka. Um weiteren Übergriffen zu entgehen, gestattete er uns, auf der Tenne in seinem Pferdestall zu übernachten. Man muss sich vorstellen: Drei Erwachsene, ich, neunjährig, und meine Schwester, ein Jahr und acht Monate alt, mit Kinderwagen und den nötigsten Utensilien wochenlang jeden Abend außer Haus, in einem Stall zum Übernachten! Den Kinderwagen transportierte Großmutter mit den Tanten die Leiter hinauf. Wir schliefen oben im Heu, unter uns standen die Pferde. Als wir einmal zu Hause eintrafen, hatten Russen Großmutters eingemachte Blaubeeren über ihre weißen, gestärkten Hemden geschüttet. Ich habe noch heute ihren Aufschrei im Ohr.

An einem Morgen wurden wir durch das Quietschen des Tores wach. Ich kroch zum Rand und blickte hinunter. Am Eingang stand Horworka mit zwei russischen Soldaten und einem Offizier. Sie unterhielten sich und zeigten auf die Pferde. Angst saß uns im Nacken, weil wir befürchteten, dass meine Schwester sich bemerkbar machen würde.

Kaum waren die Russen verschwunden, kam der Besitzer zurück und meinte bedauernd, dass wir nicht mehr kommen sollten. Er hatte Einquartierung, und er wollte sich selbst nicht gefährden.

Wir schliefen wieder zu Hause. Wahrscheinlich auch weil wir drei Russen bei uns aufnehmen mussten. Sie kamen mit riesengroßen Rollen Leitungskabel, die sie durch die Straßen zogen. In der Zeit hatten wir Ruhe. Es waren nette Russen, die uns Kinder auf den leeren Rollen balancieren ließen und uns Schokolade gaben, die wie ein runder Käse aussah. Nachdem „unsere Russen" woanders ihre Kabel auslegten, bekamen wir wieder ungewollte Untermieter: Drei Frauen aus Schlesien. Sie brachten Speck mit, der bereits unangenehm ranzig roch. Aber der schlesische Streuselkuchen war Spitze! Nach ein paar Tagen zogen sie weiter. Wir haben nie wieder von ihnen gehört.

Wenige Wochen nach Kriegsende rächten sich die Tschechen. Sie gingen ganz brutal vor und verschonten niemanden, der der Nationalsozialistischen Partei angehörte. Hass machte sich breit. Viele wurden erschossen. Auch ein Bruder meiner Großmutter, der ein einfacher Bahnvorsteher war und keinem etwas zu Leide tat. Wir Deutsche mussten auf der Straße gehen und eine weiße Armbinde tragen. Das war demütigend, und so mancher konnte wohl erst jetzt nachvollziehen, wie sich die Juden mit dem Stern gefühlt haben mussten.

Man munkelte bereits, dass alle Sudetendeutschen ihre Heimat verlassen müssten. Keiner glaubte es. Bis eines Tages wirklich der Marschbefehl ins Haus flatterte. Für meine Großmutter war das schockierend, zumal wir auf unsere Mutti warteten, die ja immer noch in Bodenbach weilte. Durch gute tschechische Bekannte in der Gemeinde erreichte sie einen Aufschub bis zum nächsten Transport. Ich musste die tschechische Schule besuchen. Weil man nicht wusste, wie lange wir unterwegs sein würden, buk meine Großmutter zweimal einen Sack Zwieback, den wir mitnehmen wollten.

Alle Verwandten waren bereits fort. (Sie wurden im Westen Deutschlands sesshaft.) Dann, kurz vor Zusammenstellung des allerletzten Transportes, traf meine Mutti zu Hause ein. Sie war ca. acht Wochen unterwegs gewesen. Die Züge fuhren unregelmäßig oder gar nicht. Zwischendurch half sie bei Bauern, einmal als Dienstmädchen bei einem Bürgermeister. Dieser heftete ihr ein rotes Band an, zum Zeichen, dass sie Antifaschistin sei. Dadurch gelang ihr endlich die Rückfahrt zu uns.

An dem Tag, als wir aus der liebevollen, vertrauten Umgebung vertrieben wurden, brach für mich eine Welt zusammen. Heute frage ich mich, wie mag es all den Erwachsenen zu Mute gewesen sein, Hab und Gut für immer aufzugeben – für eine ungewisse Zukunft?

Wir konnten pro Person 50 kg Gepäck mitnehmen und das, was wir auf dem Leibe trugen. So zogen wir viele Kleidungsstücke übereinander an. Wir wirkten wie die Eskimos, so vermummelt waren wir. Auf dem Bahnhof erwartete uns ein endlos langer Güterzug ohne Fenster, nur mit einer Schiebetür, die während der Fahrt etwas geöffnet werden konnte. Im Inneren wurde die Fläche von ca. 40 Familien belegt und es stank sicher fürchterlich. Natürlich waren unsere Federbetten das Wichtigste, sie wogen kaum etwas. Mit wehmütigen Augen nahm Großmutter Abschied. Sie sollte ihre Heimat nie wieder sehen.

Zu uns meinte sie resigniert: „Na, den Fiffi hätten wir sowieso nicht mitnehmen können, so wissen wir wenigstens, das es ihn nicht mehr gibt."

In der tschechischen Kreisstadt landeten wir zunächst in einem Auffanglager. Wohlgemerkt mit Bewachung durch Soldaten. Wir kamen uns wie Verbrecher vor. Wir mussten uns nackt ausziehen. In einer Baracke wurden wir desinfiziert.

Im Nachhinein hörte ich, dass die Erwachsenen glaubten, wir würden ebenfalls vergast.

Für die Notdurft waren provisorisch Latrinen errichtet worden, die sich im Halbkreis aneinanderreihten. Es waren Plätze für ca. 20 Leute, sodass jeder den andern sehen konnte, wenn er dort saß. Davor waren primitive Verschläge. Ich scheute mich, da hineinzugehen und suchte mir irgendwo ein Plätzchen. Ständig gab es durch die Soldaten Kontrollen, ob vielleicht der eine oder andere etwas Verbotenes mitgenommen hatte. Einmal, wir saßen gerade zusammen und aßen unsere tägliche Ration, wurde die Tür zu unserer Baracke aufgerissen. Wir erschraken sehr. Zwei Tschechen und ein Offizier erschienen. Der Offizier sah mich an, dass mir angst und bange wurde. „Gerlinde Wagner hier?“ Ein leises „ja“. „Alle mitkommen. Du schönes Kleid anziehen!“ Dabei zwinkerte er mir zu. Also konnte es wohl nichts Schlimmes sein. Meine Mutti suchte in einem Sack nach meinem Sonntagskleid. Es war hellbraun, hatte Noppen und einen weißen Kragen. Die gleichen Kleider trugen damals auch meine beiden Tanten, das sah ich auf Fotos.

Wir wurden zu einem Haus geführt, worin die Bewachung bzw. Leitung des Lagers untergebracht worden war. Zu meinem Erstaunen standen bereits vier oder fünf Kinder mit ihren Angehörigen dort. Sie sahen uns ebenfalls unsicher an. Als wir mit unseren Familien eine Weile gewartet hatten, trat ein Pfarrer ein. Er begrüßte uns mit „Gelobt sei Jesus Christus“. Wir antworteten, wie wir es gelernt hatten: „in Ewigkeit, amen“. Von der Zeremonie habe ich nicht viel mitbekommen. Ich war zu aufgeregt und weiß lediglich, dass er uns segnete und unser Schicksal in Gottes Hand legte. In unserer Baracke angekommen, lag dort ein einziges Stück Kuchen. Nur für mich. Ob ich es allein aß, kann ich heute nicht mehr sagen.

Das war also meine 1. heilige Kommunion, die mit Fleiß und soviel Liebe zu Hause vorbereitet worden war.

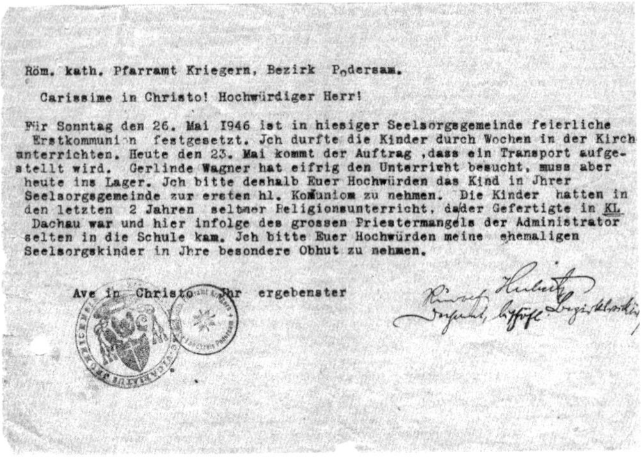

Röm. kath. Pfarramt Kriegern, Bezirk Podersam.

Carissime in Christo! Hochwürdiger Herr!

Für Sonntag den 26. Mai 1946 ist in hiesiger Seelsorgsgemeinde feierliche Erstkommunion festgesetzt. Jch durfte die Kinder durch Wochen in der Kirch unterrichten. Heute den 23. Mai kommt der Auftrag ,dass ein Transport aufgestellt wird. Gerlinde Wagner hat eifrig den Unterricht besucht, muss aber heute ins Lager. Jch bitte deshalb Euer Hochwürden das Kind in Jhrer Seelsorgsgemeinde zur ersten hl. Komuniom zu nehmen. Die Kinder hatten in den letzten 2 Jahren seltner Religionsunterricht, da der Gefertigte in KL Dachau war und hier infolge des grossen Priestermangels der Administrator selten in die Schule kam. Jch bitte Euer Hochwürden meine ehemaligen Seelsorgskinder in Jhre besondere Obhut zu nehmen.

Ave in Christo Jhr ergebenster

KL = Konzentrationslager

Aber unter Ängsten durch die soldatischen Bewacher in einer unwürdigen Umgebung vollzogen wurde. Danach empörte sich meine Mutti, weil uns nicht gesagt worden war, was man vorhatte. Mein weißes Kommunionskleid lag nämlich ebenfalls im Sack. Aber schließlich war es doch egal. Keiner besaß einen Fotoapparat. Solche Dinge durften wir nicht mitnehmen.

Doch schon am Tag darauf stürmten Soldaten herein und trieben uns auf den Hof. Ich bemerkte noch, dass meine Großmutter schnell etwas nahm und es mir zusteckte. Dabei flüsterte sie: „Vergrab es im Sand."

Man glaubte es nicht, aber vor unserer Baracke befand sich so eine Art Kinderspielplatz mit Sand. Aufgeregt setzte ich mich auf den Holzverschlag und buddelte ein Loch in den Sand. Dort hinein steckte ich das komische Etwas. Es war ein grüner Tabaksbeutel, in dem meine Großmutter unser Geld gerettet hatte. Ob das etwas genützt hatte?

Nach dieser möglicherweise letzten Kontrolle hieß es aufbrechen.

Unsere Odyssee begann im Mai 1946. Wir waren wochenlang unterwegs. Ab und zu hielt der Zug, dass die Menschen Wasser holen konnten. Sie standen Schlange, weil bei allen Wasserleitungen nur ein schwacher Strahl herauskam. Zwischenzeitlich rannten wir Kinder den Zug ab und schauten neugierig in die Waggons. Panikartig winkte Großmutter uns jedes Mal heran, weil es weiterging.

Ursprünglich sollten wir nach Bayern, dort wollte man uns jedoch nicht haben. Tagelanges Warten in Jena, dann in Leipzig. Es war nirgendwo Platz für so viele Flüchtlinge. Weiter fuhr der Zug. Bis endlich die Order kam: Wir werden in Köthen-Anhalt aufgenommen.

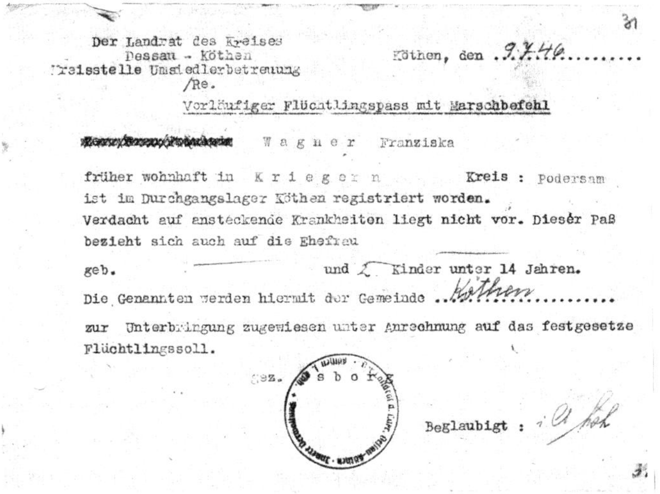

31

Der Landrat des Kreises
Dessau - Köthen
Kreisstelle Umsiedlerbetreuung
/Re.

Köthen, den 9.7.46.........

Vorläufiger Flüchtlingspass mit Marschbefehl

[redacted] W a g n e r Franziska

früher wohnhaft in K r i e g e r n Kreis : Podersam
ist im Durchgangslager Köthen registriert worden.
Verdacht auf ansteckende Krankheiten liegt nicht vor. Dieser Paß bezieht sich auch auf die Ehefrau
geb. und 2 Kinder unter 14 Jahren.
Die Genannten werden hiermit der Gemeinde ..Köthen.............. zur Unterbringung zugewiesen unter Anrechnung auf das festgesetze Flüchtlingssoll.

gez. . s b o r g

Beglaubigt : i. A. [illegible]

Im dortigen Quarantänelager wurden wir entlaust – und wieder Unterkunft in Baracken! Jeden Tag holten wir unsere Tagesration bei einer Verkäuferin ab. Ich habe oft vor ihr geturnt, bzw. ihr etwas vorgetanzt. Sie fand das schön und gab mir zusätzlich einige Plätzchen. Mutti ermutigte mich, immer mal zu ihr zu gehen. Es war eine sehr liebenswürdige junge Frau. Später, als ich bereits verheiratet war und wieder einmal Köthen besuchte, sah ich sie in der Ernst-Thälmann-Straße. Heimlich folgte ich ihr, und ich war mir ganz sicher, dass sie es war. Ich überlegte, ob ich sie ansprechen sollte, und unterließ es. Vielleicht hätte sie sich doch an das kleine Mädchen erinnert, das ihr im Lager vorgeturnt und vorgetanzt hatte.

An den Abenden tanzte die Jugend nach einem Schlager „Tschia, tschia tscho …!“ Einige retteten ihr Akkordeon oder ihre Mundharmonika und spielten diese schreckliche Musik. Trotz aller Repressalien konnte man ihren Lebensmut nicht brechen. Sie hofften auf einen Neuanfang.

Nach Wochen wurden wir in den Fliegerhorst verlegt. Wieder Baracken! Und viele, viele Wanzen. Meine Schwester schrie des Nachts oft auf. Früh war ihr kleiner Körper völlig zerbissen. Obwohl uns verboten war, auf dem Flugplatz herumzustrolchen, es konnten ja noch irgendwelche Blindgänger liegen, gingen wir Kinder auf Entdeckung. Und es gab viel zu erkunden. Ein abmontierter Flakscheinwerfer hatte es uns besonders angetan. Das Podest, mit einem Durchmesser von ca. 2 m, drehte sich, so wie bei einem Teufelsrad auf dem Jahrmarkt. Die Jungen hielten sich an der Reling fest und rannten schnell drumherum. War die nötige Geschwindigkeit erreicht, sprangen sie auf und grölten dabei.

„Der Rotz fliegt rum, der Rotz fliegt rum, der Rotz fliegt in der Stube, rum Rotz am Nabel, Scheiß am Bein, oh wie ist das Leben fein.“ Und wir Mädchen? Wir sangen lauthals mit.

Die Kinder bewahren sich selbst in solchen schlimmen Situationen ihren Lebenshumor.

Nach sieben Wochen bekamen wir in der Marktschule eine Wohnung. Im 2. Stock hatte ein Lehrer mit Namen Steuer einen Raum an uns abgetreten. Ein Zimmer durften wir im Parterre, beim Hausmeister bewohnen. Damit die fremden Zimmer ein wenig zu unserem neuen Heim wurden – wenn auch nur vorübergehend – legte meine Mutti kleine Mitbringsel aus der Heimat aus. So entdeckte ich einige gehäkelte Deckchen und sogar meine Lieblingstischdecke mit den Korn- und Mohnblumen, die sie in Kreuzstichen selbst gefertigt hatte. Einige Familienfotos pickte sie einfach mit einer Stecknadel an der Wand fest.

Ausschnitt aus dem Klassenfoto: Ich neben der Lehrerin mit Schillerlocken

Wenn ich mit meiner Schwester zum Schlafen hoch ging, wartete im 1. Stock das Dienstmädchen des Studienrates Fricke und gab jedem eine Pellkartoffel. Für uns war das wie ein Gutenachtgruß, und ich habe diese gute Frau bis heute in meinem Herzen bewahrt.

Wir sahen nicht wie Flüchtlingskinder aus.

Meine Mutti nähte für uns. Jeden Morgen, bevor ich zur Schule ging, drehte sie mir Schillerlocken. Auch meine Schwester wurde nicht „verschont.“ Wenn uns jemand Flüchtling nannte, wurde meine Großmutter böse: „Wir sind nicht geflüchtet, wir wurden vertrieben!“ In der Schule habe ich mich gut eingelebt. Nach einer gewissen Zeit durfte ich zwei Klassen überspringen.

In den Pausen machte ich Kunststücke, so stellte ich mich z. B. auf einen hölzernen Papierkorb, machte Brücke zum Fußboden und hob mit dem Mund ein Taschentuch auf. Die Mädchen fanden das doll und jede wollte meine Freundin sein. Man lud mich zu Geburtstagen ein, wo es Kuchen und so manche Köstlichkeit gab, auf die ich lange hatte verzichten müssen.

Nach zwei Jahren erhielt unsere Familie endlich eine zusammenhängende Wohnung in der Edderitzerstraße. Dort lebte meine Mutti, bis wir sie 2001 nach Gröditz holten. Sie litt an schwerer Diabetes und starb nach einer Beinamputation 2002.

Auch in den Nachkriegsjahren war auf meine Großmutter Verlass. Sie gab mir heimlich Geld, damit ich den Ballettunterricht bezahlen konnte. Ich meldete mich nämlich einfach im Stadttheater an, weil ich Tänzerin werden wollte. Mein Vater, ein Schuhmacher, hatte mir noch in der Heimat aus rotem Samt Ballettschuhe angefertigt. Damit stolperte ich durch die Räume.

Leider zerplatzte dieser Traum, weil ich auf der Flucht tbc-krank wurde. Während meiner Krankheit brachte mir eine Schülerin das Brötchen, das die Schule jeden Tag ausgab. Es war ein dunkelbrauner unappetitlicher Klumpen und sah eher wie Scheiße aus. Übrigens, mein Vater fand uns erst Ende der Vierzigerjahre durch das Deutsche Rote Kreuz. Er verstarb 1971.

Vielleicht erinnern sich viele, dass man in den Erntemonaten „Ähren lesen“ ging. Die Körner mahlte man mit einer Kaffeemühle und kochte einen Brei daraus. Wir hatten ständig Hunger. So fand ich einmal, als wir in eine andere Klasse zum Unterricht mussten, unter der Bank ein vergessenes Schulbrot, ohne Butter aber mit ganz dickem Mus. Ich nahm es ohne Bedenken an mich und aß es auf der Toilette auf. Hunger fragt nicht nach Eigentum.

Ja und der Waschkessel hatte vielerlei Funktionen: Es wurden darin Zuckerrüben zu Sirup gekocht und Mus. Nach dem Wäschekochen durften wir anschließend in den Kessel steigen und in dem restlichen warmen Wasser baden.

Meine allerliebste Großmutter dachte sogar an ihrem Sterbetag an mich. Sie fragte meine Mutti, ob ich schon „durch" sei. Ich befand mich nämlich hochschwanger in einer Tbc-Heilstätte und gebar zwei Tage vor ihrem Tod, am 26. 1. 1961, meine Tochter Britta.

Meine Tante Traudel verstarb 1949 an Typhus, nachdem sie zwei Jahre lang ständig auf überfüllten Zügen nach Berlin fuhr. Dort tauschte sie auf dem Schwarzmarkt Heringe gegen ein Brot. Großmutter ritzte Kerben ein, so dass man wusste, wie viel jeder essen durfte. Tante Liesel wurde 56 Jahre alt.

Meine liebe Oma, Tante Traudel und ich

Herr Dr. Huffmann bringt es auf den Punkt, wenn er schreibt, dass die Zahl derer, die diesen Umbruch noch persönlich erlebt haben, ständig abnimmt.

Von meiner ursprünglichen Familie lebt heute nur noch meine Schwester Brigitta in Berlin – und mir bleibt auch nicht mehr viel Zeit.

Abschließend muss ich sagen, dass ich während dieser Aufzeichnung alles noch einmal durchlebte, und mir oft die Tränen herunterliefen. Ich habe sozusagen einen großen Teil meiner Kindheit aufgearbeitet.

Danke dafür, mir diese Plattform gegeben zu haben.

DOLLY RADUSCH

Unerwarteter Besuch

1945 – der Sommer neigte sich seinem Ende zu und die Nächte wurden schon recht kühl. Wir, meine Mutter und wir beiden Kinder, saßen abends im Fremdenzimmer, das wir uns als Ess- und Wohnraum eingerichtet hatten. Meine Mutter plauderte mit uns über das, was zu dieser Zeit gerade wichtig war und uns bewegte. Das Zimmer lag nach Norden und da wir im „Frieden" lebten, brauchten wir die Fenster nicht mehr zu verdunkeln. So konnte das Licht unseres Zimmers von jedem, der auf der nördlich von unserem Haus liegenden Straße nach Potsdam fuhr oder von dort kam, durch die Bäume des kleinen Waldes gesehen werden.

Es mag gegen 20.00 Uhr gewesen sein, als heftig an die Haustür gepocht wurde. Sowjets? Polizei? Herumstreunendes Gesindel? Nachbarn?

Da das Poltern und Klopfen nicht aufhörte, gingen wir alle hinunter und öffneten die Haustür. Drei Rotarmisten steckten, wir hatten die Tür noch nicht ganz geöffnet, wie Kasperpuppen im Kaspertheater ihre Köpfe durch den Türspalt. Der dicke, pausbäckige „Seppl" in der Mitte, oben der größere, ältere „Kasper" und unten ein eher verschrumpelter „Waldschrat". Dieses Kaspertheater dauerte nur Sekunden, dann stießen die drei die Tür auf.

Aufgeregt aufeinander einredend postierten sie ihren Seppl in die Mitte und gaben durch allerlei Zeichen, Gesten und deutsche Wortbrocken zu verstehen, dass der Seppl uns etwas Wichtiges mitzuteilen habe. Seppl wiederum trat verlegen von einem Bein auf das andere, strahlte uns an wie ein Kind, das bei einem feierlichen Anlass ein Gedicht aufsagen soll, aber den Anfang vergessen hat, wurde von seinen Kameraden gebufft und ermuntert, und schließlich reimten wir uns aus seinem Gestammel zusammen, dass eine Unterkunft für mehrere Mann für eine Nacht gesucht wurde. Gegen das so „überzeugend“ vorgebrachte Anliegen war man einfach machtlos.

Meine Mutter zeigte ihnen die Küche und das große Wohn- und Esszimmer, und die drei waren damit zufrieden. Sie verschwanden, und nach einigen Minuten hörten wir Lastwagengebrumm, Rumpeln, Dröhnen und Knattern vor unserem Haus. Ein Zug von mehreren abenteuerlich aussehenden Fahrzeugen machte in der Straße vor unserem Haus Halt. Neben alten Lastwagen gab es ganz eigenartig aussehende Raupenfahrzeuge darunter. Alle Wagen machten den Eindruck, aus mehreren Fahrzeugteilen zusammengebaut worden zu sein.

Alle waren beladen, aber man konnte die Ladung nicht erkennen, da sie mit Planen zugedeckt oder in Kisten verpackt war. Später erfuhren wir, dass es sich bei der Ladung um Maschinenteile gehandelt hatte. Kommandos wurden gerufen, Motoren abgestellt, Motorhauben geschlossen, Türen zugeknallt. Während noch vielfältige Geräusche durch die Nacht drangen, entwickelte sich bei uns im Haus ein reges Leben. Zunächst trat der Kommandant ins Haus, um mit meiner Mutter zu verhandeln. Es war ein junger, bildhübscher, dunkelhaariger, höflicher Leutnant in sauberer, einfacher Uniform. Er wollte seine zwölf Mann für eine Nacht bei uns unterbringen, denn sie hatten bereits eine beschwerliche Fahrt hinter sich, was im Angesicht des draußen stehenden Fuhrparks durchaus glaubhaft war. Er versprach, dass sie am nächsten Morgen wieder abziehen und sich anständig benehmen würden.

In unserem Fremdenzimmer stand noch die Couch meiner Großmutter, und meine Mutter dachte, dass man dem Offizier nicht zumuten sollte, bei seinen Männern zu schlafen. Deshalb bot sie ihm das Fremdenzimmer zur Übernachtung an, was er dankend und erfreut annahm. Sogleich richtete er sich dort ein. Er brachte sein Bettzeug nach oben. Ich kriegte den Mund nicht mehr zu: Eine hellviolette seidene Steppdecke in einem spitzenbeladenen Bettbezugumschlag wurde auf der Couch ausgebreitet.

„Hast du das gesehen“, fragte meine Mutter später, „wo er die wohl mitgenommen hat?“

Unterdessen gingen die Soldaten bei uns ein und aus, die Haustür stand ständig offen. Sie hatten ein Faktotum bei sich, einen gestandenen, pockennarbigen, gleichermaßen gutmütig wie furchterregend aussehenden Soldaten, der sofort die

Küche bezog und dort das Regiment übernahm. Er verteilte sowohl Arbeitsaufträge als auch Tabak, später Tee, Brot und Erbsensuppe.

Erster Auftrag an einen jungen Blondschopf war, Holz klein zu machen. Als in unserem Herd, im Volksmund als Kochmaschine bezeichnet, ein Feuerchen bullerte, wurde erst einmal Tee für die Mannschaft gekocht. Irgendwann erschien jeder einmal, um sich Tee, aber auch Tabak zu holen. Der Tabak wurde in der bis zu den Knien reichenden Hosentasche des Faktotums sorgsam aufbewahrt. Während mit Tee nicht geknausert wurde, gab es den Tabak nur in kleinen Portionen auf ein Stück Zeitungsrandpapier gekrümelt. Jeder drehte sich dann seinen Glimmstängel daraus.

Als der sowjetische Küchenchef den größten Topf von meiner Mutter erbat und gelbe Erbsen und Salz etc. bereitstellte, um einen Erbseneintopf zu kochen, schwand bei meiner Mutter jede Hoffnung, die nach Öl, Benzin und Schmiere stinkenden Gäste wirklich am nächsten Morgen wieder loszuwerden. Mir ist nicht erinnerlich, ob das Erbsengericht noch am selben Abend oder erst am nächsten Morgen als Frühstück von der Mannschaft verzehrt wurde, aber eins weiß ich noch ganz genau: Es blieb so viel übrig, dass wir noch für einige Tage satt zu essen hatten.

Nachdem verschiedene Reparatur- und Wartungsarbeiten vorgenommen worden waren, und die Ladung gut gesichert war, kam die Mannschaft langsam zur Ruhe. Einer neben den anderen legten sie sich, nur in eine Decke gewickelt, im Wohnzimmer auf den Fußboden und schliefen und schnarchten die ganze Nacht friedlich und unbeeindruckt von dem, was um sie herum geschah.

Meine Mutter holte uns Kinder für die Nacht in ihr Schlafzimmer, verbarrikadierte alle Türen und Fenster mit Möbeln und drückte die ganze Nacht kein Auge zu.

Nachts wollte der Wacht habende Soldat, der auf der Straße auf- und abpatrouillierte, ins Haus, um sich vielleicht noch einen Schluck Tee zu holen. Die Haustür aber war zugefallen und deshalb polterte er dagegen, um eingelassen zu werden. Meine Mutter hörte das Klopfen, reagierte jedoch nicht darauf. Die Mannschaft schnarchte und schlief fest in ihren Decken, nur der junge Offizier hörte das Pochen, verließ sicher schweren Herzens sein violettseidenes Nest, fand die Zimmertür, nicht aber den Lichtschalter und stolperte und purzelte die Treppe hinunter.

Alles ging dann noch gut. Die Wache wurde eingelassen, der Kommandant fand seine Couch wieder, und bis auf die Wache und meine Mutter schliefen sich alle aus.

Am nächsten Morgen konnten wir uns noch über unsere Gäste amüsieren. Der Kommandant hatte ein Reisenecessaire, welches er in der Küche neben dem Becken deponiert hatte. Zum Inhalt gehörte nicht nur sein Rasierzeug, sondern auch ein Stück Seife – violett und nach Flieder duftend. (Für Lila schien er eine besondere Vorliebe zu haben.)

Der Inhalt dieses Reisenecessaires schien der ganzen Mannschaft bekannt zu sein. Noch bevor der Leutnant zur Morgentoilette erschien, hatten schon einige seiner Leute, verstohlen und heimlich – das Faktotum tat so, als merke es nichts – sein Seifenstück benutzt.

Irgendwann am späten Nachmittag zogen die Herrschaften wieder mit viel Motorenlärm, Gerassel, Scheppern und Quietschen ab.

Der unerwartete Besuch war noch tagelang ausgiebiger Gesprächsstoff in unserer Nachbarschaft. Wir waren froh, dass alles so friedlich abgelaufen war. Überlegten uns aber, ob wir wieder verdunkeln sollten.

Fahrräder

Bis zum Kriegsende besaßen wir zwei Fahrräder: ein Herren- und ein Damenfahrrad. Beides waren Vorkriegsmodelle, zwar fahrtüchtig, aber ästhetischen Ansprüchen nicht mehr gewachsen. Als Transportmittel waren sie allerdings unschlagbar. Im Krieg war man mit ihnen auf Hamsterfahrten unterwegs und ich fuhr mit dem Damenfahrrad zur Schule.

Die Verwendbarkeit eines solchen Velos wurde auch einem Rotarmisten bewusst, als er am Tage des Kriegsendes des Damenfahrrades ansichtig wurde. Kraft seiner Befugnis als Sieger konfiszierte er es kurzerhand. Nun hatten wir nur noch eins! Und dieses musste gut behütet werden.

Im Sommer nach dem Kriegsende klopfte es energisch an die Haustür. Ich spähte ungesehen durch das kleine Treppenfensterchen und meldete meiner Mutter einen Rotarmisten und einen Zivilisten. Wir öffneten. Die beiden traten ein und begaben sich gleich unaufgefordert in das Wohnzimmer. Hier eröffnete der Zivilist meiner Mutter und uns beiden Kindern, die wir immer dabei sein mussten, dass er auf Befehl des sowjetischen Kommandanten alle Fahrräder zu beschlagnahmen habe. Der Rotarmist, ausgestattet mit einer Kalaschnikow, unterstrich allein durch seine Anwesenheit die Ernsthaftigkeit der Situation.

Meine Mutter tat so, als sei kein Fahrrad im Hause. Der Zivilist aber blieb hartnäckig. Da kam meiner Mutter ein rettender Gedanke. Energisch und bestimmt verlangte sie eine schriftliche Bevollmächtigung des sowjetischen Ortskommandanten zu sehen, denn dieser sei ja ein korrekter Offizier.

Das saß. Der Zivilist stutzte, überlegte und besprach sich mit seinem sowjetischen Genossen. Der machte ein betroffenes Gesicht, überlegte nun seinerseits, kramte dann in den bis zu den Knien reichenden Hosentaschen seiner Uniform und förderte ein zerknittertes Zettelchen zutage, das tatsächlich einen Bleistifttext in kyrillischer Schrift aufwies. Meine Mutter nahm es mit amtlicher Miene entgegen, studierte es, wendete es, „las" den Text und erweckte den Eindruck, der russischen Sprache durchaus mächtig zu sein.

Als der Zivilgenosse das sah, riss er das Papier wieder an sich. Das war der Augenblick, in dem meine Mutter selbstsicher behauptete, dass dieses Schreiben keine Vollmacht für die Beschlagnahme von Fahrrädern sei – und außerdem fehlten Stempel und Unterschrift. Russisch fluchend zogen die beiden Fahrradinteressierten ab.

Nach zwanzig Minuten sah man sie mit einem chromblitzenden Rad aus der Seitenstraße herauskommen. Am nächsten Tag hörten wir, wen sie übers Ohr gehauen hatten.

Hoppel-Poppel? Hier!

Wie im Krieg, so gab es auch in den ersten Nachkriegsjahren Lebensmittelkarten. Schwerarbeiter, z. B. Trümmerfrauen, hatten laut Lebensmittelkarte Anspruch auf eine bessere Versorgung, Otto Normalverbraucher musste mit sehr viel weniger zufrieden sein. Die Lebensmittel, die man auf seine Karte bekam, entsprachen nicht immer den Vorstellungen der hungernden Bevölkerung. Da gab es weißes Mehl, das nicht dickte, Eipulver, Milchpulver, rote Kartoffeln, die niemand kannte und deren süßlicher Geschmack befremdlich war.

Hin und wieder stellte man fest, dass in manchen Restaurants gegen eine entsprechende Abgabe von Marken eine sättigende Mahlzeit zu haben war. Natürlich konnte man bei dem Versuch, sich in einem Lokal satt essen zu wollen, auch fürchterlich reinfallen, aber das Leben in der Nachkriegszeit war ja ohnehin abenteuerlich.

In Wannsee standen die „Deutsche Eiche“, das Bahnhofsrestaurant und das Lokal am Stölpchensee für entsprechende Ausflüge zur Verfügung.

Meine Mutter hatte sich heute für die Bahnhofskneipe entschieden. So nahm sie hoffnungsvoll gemeinsam mit uns beiden Kindern den 3 km langen Weg zum Bahnhof in Kauf, um vielleicht eine einigermaßen sättigende Mahlzeit zu bekommen.

Das Lokal war gut besucht. Wir studierten die spärliche Speisekarte, die immerhin drei Gerichte zur Auswahl angab. Noch intensiver studierten wir das, was einige Gäste auf dem Teller hatten. Und das sah verlockend aus. Es konnte nur das Gericht sein, welches auf der Karte als Hoppel-Poppel bezeichnet wurde, also ein Bauerfrühstück aus Kartoffeln, Eiern, Zwiebeln, Speck und natürlich Fett zum Braten.

Sicher war in diesem Hoppel-Poppel nur Eipulver, wenn überhaupt, aber sicher Kartoffeln, vielleicht Zwiebeln, und etwas Fett musste das verheißungsvolle Gericht doch enthalten. Also entschieden wir uns für das Bauernfrühstück und mussten bald feststellen, dass viele andere Gäste die gleiche Entscheidung getroffen hatten. Denn als der Kellner mit einem großen Tablett auf der Schulter aus der Küche in den Saal trat und fragend rief: „Hoppel-Poppel?“, brüllte der ganze Saal: „Hier!!“

Von dem Essen wurden wir nicht enttäuscht und traten danach zufrieden und satt den Heimweg an. Später, als es allen wieder besser ging, fragten wir uns beim Mittagessen manchmal: „Wisst ihr noch – ‚Hoppel-Poppel? Hier!‘“

Monika Restetzki

Hinter dem Grau

Wieder so ein Tag, der mit einer Morgenpredigt beginnt: „Jetzt iß endlich, beiß ab und kaue. Trink die Milch und schluck runter. Jesus Maria, bring mich nicht zur Weißglut!"

Der Bissen von dem Frühstücksbrötchen wird im Mund immer größer und obwohl inzwischen aufgeweicht, ist eben das Hinunterschlucken nicht möglich. Es geht einfach nicht. Dann sagt meine Mutter die Sätze, die meine Kindheit hindurch einen schrillen Ton in den Ohren erzeugen: „Meine Ilse wäre dankbar gewesen, wenn sie das gehabt hätte. Dann wäre sie mir nicht verhungert!"

Die Tränen in ihren Augen und der bittere Zug um den Mund sind eine einzige Anklage. Eben noch schien durch das winzige Dachfenster die Sonne auf den Küchentisch, doch nun schiebt sich ein Grau davor.

Hinter dem Grau sehe ich in weiter Ferne ein ganz kleines Mädchen in einem nur mit einer Kerze beleuchteten Raum sitzen. Es hat den Kopf auf die Tischplatte gelegt und verweigert die Aufnahme der einzigen Nahrung, die meine Mutter ihren beiden kleinen Kindern in diesen Tagen noch anbieten kann. Eine dünne Wassersuppe mit geraspelter Steckrübe als Einlage. Das noch nicht einmal zweijährige Kind bekommt Fieber und Durchfall. Es stirbt, ohne dass meine Mutter irgendetwas dagegen tun kann.

Peter, der dreieinhalbjährige Bruder der Kleinen, schlingt seine Ärmchen um den Hals der Mutter und tröstet sie mit den Worten, die er von den Erwachsenen gehört hat: „Jetzt weine doch nicht so, sie war eben viel zu zart!" Er ist in diesen qualvollen Tagen der Rettungsanker für meine Mutter.

Das Grau lichtet sich ganz langsam und ich esse tapfer auf. Für Ilse, die verhungern musste …

Der Platz an der Nähmaschine war so eine Art Organisationsbüro und meine Mutter die Vorsteherin. Die meiste Zeit ihres Lebens hat sie dahinter verbracht. Dort wurden Hausaufgaben kontrolliert und Klassenarbeiten unterschrieben, Pläne geschmiedet und Aufträge erteilt. Hier wurden die Tagespresse ausgewertet, die Post gelesen und Gespräche aller Art geführt. Dieser Platz war auch immer Ausgangspunkt, wenn die gedankliche Reise in die Vergangenheit ging.

Das Rattern der Nähmaschine verstummt. Meine Mutter schaut aus dem Fenster und ihr Blick verliert sich in der Ferne. Sie schaut „hinter das Grau“, wie ich es bis heute nenne.

„Einen Weihnachtsbaum hatten wir in diesem Jahr keinen mehr“, beginnt sie unvermittelt zu erzählen. „Er stand immer bis zu Muttels Geburtstag. Aber an diesem 23. Januar 1945, die Muttel ist siebenundvierzig geworden, stürmte die Rote Armee auf unser Oberschlesien vor. Auf Gleiwitz, Hindenburg und Beuthen.

Der Papa hörte manchmal heimlich „Radio London“. Und an den Endsieg, sagte er immer, glaubten doch nur noch Vollidioten! Chaos und Gewalt befürchteten wir und gerieten in Panik. Wir hatten Angst, dass die Russen uns vergewaltigen, plündern und erschießen. Schließlich hatte man uns eingetrichtert, sie seien Untermenschen.“

Ihre Mimik verrät, dass sie es jetzt selber nicht fassen kann, das geglaubt zu haben.

Später, als die Verbrechen an der Menschlichkeit, die von den Deutschen an der Bevölkerung der überfallenen Länder verübt wurden, ans Licht kommen, ist das Entsetzen so groß, dass es dafür keine Worte gibt. Hinzu kam, was den jüdischen Menschen in den Vernichtungslagern angetan wurde, das Unaussprechliche, jenseits jeder Zivilisation.

„Der Papa hat manchmal was erzählt, hinter vorgehaltener Hand. Aber wir konnten uns nicht vorstellen, dass deutsche Soldaten oder Offiziere zu so etwas fähig sein sollten." Sie wendet sich wieder ihrer Arbeit zu und lässt mich hinter dem Grau allein.

Meine Großeltern wohnten damals mit vier ihrer sechs Kinder in der Gleiwitzer Fichtestraße 4. Von ihrem ältesten Sohn Willi war lange kein Lebenszeichen gekommen. Sie bewohnten die Hauswartswohnung und waren für alle sechs Aufgänge der Häuserzeile verantwortlich. Mein Großvater, ein gefragter Bau- und Möbeltischler, hielt seine Familie auch in den schweren Kriegsjahren mit kleineren Aufträgen über Wasser.

Sieben Minuten von der Fichtestraße 4 entfernt lebten meine Eltern mit ihren beiden kleinen Kindern Peter und Ilse in der Wolfgangstraße 26. Die Wohnung bekamen sie nach ihrer Hochzeit im Juli 1941 von den Gleiwitzer Verkehrsbetrieben, noch mörtelfeucht bei der Übergabe. Beide lernten sich auf der Straßenbahnlinie Gleiwitz-Hindenburg-Beuthen kennen. Mein Vater war Straßenbahnfahrer und meine Mutter Schaffnerin.

Noch am Abend des 23. Januar 1945, so erzählte mein Großvater, überquerte er gelassenen Schrittes von der Fichtestraße kommend, die Tarnowitzer Landstraße und bog wenig später in die Wolfgangstraße ein. Er hatte im 1. Weltkrieg vor Verdun gekämpft. Wovor also sollte er sich noch fürchten?

Im Schlafzimmer seiner Tochter nahm er das Bild von der Wand, und trug es in den Keller. Mit unzähligen Axthieben vernichtete er das in Öl auf Leinwand gemalte Abbild eines der größten Verbrecher aller Zeiten, wie die Welt später erfahren hat. Es blieben nur noch Späne übrig von dem Hochzeitsgeschenk der Kollegen der Gleiwitzer Verkehrsbetriebe.

Längst war mein Vater eingezogen. Mitten in den Kriegshandlungen zwischen den deutschen Truppen und der Roten Armee, mit Geschützdonner, dem Heulen der Stalinorgeln, den Bombenalarmen und Nächten in den Luftschutzbunkern und überfüllten Kellern stand meine Mutter mit den beiden kleinen Kindern allein da.

Jeden Tag, jede Nacht Tote und Verwundete. Angst vor Übergriffen der russischen Soldaten, die in die Wohnungen drangen, plünderten und die Frauen mit Gewehrkolben schlugen, um sie gefügig zu machen.

Meine Großmutter versteckte ihre beiden siebzehn und achtzehn Jahre alten Töchter und hüllte sie in unförmige, viel zu große Kleidungsstücke. Ihre Gesichter verbarg sie unter Tüchern. Ein geradezu verzweifelter Versuch, sie besonders hässlich aussehen zu lassen. Sie hatten Glück, die Frauen meiner Familie. Sie blieben unberührt.

Wann genau die gesamte Familie Gleiwitz verlassen musste, habe ich nicht in Erinnerung. Möglich, dass ich nicht gefragt habe, weil ich dachte, es wäre gleich nach dem Einmarsch der Roten Armee in den Januartagen gewesen. Die politischen Entscheidungen über Gebietsansprüche und Gebietsabtretungen habe ich damals noch nicht verstehen können. Kein einziges Dokument und keine Fotos konnte meine Mutter hinüberretten.

„Das war erst nach der Kapitulation, als wir das Wohnrecht verloren hatten und uns zur Ausreise bereiterklären mussten. Plötzlich ging alles ganz schnell“, beginnt meine Mutter, während ihr die Tränen über das Gesicht laufen. Wir schauen beide hinter das Grau und sie fährt fort: „Das kannst du dir gar nicht vorstellen! Die haben mich mit einem Gewehr bedroht und auf Polnisch beschimpft. Nein, es waren keine Russen, die uns rausgejagt haben, es waren Polen“, klärte sie mich auf.

„In Windeseile musste ich den Peter und die Ilse anziehen. Einen Bettbezug durfte ich einpacken und Wechselwäsche, sonst nichts. Ich war völlig kopflos und konnte nicht glauben, dass ich die herrlichen Schlafzimmermöbel, die der Papa uns angefertigt und zur Hochzeit geschenkt hatte, und die moderne Küche diesen Vandalen überlassen musste. Mir ist nichts geblieben, nur das, was ich anhatte, und meine Kinder. Ich weiß nicht mehr, wo wir uns zu versammeln hatten, wir waren nur froh, dass die Muttel, der Papa, Rösel, Christa, Alfred und Günter, wir alle zusammenbleiben konnten. Das ganze Elend hatten wir nur diesem dreimal verfluchten Adolf zu verdanken."

Sie wischt sich die Tränen aus dem Gesicht und von der Nähmaschine und näht die Naht zu Ende, die sie vor einer kleinen Ewigkeit begonnen hat.

Ein anderes Mal schilderte sie die Zustände, die unterwegs herrschten. Von hygienischen Bedingungen, die keine waren, von Toten rechts und links des Trecks. Von Menschen, die vor Erschöpfung einfach liegenblieben und von Kinder, die von ihren Angehörigen zwischen den Menschenmassen getrennt wurden und schutzlos umher irrten. Es konnte ihnen niemand helfen, jeder kämpfte für sich ums Überleben. Man war verlaust und bekam die Krätze.

Heute liegt mir doch das eine oder andere Dokument vor, mit dessen Hilfe ein Eckpfeiler mitten in dieses Chaos gesetzt werden kann. Es ist der Flüchtlingspass Nr. 1402, ausgestellt am 21.10.1945 in Görlitz auf den Namen Christa Steiner: *Amtlicher Ausweis für alle Deutschen über 14 Jahre, die aus ihrem Wohnort ausgewiesen und dorthin infolge Übernahme des Gebietes durch einen anderen Staat nicht zurückkehren können. Dieser Ausweis berechtigt zu Inanspruchnahme der öffentlichen Flüchtlingsbetreuung, zur vorläufigen und endgültigen Unterbringung.*

Am 1. April 1944, als der Herr Regierungsrat Becker und ihr Vater Emil Steiner, den Anlernvertrag zur Ausbildung als Bürogehilfin im Gleiwitzer Arbeitsamt in der Oberwallstraße 7 unterzeichneten, war Christa sehr stolz. Ein neuer Lebensabschnitt begann und sie würde eine gute Bürokraft werden.

Zwei Häuser neben dem Arbeitsamt, in der Nummer 9a wohnen die Eltern eines jungen Mannes, der bereits am 24. 10. 1942 an die Front gerufen wurde.

Sein Wehrpass trägt die *Wehrnummer Gleiwitz 24/18/313, Erkennungsmarke Nr. 146*. Kriegshandlungen treiben ihn von Ingolstadt nach Brest-Litowsk und wieder zurück. Er erhält Auszeichnungen für Tapferkeit und eine schwere Verwundung und erlebt das Kriegsende im Lazarett im brandenburgischen Glindow bei Werder/Havel.

Christas Zukunftsträume von einem interessanten Arbeitsplatz im Arbeitsamt Gleiwitz gehen im Strudel der Ereignisse unter. Görlitz ist nicht die letzte Station der Familie auf dem Weg in eine ungewisse Zukunft. Das Tagesziel heißt jeweils: Zusammenbleiben und überleben.

Wann sie alle das Flüchtlingslager in Görlitz verlassen haben und aus welchen Gründen sie später ausgerechnet in Ribnitz-Damgarten bzw. auf dem Forsthof in Gelbensande nahe der Ostsee ein Dach über dem Kopf erhielten, kann nicht mehr rekonstruiert werden.

Ich blätterte eines Tages in meinem Schulatlas und suchte den Ort auf der Karte. Meine Mutter winkte verächtlich ab und schaute gar nicht erst hin. „Es war das ewige Rauschen des Meeres, der ewige Wind in den Bäumen, was mich mürbe gemacht hat. Ich konnte es nicht mehr hören. Alle mussten auf dem Forsthof arbeiten, für ein paar Kartoffeln und etwas Fett. Es gab beinahe täglich diese Kohlrübensuppe.

Treckel hieß die Familie, ich weiß nicht mehr, die waren die

Verwalter oder so etwas. Ich nähte für die Frau ein paar Sachen mit der Hand, damit sie mir wenigstens für die Kinder was zu essen gab. Zu Weihnachten hat die Muttel aus Malzkaffee und Schrot und was weiß ich, was da noch drin war, einen Kuchen gebacken. Die Treckel hat uns eine Kerze geschenkt und ein paar Kohlen und Holz für den Eisenofen in der Ecke."

Hinter dem gewohnten Grau wird es für mein Gefühl noch ein wenig dunkler. Wie sie den Winter überstanden haben, da draußen im Nirgendwo, ich kann es mir nicht vorstellen. Es müssen dramatische Stunden gewesen sein, die meiner Mutter beinahe den Lebensmut genommen haben.

Von meinem Vater kein Lebenszeichen, keiner weiß, wie es weitergehen soll, und die kleine Ilse verweigert jegliche Nahrung. Das Kind hat genug von der Rübensuppe. Sie bekommt Fieber und Durchfall. Dann stirbt sie. Als meine Mutter ihre kleine Tochter in diese fremde Erde legen muss, ist das Kind noch nicht einmal zwei Jahre alt.

An die Ostsee fährt sie nie mehr in ihrem Leben. Sie will das Rauschen nicht mehr hören und noch weniger in die Nähe des Ortes gelangen, an dem sie ihr totes Kind allein zurücklassen musste.

Ein Schicksal, das sie mit Abertausenden teilte, und doch bleibt jedes für sich ein ganz persönliches Drama.

Wo war ihr Mann, dem sie das Schreckliche mitzuteilen hatte und dessen Trost sie so sehr gebraucht hätte? Sie wusste es nicht. Ein Inserat in einer Berliner Zeitung, die meiner Mutter in die Hände fällt, dort oben, wo ihrer Meinung nach nichts als Meeresrauschen und Wind ist, wird den weiteren Lebensweg aller Familienmitglieder bestimmen. Der Berliner Bauunternehmer Wetzel sucht einen Bau- und Möbeltischler. Sie gibt die Zeitung meinem Großvater.

Die Würfel sind gefallen. Schon am 11. 03. 1946 hält er laut Auszug aus dem Berliner Melderegister die Zuweisung für eine Wohnung im Eichkamplager, im Jagen 81, Berlin-Charlottenburg, in den Händen. Der Arbeitsvertrag mit der Firma Wetzel ist unter Dach und Fach. Dem Nachzug der in Gelbensande zurückgelassenen Familienmitglieder steht nichts mehr im Wege. Die beste Dramaturgie schreibt immer noch das Leben.

Der Nachzug gilt für alle Familienmitglieder, auch die inzwischen Volljährigen. Nur für meine Mutter und ihren Peter gilt das nicht. Sie gehört nicht mehr zur Familie. Sie ist verheiratet. Und während nun ihr Eltern und Geschwister die Reise in den „goldenen Westen“ antreten, wird meine Mutter nach Liebenwalde in einen Gartenbaubetrieb verfrachtet. In die Sowjetische Besatzungszone. Ein Riss geht durch die Familie, ohne eigenes Verschulden.

Von Liebenwalde wird sie weiter geschickt. Wo wird sie Fuß fassen und neu beginnen können? Wo wird der Ort sein, an dem sie zur Ruhe kommen und die furchtbaren Ereignisse und Bilder im Kopf verarbeiten kann? Und wo ist ihr Mann?

Ein Fluss nimmt seinen Lauf mitten durch die Stadt, die für meine Mutter und ihren Peter die neue Heimat werden wird. Hier geht die ungewollte, von Entbehrungen und Katastrophen überladene Reise zu Ende. Fürstenwalde an der Spree heißt die mittlere Kleinstadt, die im Krieg schwer zerstört wurde. Zunächst arbeitet meine Mutter als Zimmermädchen im Hotel „Zur goldenen Krone“. Es wird nur von russischen Offizieren bewohnt.

Alptraum oder Glücksfall? „Wenn mich einer auch nur angefasst hätte, dann hätte ich ihn ermordet!“, gab sich meine Mutter äußerst kampfbetont, wenn wir mal wieder für kurze Zeit hinter dem Grau verschwanden. „Es kam vor, dass mir einer hin und wieder etwas zusteckte: ‚Da, Frau nimm, für Kind‘. Etwas Speck oder eine Ecke Butter oder einen Räucherfisch.“

In dieser Zeit meldet sich mein Vater aus dem niedersächsischen Oldenburg. Er versucht meine Mutter davon zu überzeugen, mit Peter über die „grüne Grenze“ in den Westen zu kommen. Das kommt für meine Mutter nicht in Frage, die Gefahr, von den Russen erschossen zu werden, ist einfach zu groß. Offensichtlich zögert er, in die Sowjetische Besatzungszone zu kommen, wo Frau und Kind warten.

Erst ein Ultimatum, gestellt von meiner Mutter und im Inhalt unmissverständlich, lässt ihm keinen Spielraum mehr zu weiteren Überredungsversuchen. 1947 bekommt mein Vater eine Stelle als Qualitätsprüfer im Fürstenwalder Reifenwerk und wird dem Betrieb bis zum Rentenalter treu bleiben.

Meine Eltern beziehen eine kleine Wohnung am Goetheplatz 16. Im Hotel „Goldene Krone“ wird meine Mutter nun nicht mehr arbeiten. Meine Eltern sind auf dem besten Weg, einen Neuanfang zu wagen.

Im April 1949 komme ich auf die Welt. Vorher hat meine Mutter ein Kinderbett besorgt und mit der Hand das Bettzeug genäht. Aus dem Bettbezug, den sie bei der Ausweisung aus Gleiwitz mitnehmen durfte und über die Zeit gerettet hat. Irgendwoher treiben sie eine Nähmaschine auf, die auch noch einwandfrei funktioniert. Und meine Mutter beginnt ihre Karriere als Schneiderin. Ohne Ausbildung, ohne Meisterbrief und ohne Steuernummer. Entsprechend niedrig sind ihre Preise, immer den jeweiligen finanziellen Verhältnissen der Kundinnen angepasst.

Sie näht Braut- und Abendkleider, Sommer- und Winterkostüme, Jackenkleider, Trägerröcke, Blusen und Westen. Hosenaufträge lehnt sie ab. Weil sie auch keine trägt. Sie arbeitet für Friseurinnen, Verkäuferinnen aller Branchen, für „Landeier“ und Arztfrauen, Kneipenwirtinnen und für die Frauen der

Schachfreunde meines Vaters. Und später für meine Klassenlehrerinnen.

Das Leben normalisiert sich ganz langsam. Mit dem „lausigen Kaff“ an der Spree kann sich meine Mutter nicht anfreunden. Sie vermisst ihr geliebtes Gleiwitz mit den vielen Geschäften auf der Wilhelmstraße, ihre Wohnung, die Nachbarin, die Straßenbahn. Einfach alles. Meinen Vater scheint die Sehnsucht weniger zu plagen, oder er lässt es sich nicht anmerken. Er spricht nicht über die Zeit davor.

Noch hat sich die Familie nicht merklich voneinander entfernt. Man kann sich ja besuchen. Das Jahr 1950 bietet gleich zwei Anlässe, mit allen Familienmitgliedern zu feiern. Am 17. Juni treten Herr Eduard Reschka, der junge Mann mit der *Wehrnummer Gleiwitz 24/18/313* aus der Oberwallstr. 9a und das Fräulein Christa, die ihre Ausbildung zur Bürogehilfin nicht mehr abschließen konnte, in West-Berlin vor den Traualtar. Die Welt ist doch ein Dorf. Wenige Wochen später heiratet auch Rösel und bekommt Zwillinge.

Die Zeit vergeht und während meine Eltern auf der Suche nach der „russischen Seele“ sind und begeistert die russischen Klassiker lesen, den Donkosaken-Chor und das Alexandrow-Ensemble nicht ohne Grund verehren, blättern meine Großmutter und meine Tanten in der Regenbogenpresse. Dafür kennen sie sich in der Welt der vermeintlich Schönen, aber ganz sicher Reichen besser aus.

Die Zeit des Wirtschaftswunders bricht an. Es macht um die DDR einen großen Bogen. Hier wird an einem eigenen Erfolgsmodell gebastelt. Am Sozialismus. Und damit von außen niemand dabei stört und Kritik von innen auch dort verhallt und notfalls bekämpft werden kann, wird am 13. August 1961 ein sogenannter antifaschistischer Schutzwall errichtet.

Die DDR verschwindet hinter Stacheldraht und baut quer durch Berlin eine Mauer. Allzu unübersichtliches Gelände wird vermint. Selbstschussanlagen richten sich nicht gegen Eindringlinge, sondern gegen das eigene Volk, dem das Recht verwehrt wird, selbständig zu denken und zu handeln. Entweder es arbeitet, lebt und denkt sozialistisch, oder es lässt es. Dann allerdings bekommt es Probleme.

Und so driften in den folgenden 28 Jahren nicht nur die unterschiedlichen Wirtschaftssysteme immer weiter auseinander, sondern auf sehr schmerzliche Weise die durch ein absurdes Bauwerk getrennten Teile der Familie.

Man sieht sich in den ersten Jahren nach dem Mauerbau gar nicht und dann, unter erschwerten Bedingungen, nur ganz selten. Es gehen Briefe hin und her und in unsere Richtung auch Pakete. Die einen kaufen sich erst kleine und dann größere Autos und fahren nach Italien oder fliegen nach Mallorca. Wir fahren in den Spreewald und nach Thüringen. Da ist es auch sehr schön.

Der verlorene Krieg war nie ein Reizthema zu Hause, das empfanden meine Eltern nicht als Niederlage. Im Gegenteil, man war den Alliierten dankbar, dass sie diesem Wahnsinn ein Ende bereitet hatten.

Ungerecht empfand meine Mutter eher die Tatsache, dass sie im Frühjahr 1946 ihrer Familie den Weg in ein schönes Leben geebnet hatte und sie selber in die falsche Richtung geschickt wurde. Das kam ihr wie eine Niederlage vor.

Trotz allem hatten sich auch meine Eltern in ihrem neuen Leben gut eingerichtet. Klagen hörte ich sie nie, nur der Mauerbau hatte sie schwer getroffen. Das Wichtigste aber war für sie – es war Frieden und niemand musste verhungern.

Alle, über die hier geschrieben wurde, sind inzwischen gegangen. Was weiterlebt ist die Erinnerung an meine Großmutter, meinen Großvater, an Christa, Rösel, Alfred und Günter. An meinen Vater, den Schweigsamen. Und an meine Mutter, die damals, als ihr all das passierte, gerade einmal sechsundzwanzig Jahre alt war.

Ich hatte euch in meinem Leben – danke dafür!
(Kriegsweihnacht 1940, Fichtestraße 4, Gleiwitz)

Elfriede Richter

Als Kind im Zweiten Weltkrieg

„Seit 5 Uhr 45 wird jetzt zurückgeschossen.“ So verkündete Hitler am 1. September 1939. Der Krieg war ausgebrochen. Unsere Soldaten marschierten in Polen ein. Schon lange vorher war befürchtet worden, dass Hitler in seinem allmächtigen Drang, die Welt zu erobern, auch den bewaffneten Angriff auf die Nachbarländer nicht scheuen würde. Die Judenverfolgung und die Annektierung von Österreich waren schon deutliche Zeichen für den Machtwillen des Diktators.

Meine Eltern unterhielten sich schon lange darüber. Mein Vater, der im ersten Weltkrieg in Frankreich gekämpft hatte und dort auch verwundet worden war, sah mit großer Skepsis den Ereignissen entgegen.

Wir Kinder waren gerade aus dem Ferienurlaub in Berlin zurückgekehrt. Die Schule hatte wieder begonnen. Die Hausfrauen hatten in den letzten Wochen schon haltbare Lebensmittel in Mengen eingekauft. Eine Knappheit war zu erwarten. Einige Lebens- und Genussmittel, wie Kaffee, waren schon wochenlang vorher kaum noch zu haben.

Nun war es Ernst geworden. Stellungsbefehle für Männer kamen täglich in die Familien. Da hieß es, zur Grundausbildung in die Kasernen einrücken. Soldaten zogen in Marschkolonnen singend durch die Stadt. Von Begeisterung der Bevölkerung war nichts zu merken.

Bei uns in der Schule wurden auch zwei Lehrer einberufen. Der eine, ein noch junger sehr beliebter Pädagoge, ist nicht wieder zurückgekommen.

In der Wohnung galt es, die Fenster abends zu verdunkeln. In den Mietshäusern wurde ein Kellerraum zum Luftschutzraum ausgebaut. Ein Mann aus dem Haus wurde „Luftschutzwart“ und musste dafür sorgen, dass kein Licht nach außen drang und dass alle Bewohner bei Alarm den Schutzraum aufsuchten.

Lebensmittel wurden rationiert. Jeder bekam eine Lebensmittelkarte, mit der man nur bestimmte Mengen einkaufen konnte. Kaffee, Tee und Südfrüchte gab es nicht mehr. Schokolade und andere Süßigkeiten wurden nur zu Weihnachten für Kinder ausgeteilt.

Mit der Milchkanne gingen wir zum Milchgeschäft. Es gab für jedes Kind einen halben Liter „blaue Milch“, wie wir sie nannten. Für Erwachsene gab es keine.

Für Kleidung und Schuhe musste man einen Bezugschein beantragen. Das bedeutete für die jüngeren Geschwister, die Kleidung der Älteren nachzutragen. Unsere Mutter war immer damit beschäftigt, die Sachen zu waschen und zu stopfen oder zu flicken.

Viele Gebrauchsartikel, wie zu Beispiel Kämme oder Haarbürsten, gab es nur selten zu kaufen. Die Leute standen dann vor dem Geschäft Schlange und oft, wenn sie an der Reihe waren, hieß es „ausverkauft“.

Schon bald während des Krieges in Polen kamen die ersten Mitteilungen vom Tod eines Soldaten an der Front. „Für Führer, Volk und Vaterland gefallen“ hieß es in der Zeitung. Immer häufiger kam die Nachricht, als auch die Fronten im Westen gegen die Beneluxstaaten und Frankreich mit heftigen Kämpfen eröffnet waren. Viel Leid herrschte in den Familien, die einen Vater oder Sohn verloren hatten.

In unserer Schule hatten wir einen Lehrer, der als begeisterter Nazi häufig von dem geliebten Führer und seinen Heldentaten schwärmte. Er war im Ersten Weltkrieg gewesen und erzählte oft stundenlang von seinen Kriegserlebnissen. Wir nutzten das aus:

Wenn wir keine Lust auf den Unterricht hatten, musste jemand eine entsprechende Frage stellen und die Stunde war gerettet.

Ein ehemaliger Schüler, der mit dem Eisernen Kreuz ausgezeichnet war, kam im nächsten Urlaub in unsere Klasse und erzählte von seinen Heldentaten. Er ist später auf dem „Felde der Ehre“, wie man es damals nannte, gefallen.

Viele Soldaten kamen in unsere Stadt. Wir hatten auch Einquartierung von einem Tierarzt, Ich glaube, er war Oberleutnant. Jedenfalls hatte er einen Burschen, der jeden Morgen kam und die Stiefel putzen musste. Er brachte auch die Tagesverpflegung für seinen Herrn mit.

Wir waren scharf auf das Kommissbrot, das die Soldaten bekamen. Überhaupt hatten wir Kinder in den ersten Jahren des Krieges noch nicht die ganze Tragik des Hitlerkrieges erkannt. Wir wurden noch satt, Süßigkeiten hatten wir auch vorher nicht viel bekommen. Aufregend fanden wir es, als wir in der Dunkelheit leuchtende Knöpfe an die Kleidung stecken mussten und morgens in der Schule süße Vitamintabletten bekamen.

Auch, dass wir abends in den Luftschutzkeller gehen mussten, fanden wir zunächst noch spannend. Alle Hausbewohner versammelten sich dort. Eine ältere Dame klagte jede Nacht über eine andere Krankheit. Wir amüsierten uns darüber, dass sie immer von Volkskornbrot sprach, das sie offensichtlich nicht vertragen konnte. Dann brachte ein freundlicher dicker Herr seine Zither mit und spielte darauf. Wir Kinder lagen auf Pritschen und sind manchmal auch eingeschlafen. Draußen war es noch ruhig.

Das änderte sich aber, als wir erstmals die feindlichen Bombenflugzeuge über uns hörten, die Flak donnernd danach schoss und die Bomben nach lautem Heulen in der Nähe einschlugen. Der erste Angriff auf Haltern dauerte nur einige Minuten, dann war es wieder ruhig.

Der Luftschutzwart ging nach oben und meldete, dass alles in Ordnung sei. Am nächsten Tag gingen wir in das Viertel, das in der Nacht getroffen worden war. Wir sammelten Bombensplitter. Gott sei Dank waren bei diesem Angriff keine Menschen getötet worden.

Der Feldzug in Polen war ein Blitzsieg, der von der Regierung gefeiert wurde. Dauernd wurden im Radio Sondermeldungen über die Erfolge der deutschen Wehrmacht gegeben. Manche Schulstunde fiel aus, weil eine Führerrede gesendet wurde, die wir anhören mussten.

Mir fiel schon als Kind auf, dass Hitler immer so laut schrie und dabei ein verzerrtes Gesicht machte, wie man in der Wochenschau im Kino sehen konnte. Es war für uns Kinder stinklangweilig. Wir beschäftigten uns mit anderen Dingen wie dem Austausch von Glanzbildern. Oder wir fabrizierten auf der Hand Sterne mit Salmiakpastillen, die es zunächst noch zu kaufen gab.

Auch als die Front im Westen begann, erklang häufig im Radio die Melodie, die einer Sondermeldung vorausging. Ich glaube, es war ein Stück aus einer Symphonie von Beethoven. In unserem Haus wohnte damals ein SS-Sturmbannführer. In der Familie waren auch drei Kinder unseres Alters. Sie wurden so recht im Sinne des Führers erzogen. Statt Weihnachten feierten sie das Julfest. Ich erinnere mich, wie Uschi die in meinem Alter war, ganz traurig bei uns den Weihnachtsbaum und die Krippe anschaute.

Ihr Vater wurde später zur Waffen-SS nach Polen eingezogen. Die SS-Leute lebten dort auf einem Gutshof, den sie sich angeeignet hatten. Ganze Lastwagen von kostbaren Antiquitäten und teurer Kleidung schickten sie nach Hause. Als in Polen nichts mehr zu holen war, zogen sie in das eroberte Holland, die Kinder zeigten uns stolz, was Vater von dort mitgebracht hatte. Sie aßen die Schokolade wie wir unser Butterbrot.

Die Regierenden meinten auch, dass wir Kinder eine besondere nationalsozialistische Erziehung nötig hätten. Alle Kinder wurden mit zehn Jahren zu den Jungmädchen oder dem Jungvolk, und mit vierzehn Jahren zum BDM bzw. der Hitlerjugend erfasst. Einmal in der Woche mussten wir „antreten". Wir haben dort viel Spaß gehabt, Lieder gesungen und Volkstänze geübt. Unsere „Führerinnen" haben unsere Einstellung zum Hitlerregime keineswegs verändert.

Als der Russlandfeldzug begann, wurde der Krieg auch für uns immer gefährlicher. Jede Nacht verbrachten wir im Luftschutzkeller. Wir hatten Angst, wenn die Sirene durch ein dreimaliges Heulen die Annäherung von Bombengeschwadern ankündigte. Manchmal hatten wir Glück und die Flugzeuge flogen weiter, allerdings begleitet vom fürchterlichen Knallen der Fliegerabwehrkanonen. Dann aber luden sie ihre tödliche Ladung auch in unserer Stadt ab.

Immer, wenn die Bomben durch die Luft herunter heulten, fürchteten wir, dass sie uns treffen. Bis auf gesprungene Fensterscheiben ging es gut. Schon längst sammelten wir keine Bombensplitter mehr, sie lagen ja überall herum. Nach einem solchen Angriff warteten wir auf den gleichmäßigen Ton der Sirene, der „Entwarnung" hieß. Wir durften hoffen, dass wir für dieses Mal gut davon gekommen waren. Die zerbrochenen Fensterscheiben wurden mit Pappe zugeklebt.

Am nächsten Morgen gingen wir unausgeschlafen zur Schule. Dass dabei nicht viel gelernt wurde, ist wohl verständlich, zumal wir auch noch ständig durch Führerreden oder die Reden von Goebbels oder anderen hohen Nazis abgelenkt wurden. Das Papier wurde knapp. Neue Hefte bekamen wir nur, wenn wir die alten abgaben.

Im Kriegswinter strickten wir Wollsocken für die Soldaten in Russland und packten Feldpostpäckchen mit warmen Schals und einem Kuchen oder Plätzchen, manchmal auch mit ein paar Zigaretten.

Immer häufiger kam die schreckliche Nachricht über den Tod eines Vaters oder Sohnes in die Familien. Von „stolzer Trauer“ war in der Zeitung kaum noch die Rede. Auch die Floskel „für Führer und Vaterland gestorben“ konnte die Trauernden nicht trösten. Schrecklich war auch die Nachricht, dass der Vater oder Sohn verletzt oder in Gefangenschaft geraten sei.

Meine Schwester, die einige Jahre älter war als ich, musste in den großen Ferien in einer Munitionsfabrik arbeiten. Sie durfte aber nicht erzählen, welche Arbeit sie dort verrichten mussten. Erst nach dem Krieg berichtete sie, dass sie dort bei der Herstellung von Panzerfäusten mitgeholfen hatten.

Bei der Bevölkerung wurde es immer deutlicher, dass wir trotz der siegesgewissen Sondermeldungen und Reden der führenden Nazis den Krieg nicht mehr gewinnen konnten. Natürlich durften diese Bedenken nicht laut geäußert werden. Wer seine Meinung sagte und dabei gehört wurde, kam ins Konzentrationslager.

Mein Vater hörte täglich den englischen Sender für Deutschland. Der Apparat wurde nur ganz leise eingestellt, denn es war natürlich streng verboten und konnte, wenn es entdeckt wurde, mit Konzentrationslager bestraft werden. Aber so erfuhr man, wie die Fronten wirklich standen.

Mein Vater wurde 1942 an die Reichsbahndirektion nach Münster versetzt. Das bedeutete für die Familie einen Umzug nach Münster. Erst jetzt erlebten wir den Luftkrieg in seiner ganzen Schärfe. Unsere Wohnung war auch besonders gefährdet, da in der Nähe eine Fabrik war, in der Flugzeugteile hergestellt wurden. Jede Nacht hieß es: „Aus dem Bett, anziehen und Rucksack auf!“ Lebenswichtige Dinge mussten mitgenommen werden. Wir zogen mit Sack und Pack in den Bahnhofsbunker.

Die Angst lief mit, wenn unterwegs schon die Sirenen Alarm gaben. Wenn wir Glück hatten, erreichten wir den Bunker noch, bevor dort die Türen geschlossen wurden. Es war eine schreckliche Atmosphäre dort.

Die Luft war schlecht, Kinder schrien. Erwachsene unterhielten sich laut oder beteten. Wenn dann das Getöse draußen losging, wurde es im Bunker still. Draußen heulten die Bomben und schlugen mit lautem Knallen ein. Der Bunker bebte und schwankte, aber er hielt.

Später ist ein Bunker getroffen worden und es gab 60 Tote und viele Verletzte. Als wir nach einem nächtlichen Angriff nach der Entwarnung heraus konnten, sahen wir überall die rauchenden Trümmer und brennenden Häuser. Wir wussten ja nicht, ob unser Haus noch stand. In der Nachbarschaft war ein Haus total zerstört worden. Feuerwehrmänner trugen die Toten heraus. Hier hatte auch eine Mitschülerin gewohnt, ich habe sie nie wieder gesehen. Mich packte die Angst.

Bald aber hatten wir auch tagsüber keine Ruhe mehr. Wenn die Sirene heulte, mussten wir die Klassen verlassen und in einen Schutzraum gehen. An einen normalen Unterricht war nicht mehr zu denken.

1943 wurden dann alle Schulen der Stadt nach Bayern evakuiert. Meine Eltern entschlossen sich, uns zur Großmutter auf den Bauernhof im Emsland zu schicken. In dem kleinen Dorf war die Gefahr von Fliegerangriffen nicht so hoch und wir hatten genug zu essen. Ich besuchte dort die Mittelschule.

Es war eine Erholung für uns, nachts wieder schlafen zu können. Zwar hörten wir auch die Bombengeschwader nach Berlin fliegen, wir fühlten uns in dem kleinen Dörfchen aber sicher.

Nur quälte uns ständig die Angst, wie es den Eltern in Münster ging. Meine Großmutter hatte wohl ein Telefon, aber die Leitungen waren oft unterbrochen.

Am Ende des Jahres kam auch meine Mutter zu uns. Mein Vater fuhr täglich von Münster in ein kleines Dorf, wo er bei Bekannten übernachten konnte. Unsere Wohnung in Münster wurde von Brandbomben getroffen. Da wir unten wohnten, konnte mein Vater noch einige Sachen retten.

Die Lage an den Fronten verschärfte sich. Besonders belastet waren unsere Soldaten im russischen Winter. Der Fall von Stalingrad war wohl der Anfang vom Ende. Immer mehr Soldaten mussten ihr Leben lassen oder wurden schwer verwundet. und Tausende Zivilisten starben im Bombenkrieg in der Heimat.

Die Stimmung der Bevölkerung war längst auf dem Tiefpunkt. Die Regierung versuchte immer wieder, durch Falschmeldungen von der Front die Bevölkerung zu beruhigen. Dann berichteten sie von einer Wunderwaffe, die sie entwickelt hatten und mit der ganz England ausgelöscht werden könnte. Gemeint war die V2. Die Zuteilung von Lebensmitteln wurde immer knapper, sodass die Menschen in den Städten Hunger litten.

Immer wieder hörte man von den Morden an Menschen „zweiter Klasse“, gemeint waren Juden, Farbige und Menschen mit Behinderungen. Verwandte von uns holten ihre am Downsyndrom erkrankte Tochter, die in einem Heim lebte, nach Hause, um sie vor diesem Schicksal zu bewahren.

Viele Eltern erhielten die Nachricht, dass ihr Kind an Lungenentzündung verstorben sei. In Wirklichkeit wurde dieses „unwerte Leben“ in der Gaskammer oder per Spritze ausgelöscht. Von den Qualen und Tötungen von Hunderttausenden von Menschen in den Konzentrationslagern habe ich als Kind allerdings erst nach dem Krieg erfahren.

Unser Bischof Clemens August Graf von Galen wagte es, die Regierung wegen dieser Methode öffentlich anzuklagen. Wir Kinder haben damals die vervielfältigten Predigten des Bischofs heimlich in die Briefkästen gesteckt. Die Bevölkerung hatte Angst um die Person dieses tapferen Mannes. Aber die Regierung hat nichts gegen ihn unternommen. Wahrscheinlich befürchteten sie einen Aufstand der Bevölkerung.

Kurz vor Ende des Krieges erreichte uns auch in dem kleinen bislang friedlichen Dorf der ganze Schrecken des Krieges. Aus unserer Klasse wurden die Jungen (Fünfzehnjährige) eingezogen. Sie bekamen eine Panzerfaust in die Hand und nun hieß es: „Ran an den Feind!" Später hat ein vernünftiger Feldwebel sie nach Hause geschickt.

Die Bauern auf den Feldern wurden von Tieffliegern beschossen. Kanonendonner war schon in den letzten Wochen zu hören. Wir schrieben unseren letzten Aufsatz mit dem Thema: „Wie kann ich helfen, den Krieg zu gewinnen". Am Sonntag nach Ostern 1945 erlebten wir auch dort in dem sonst friedlichen Dörfchen einen Bombenangriff. Über zwanzig Menschen kamen dabei ums Leben.

Schließlich hörten wir am nächsten Tag die Panzer heranrollen. Am Nachmittag war alles ruhig. Die Kanadier hatten das Dorf eingenommen.

Leider sind in der Nacht deutsche Soldaten zurückgekommen und haben die Kanadier in ihren Zelten beschossen. Wie später erzählt wurde, soll der Kommandant von Zivilisten getötet worden sein. Es entwickelten sich heftige Straßenkämpfe, bei denen das Haus meines Onkels, in dem wir wohnten, in Brand geriet. Wir mussten heraus und fanden Schutz in einem Graben.

Später wurde der Hof meiner Großeltern neben vielen anderen Häusern des Dorfes gesprengt, als Sühne für den erschossenen Kommandanten. Wir hatten unser letztes Hab und Gut verloren. Aber wir waren lebend davongekommen.

Oft denke ich auch heute noch zurück an den Krieg. Leider müssen noch immer viele Kinder im Nahen Osten und in Afrika in Angst und Schrecken vor kriegerischen Angriffen leben, Flucht, Hunger und schreckliche Krankheiten erleiden, weil immer noch Machtbesessene oder religiöse Fanatiker sie nicht in Frieden aufwachsen lassen.

WALTER SCHUPP

Rückblick

Wir hatten einen heißen Sommer. Mitte des Jahres 1943 bevölkerten Kolonnen von Panjewagen die Königsberger Landstraße, die an unserem 3000-Seelen-Ort Neuhausen vorbeiführte. Alle strebten nach Königsberg, einer ungewissen Zukunft entgegen.

Wo kamen die Panjewagen alle her?

Wie wir erst später erfuhren, hatte Stalin Estland, Lettland und Litauen annektiert. Die Panjewagenfahrer hatten damit ihre Heimat verloren.

Wir hatten eine schreckliche Ahnung: Wann wird es uns treffen?

Im Januar 1945 zündeten die Russen die Scheune des Bauern Witt an. Das eingelagerte Stroh brannte lichterloh. Vom Wohnzimmerfenster aus sah ich, wie die Funken in den nachtblauen Himmel wirbelten.

Einige Tage später wurden wir um 9:00 Uhr morgens durch die Stimme eines russischen Offiziers geweckt. Er sagte: „Schrastwûitje“ und dann auf Deutsch: „Sie müssen hier raus. In zehn Minuten.“

Damit waren wir heimatlos.

Meine Großmutter (ungefähr 80), meine Mutter (40), meine Schwester (9) und ich (11) begaben uns mit einem Handgepäck per pedes in eine ungewisse Zukunft. Das Oberhaupt unserer Familie ist bis zu unserer Vertreibung nicht aus dem Russlandfeldzug heimgekehrt.

Januar 1945: Es war eisig kalt. Der Schnee lag knöchelhoch. Aurora bescherte uns einen blutroten Himmel. Das waren die

Gegebenheiten, unter denen wir die Vertreibung verkraften mussten.

Die große Kälte machte uns allen sehr zu schaffen. Am schlimmsten dran war unsere fußkranke Großmutter.

Nach etwa 200 m wurde unsere Großmutter von einem Russenauto angefahren. Da die Russen uns drängten, weiterzugehen, beeilten wir uns, unsere Großmutter in eine nahegelegene Scheune einzuquartieren; wir betteten die Fußkranke auf Heu und auf Stroh.

Schweren Herzens nahmen wir Abschied von unserer Großmutter. Wir bedauerten, dass unsere Großmutter nun in ihrer letzten Stunde allein bleiben musste. Ihr nahes Ende war abzusehen.

Später (1958) erfuhr ich durch das DRK, dass meine Mutter und meine Schwester in Schloßberg-Pillkallen im Krankenhaus gestorben sind. Die Wirrnisse der Nachkriegszeit hatte ich als Einziger überlebt.

Ich vagabundierte und bettelte bei den Russen um хлеб und мáсло. Manchmal bekam ich etwas Brot und Butter.

Ich vagabundierte, bis die Russen mich aufgriffen und in das Juditter Kinderhaus IV brachten. Dort war ich zusammen mit rund 120 Waisen, Jungen und Mädchen.

Die Zustände in dem Waisenhaus waren katastrophal. Drei Betreuerinnen versorgten die Waisen so gut, wie es irgendwie ging. Es fehlte an allem. Die Räume, die zum Schlafen und Essen dienten, hatten nur Tische und Bänke. Die doppelstöckigen Betten hatten keine Bettwäsche. Als Laken und Bettdecke diente dickes Papier. Flöhe gab es massig.

Die hygienischen Verhältnisse waren erbarmungswürdig. Es gab nicht einmal eine Latrine. Es standen nur Eimer bereit. Die

Nachtwache entsorgte die Kloeimer im Garten, damit sie nicht überliefen.

Später wurde das Wasser kilometerweit von den „Höfen" geholt. Selten gab es einen Badetag. Die Krätze wurde mit Spitzwegerich bekämpft.

Das Kardinalproblem war die Ernährung. Morgens gab es eine Scheibe trockenes Brot und abends ebenfalls. Hin und wieder gab es dazu einen Heringskopf. Mittags gab es eine dünne Suppe respektive „Kascha" – das war ein Brei aus Grütze, Hirse, Kartoffeln oder Erbsen.

Alles in allem war es so unwirtlich, dass ich nach ein paar Tagen bei Nacht und Nebel geflohen bin. Ich vagabundierte wieder, bis die Russen mich erneut aufgriffen und zu einem Ehepaar Berger (ca. 50) in Trakehnen brachten.

Hier wurde ich am nächsten Morgen entlaust. Anschließend gab es einen herrlich duftenden Kaffee und Toast. Dann bekam ich ein Arbeitspensum zugeteilt, das darin bestand, Pferde zu hüten. Ich lernte das Hauptgestüt Trakehnen kennen.

Als ich krank wurde, wurde ich in ein nahes Krankenhaus eingeliefert. Ich hatte Lungenentzündung im Anfangsstadium. Nach meiner Genesung wurde ich nach Mauern (am Mauersee) gefahren. Hier war alles bestens. Es gab regelmäßige Mahlzeiten. Und die Schlafstätten waren auch ordnungsgemäß.

Einmal machte die Heimleiterin (ungefähr 50) mit uns einen Ausflug. Die Heimleiterin stand mit einer Kinderschar am Ufer des Mauersees, während Arthur (18) einen Kahn lenkte. Ihm gegenüber saß Eva (15). Plötzlich sprang ein junger Russe nackt in den Kahn. Die Heimleiterin rief in panischer Angst: „Arthur, komm sofort zurück!" Als Arthur dann wendete, sprang der Russe flugs von Bord.

Vor dem Frühstück mussten wir immer zum Frühsport antreten. Wir machten gymnastische Übungen. Der Betreuer achtete darauf, dass alle mitmachten.

Einmal hieß es morgens: „Kinder, wir machen eine Reise". Viehwaggons, die mit Heu und Stroh ausgelegt waren, standen für unsere Reise bereit.

Wir fuhren drei Tage und drei Nächte quer durch Ostpreußen. Von der Gegend haben wir leider nichts mitbekommen. Endlich hatten wir unser Ziel – Kletzke bei Bad Wilsnack in der DDR – erreicht. Wir wurden herzlich empfangen.

Eines Tages erschien im Waisenhaus in Kletzke eine ältere Dame, Erna Hüfner, die zwei Burschen abholen wollte.

Siegfried kam zu Schneiders, bei denen er es sehr gut antraf. Er kam in eine Landwirtschaft hinein. Hier musste er Gänse hüten, das gefiel ihm ganz gut.

Ich kam zu Hüfners. Ich nannte die älteren Leutchen Tante Erna und Onkel Alwin. Endlich konnte ich wieder einem normalen Schulbesuch nachgehen (1947).

Tante Erna hat sich sehr für mich eingesetzt. Ihr verdanke ich sehr viel. Sie sorgte dafür, dass ich eine Lehrstelle zum Chemielaboranten in einer größeren Firma (Zellstoff- und Zellwolle-Werke) in Wittenberge bekam.

Tante Erna und Onkel Alwin waren gute Pflegeeltern. Ich werde sie ewig in guter Erinnerung behalten.

BRIGITTE WEHRT-SCHMORELL

Der Weg und das Ende des Zweiten Weltkriegs

Um das Ende einer Zeitepoche für Nachgeborene verständlich zu machen – besonders einer Kriegssituation – sollte man mit der Erinnerung an den Beginn des Krieges beginnen. Denn Anfang und Ende gehören zusammen.

Über die Nachkriegszeit der fünfziger Jahre ist von mir schon in einer früheren Arbeit referiert worden im Rahmen dieser Anthologien. Deshalb erlaube ich mir jetzt das Gewicht mehr auf den Weg zum Ende zu legen.

Dem Frieling-Verlag mit seinen Mitarbeitern bin ich sehr dankbar für die Veröffentlichung meiner Arbeit im Sonderband zum Zweiten Weltkrieg.

Da meine Erinnerungen aus familiärer Situation heraus zwei Diktaturen, diejenige von Stalin in Rußland, danach ab 1934 eine beginnende in Deutschland umfassen, gedenke ich vieler Menschen, deren Leben eingebunden war in große politische Ereignisse. Sie mußten zwangsläufig Leiden und Tod erfahren.

Ich danke meinem Mann, Dr. Hartmut Wehrt, der in einer über Jahrzehnte währenden Ehe mit viel Empathie Erinnerungen mit mir geteilt hat über Situationen und vor allem Menschen, deren einige Namen hier erwähnt sein sollen. Es sind an erster Stelle meine Eltern! Außerdem der einzige Bruder, Dr. Georg Schmorell, verbunden in gemeinsam erlebter schwerer Kinderzeit in Moskau. Unser Cousin Rudolf Schmorell, geboren in Moskau, in Rußland gefallen als deutscher Soldat. Den drei von fünf Brüdern unserer Mutter und demjenigen des Vaters gehört meine innere Verbundenheit, sie sind verschollen in Lagern weit in Sibirien! – 1943 opferte Alexander Schmorell der „Weißen Rose“

sein Leben während der NS-Diktatur. Medizin-Student kurz vor dem Staatsexamen, wurde er hingerichtet. Die Erinnerungen an ihn aus unbeschwerter kurzer Jugendzeit sind lebendig! … Alle Freuden, alle Schmerzen, die unendlichen …

Über erlebtes Leben nach Jahrzehnten Erinnerungen niederzuschreiben, bedeutet nicht, eine Aktualisierung der Vergangenheit vorzunehmen. Vielmehr sollen sie der Familie gelten und ein geschichtliches Zeugnis sein. Facettenhaft möchten hier einschneidende Begebenheiten und Erlebnisse aus dem Zweiten Weltkrieg und seinem Ende als persönliches Dokument aufbewahrt bleiben.

Auch möchte ich aufzeigen, daß im beginnenden Dritten Reich es schon möglich war, als unpolitischer Bürger zu beobachten, wohin Hitlers Idee führen würde! Unsere Familie war kein Einzelfall, sondern es gab viele Gleichdenkenden. Zurückhaltung und Vorsicht war aber angezeigt, um nicht im Konzentrationslager (KZ) zu landen.

Ich darf an dieser Stelle erwähnen, daß unser Vater bereits im Ersten Weltkrieg als Deutscher für vier Jahre nach Sibirien verbannt wurde!

Alles geben die Götter, die unendlichen, ihren Lieblingen ganz;
Alle Freuden, die unendlichen, alle Schmerzen, die unendlichen, ganz …

Bewußt stelle ich diese Goethe-Zeilen zum zweiten Male meinen Arbeiten voran, denn sie beinhalten in Gänze die Realität des menschlichen Daseins! Schon von Homer in der Ilias allem Geschick des Menschen geweissagt, hat Goethe in der ihm eigenen Weise die dichterische Form verliehen. In dem Wort „ganz“ liegt die unausweichliche Unbedingtheit für die Existenz des

Menschen. Damit ist kein Fatalismus ausgesprochen, sondern eher eine Lebensaufgabe, ein Bemühen um Lernprozesse und Reifung!

Das Unvergessene

Auf einem Mahagoni-Tischchen steht ein mit verzierter Schnitzerei geziertes Gefäß aus Holz. Es ist ein Abschiedsgeschenk der Erinnerung – von einem russischen Bauern an meine Eltern mit den Worten „Schicken sie uns einen Hitler, der uns von Stalin erlösen soll“ in die Hände gegeben. Seit der Enteignung des familiären Sommerhauses, der Datscha, hatten sich die Eltern mit uns Kindern während des Sommers unweit von Moskau bei eben dieser Familie eingemietet, der Vater kam wochenends dorthin. 1934 verließ unsere Familie Rußland. In Deutschland war seit 1933 Adolf Hitler Reichskanzler und einige „ruhmreiche Taten“ waren bereits in Rußland zur Kenntnis genommen worden, jedoch war man schnell eines Besseren belehrt worden.

Instinkt und Erfahrung

Die ersten Fragen in Deutschland gehörten der Person Hitlers. Wer ist dieser Mann und welches Programm hat er im Sinn? Ohne Vorkenntnisse las unsere Mutter als erste der Familie Hitlers soeben erschienenes Buch: Mein Kampf. Ihr Kommentar stand lapidar im Raum am Ende der Lektüre: „Ich glaube, wir sind von einer Diktatur in die andere geraten, ebenso ist deutlich, daß dieser Mann einen Krieg im Sinne hat, den er sicher gegen Rußland führen wird“. Dieser Lektüre folgte ein persönlicher Eindruck.

Die Glocken der Paulskirche in Frankfurt läuteten. Direkt hinter der Absperrkette standen Mutter und ich und sahen also ganz nahe Hitler stehend im Wagen vorbeifahren! Wortlos eilten wir zum Bahnhof, um in die 35 km entfernte Kleinstadt Hanau nach Hause zu fahren – uns fröstelte …! Diese beiden Erlebnisse, die Lektüre und der persönliche Eindruck stellten die ersten Zeichen dar, die uns veranlaßten, die Ereignisse wachsam wahrzunehmen.

Wir hatten durch freundliche Fürsprache die Möglichkeit, im Schloß Philippsruhe, einem am Main gelegenen Barockschloß, eine kleine Wohnung zu bekommen. Das Schloß gehörte zu dem Besitz des damaligen Landgrafen von Hessen und Nassau. Dort stieg dann das von den Busfahrern so genannte „Schloßfräulein" morgens auf dem Schulwege ein.

Hitlers „Einstand" und die vorausgehenden Zeichen

Fast jede ernsthafte Krankheit, selbst ein grippaler Infekt, wird von Zeichen angemeldet, langfristig oder kurz vor dem Ausbruch. Ebenso senden politische Ereignisse, z. B. Revolutionen, ihre Schatten voraus. Aus diesem Grund sind wir angehalten, wahrgenommene Zeichen ernst zu nehmen, was aber der Mensch gerne verdrängt, weshalb dann die Erschütterung umso größer ist. Es heißt dann: Ja, was hätten wir tun sollen? Was unsere Situation im Dritten Reich betraf, war es höchst gefährlich, nur einen Laut der Skepsis von sich zu geben!

In atemberaubender Schnelligkeit hat Hitler zuerst die hohe Arbeitslosen-Zahl dezimiert und Arbeitsplätze geschaffen. Es begann weiter sehr bald der Bau von Autobahnen und Straßen, um nur einiges zu nennen. Über dieses Projekt hegte man zunächst keinen Argwohn. Jedoch bereitete der sogenannte Bau des „Westwalls" im Hunsrück nahe der französischen Grenze Stirnfalten. Zeichen! Wofür?

Hitler benutzte in seinen Reden gerne den Ausdruck „Vorsehung“, woraus viele meinten, seine religiöse Einstellung entnehmen zu können?! – Es ereignete sich an einem Sonntag. Vor der Friedenskirche standen viele Menschen ohne daß sie die Kirche betreten konnten, weil alle Türschlösser mit einer festen Masse verschmiert waren. Ebenso der Schaukasten mit schwarzer Tinte begossen. Das wiederholte sich!

Unsere Familie erfuhr von Lagern, in denen Andersdenkende inhaftiert wurden. Der Einwand, vorsichtig zu sein, da man nicht wisse, ob diese Information richtig sei, wurde entkräftet, als der aus dem Lager entlassene Mann sein Hemd auszog und wortlos seinen geschundenen Oberkörper zeigte! Es gab also tatsächlich diese Konzentrationslager, genannt „KZ“.

Die Reichskristall-Nacht 1938 und die Wannsee-Konferenz

Der Antisemitismus des NS lag in der Luft, die Vernichtung der Juden beschlossen auf eben dieser Konferenz, die geheim war. Erst nach dem Kriege erfuhr die deutsche Bevölkerung Einzelheiten über diese Konferenz. – Der Reichskristall-Nacht voraus erfolgten Aufkleber an den Schaufenstern jüdischer Geschäfte: „Volksgenossen, kauft nicht bei Juden“. Der nächste Schritt war die Demolierung dieser Läden und die brennende Synagoge!

Viele Menschen hörten, daß nachts pausenlos Güterzüge unterwegs waren. Warentransport? Nein, es waren Menschen-Transporte – wohin? Briefchen zwischen den Gleisen und am Rand dieser belegten, daß es sich um jüdische Menschen handelte! … Was besagten diese Zeichen?

Mobilmachung 1938 und 1939 Beginn des Krieges

Dicht an dicht standen die glänzenden Karossen im Schloßhof und wir erfuhren, daß alle Privatautos „eingezogen“ wurden. – Daß eine Konferenz in München stattgefunden hatte mit dem Versuch, einen Krieg zu vermeiden, entließ die beiden Außenminister, von England und Frankreich resigniert ... Es handelte sich um eine Schein-Konferenz, denn Hitler hatte den Krieg fest in seiner Planung. Lapidar wurde durch den Rundfunk mitgeteilt, daß Aggressionen zufolge eine Intervention im Westen und Osten notwendig sei! Das Programm Hitlers lief planvoll ab, Frankreich und Polen waren schnell erledigt und weiter ging es im Osten!

Die Offensive in Rußland verlief zügig, und die russische Bevölkerung empfing die deutschen Soldaten als „Befreier“, Sondermeldungen ertönten über den kleinen Volksempfänger!

Unser Vater lächelte milde, aber bitter – denn er war in Rußland aufgewachsen und kannte das Land – mit den Worten: „Wohin schickt denn dieser Hitler die armen Soldaten in das Land der Unendlichkeit, der Wälder und Sümpfe, der großen Flächen von Mooren und nur mäßigen Straßen?“ Der Winter war angebrochen, die Kleidung der Landser total unzulänglich! Die deutsche Bevölkerung mußte zwangsweise Pelzmäntel abgeben und Skier. – Der russischen Sprache wegen war unser Vater inzwischen eingezogen in die Etappe. Während seines ersten Urlaubes berichtete er von der veränderten Stimmung der russischen Bevölkerung in den besetzen Gebieten. Partisanen zogen bewaffnet durch die Wälder und erschossen deutsche Soldaten, wo immer sie konnten!

Auch unsere Mutter wurde der russischen Sprache wegen gebeten, überall dort, wo russische Frauen, inzwischen aus Ruß-

land gebracht, arbeiten mußten, mit Übersetzungen zu helfen. Die massiven Drohungen seitens der Vorgesetzten verboten aber aus menschlichen Gründen oft, eine korrekte Übersetzung vorzunehmen. Zum Beispiel: Tod bei Schwangerschaft …

Kriegsverhältnisse im Lande

Feindliche Geschwader überflogen unser Land, die ersten Bomben fielen über unseren Städten, Lübeck war die erste, es folgten weitere Städte, die heimgesucht wurden. Unser Leben erfuhr eine große Veränderung, weil der „Fliegeralarm", nur kurzfristig von der Entwarnung unterbrochen, unser Leben in den Luftschutzkeller verlegte.

1943 verschlechterte sich die militärische Situation im Osten durch Einkreisungstaktik der Russen, wobei Stalingrad, total abgeschnitten für die deutsche Wehrmacht, große Verluste brachte. Der harte Winter beschleunigte die Katastrophe, die auch einen Wendepunkt im Kriegsgeschehen brachte.

Anfang des Jahres wurden die Studenten der „Weißen Rose" hingerichtet, was allgemein nicht bekanntgemacht wurde. Unsere Familie war aber im Bilde, ohne den Verwandten in München beistehen zu können. Um eine Wiederholung zu vermeiden, verweise ich auf andere Arbeiten von mir im Frieling-Verlag.

Mühevoll verging das Jahr 1944, das Attentat auf Hitler wurde allerdings der Bevölkerung mitgeteilt. Alle Zeichen liefen auf ein baldiges Ende des Krieges hin, wobei durch vermehrte Bombardements unzählige Menschen ihr Leben verloren.

Das Ende des Krieges

Anfang März 1945 kamen wir aus den Luftschutzkellern nicht mehr heraus, wodurch die belastete Situation eine ungeheure Herausforderung bedeutete. Am 17. März sehnte sich der Körper derart nach Ruhe, daß wir uns in die Wohnung zurückgezogen ins Bett legten! Aber schon im nahenden Morgen schockartig aus dem Schlaf durch Bombeneinschläge geworfen und im Keller gelandet, zogen wir uns dort schnell an. Der nun folgende Luftangriff war der größte und der schlimmste, der unsere Stadt in Trümmer legte. Verschont blieben nur die Außenbezirke, zu denen auch wir gehörten.

Der Himmel über der Stadt war rot vom Feuer! Vom gegenüberliegenden Ufer des Mains, wo bereits die Amerikaner waren, trafen mehrere Granatsplitter „unser" Schloß, wobei einer direkt neben mir in die Erde zischte – ich blieb verschont, und so erlebten wir die Besetzung des Schlosses, die uns bald anwiesen, unsere Wohnungen aufzusuchen und abzuwarten ... – Nur ein einziges Mal in meinem Leben habe ich das dankbare Gefühl gehabt, überlebt zu haben.

Nie auslöschbare Bilder sind in meiner Erinnerung geblieben von den Trümmerfeldern, die der Krieg hinterlassen hatte – jeder Logik entbehrend! Mühevoll fanden sich die Familien zusammen durch Aufschriften an den noch stehenden Mauern: „Wir leben", aber viele hat der Tod für immer getrennt! Das Freimachen der Straßen von Trümmern folgte sofort und bedeutete eine ganz besondere Ära der Nachkriegszeit, denn viele Frauen, die „Trümmerfrauen" genannt, halfen noch verwendbare Steine zu sammeln. Neues würde dann wieder entstehen, so eine Kirche, die nur aus diesen Reststeinen gebaut wurde als Mahnmal! Das Stehenlassen des Unerklärlich und Unbegreiflichen war nun angezeigt, aber das Innewerden, auch nach so vielen Jahrzehnten – ja, das sollten wir! Und im übrigen ist es etwas nicht aus unserer Seele zu Entfernendes. Es ist vielmehr Bestandteil unseres Lebens, unseres Menschseins geworden. Gleichzeitig prüfend und mahnend, auch reifend für das neu zugedachte Leben …!

Von meinem Bruder war nun keinerlei Nachricht bis zu uns gedrungen, aber eines Nachts flogen Steinchen an das Fenster – da war er wieder aus amerikanischer Gefangenschaft entlassen. In Heidelberg hat er dann sein Medizinstudium fortsetzen können.

Hiroshima und Nagasaki

Die Nachricht vom amerikanischen Abwurf der Atombombe in Japan am 6. August 1945 zog mit Erschütterung und Empörung noch einmal in unsere Herzen! Bis zum heutigen Tage sind genetische Schäden unausmerzbar!

Das sogenannte Hungerjahr 1946 war insofern besonders schlimm, weil die älteren Menschen durch Entkräftung kaum noch Reserven hatten zum Überleben. Auf den Bauernhöfen liefen wir hinter den Traktoren und sammelten Kartoffeln ein, um dann am Abend einen kleinen Sack als Bezahlung mitnehmen zu können …

Der Strom der Flüchtlinge aus dem Osten wollte nicht enden. Die Menschen suchten neue Heimat in zerstörten Städten – auf dem Lande – und bei möglichen Verwandten.

Vergewaltigte Frauen und Mädchen konnten sich bei der Ärztekammer melden zwecks Indikation der Schwangerschaft! Wo begann, wo endete die Glaubwürdigkeit?! Und so wurden denn auch so manche „Iwans" geboren …

Ein neuer Anfang??

Einst knurrten – so vor sich hin, aber nur ein wenig – die Erwachsenen in einer kleinen ehrwürdigen Universitätsstadt. „Natürlich, die Mediziner!“ … 1947 fand der erste Ball nach dem Kriege statt! War dieses Ereignis noch zu früh nach dem schrecklichen Kriege? Ja und nein! Ich gehörte damals zu der Nein-Generation. Heute und nach einem langen Menschenleben finde ich mich bei den Ja-Empfindenden vor. Allerdings mit im Leben erfahrener Fähigkeit zur Toleranz.

Die Schwester ist zum Bruder extra angereist, und als wir aus den hell erleuchteten Schloßräumen hinaustraten, begann die Dämmerung dem heraufkommenden Morgen zu weichen. Sechs junge Menschen eingehakt – und viele andere auch – gingen den Burgweg hinunter in die noch mehr oder weniger schlummernde Stadt!

Epilog

Der Mensch ist von Beginn seiner Existenz an eingebunden in das Spannungsfeld Freude und Leid. Dieses als Lebensaufgabe zu meistern, sind wir angehalten, denn diesem zu entrinnen ist noch keinem Menschen gelungen. Es ist deshalb die Aufgabe aller Generationen, die uns vereint. Für den Einen früher, den Anderen später findet die Konfrontation mit dem Weltgeschehen statt und den persönlichen Ereignissen. Das tiefe Verständnis füreinander und untereinander zwischen den Generationen sollte uns Menschen deshalb vereinen, und wir sollten Verständnis haben für die Last derjenigen, die vor uns gelebt haben. Dazu dienen die Erinnerung und die uns überlieferten Berichte unserer Vorväter! Diese Solidarität unter allen Generationen hat auch etwas Entlastendes und Tröstliches in dem Sinne: Einer trage die Lasten und Freuden des Anderen, wozu ganz besonders die Freude gehört!

AUTORENSPIEGEL

Boenke, Dieter

Der Autor, Jahrgang 1928, wuchs im ostpreußischen Ebenrode unweit der litauischen Grenze auf. Während des Krieges geriet er in sowjetische Gefangenschaft, aus der er 1949 entlassen wurde. Er fand in Schleswig ein neues Zuhause, wurde Diplom-Verwaltungswirt und war dann bis zu seiner Pensionierung im Jahre 1990 bei der Post tätig, zuletzt als Personalstellenleiter.
Im Frieling-Verlag erschienen von Dieter Boenke das Buch „Verlorene Heimat – gefangene Träume. Ein Ostpreuße erinnert sich an Kindheit, Kriegsjahre und Gefangenschaft“ (1999) sowie Beiträge in acht Sammelwerken.
In der vorliegenden Anthologie erinnert der Autor an den Abschied aus Ebenrode am Ende des Zweiten Weltkriegs und ruft Erinnerungen an seine Jugendjahre wach.

Dietz, Alfred

Der 1920 in Frankfurt am Main geborene Autor erlernte den Gärtnerberuf, in dem er anschließend arbeitete, ehe er 1941 zur Wehrmacht eingezogen und bis 1944 an der Ostfront eingesetzt wurde, wo er eine schwere Kriegsverletzung erlitt. Nach dem Krieg absolvierte er an der Universität in Leipzig ein Studium der Mathematik und Physik mit Staatsexamen, arbeitete anschließend als Dozent an der Deutschen Hochschule für Körperkultur in Leipzig und ab 1955 an der Universität in Jena, wo er promovierte. Ab 1962 war er an der Pädagogischen Hochschule in Potsdam tätig, habilitierte und wurde schließlich Professor mit Lehrstuhl für Mathematikmethodik.
Nach seiner Emeritierung im Jahre 1985 vollzog Alfred Dietz einen Übergang von Fachpublikationen zu literarischen Arbeiten. Im Resultat dessen erschienen von ihm im Frieling-Verlag das Buch „Reichtum Leben. Streiflichter aus 90 glücklichen Lebensjahren“ (2011, ISBN 978-3-8280-2955-2) sowie Beiträge in elf Sammelwerken.
In dem vorliegenden Band berichtet der Autor mit Auszügen aus seinem Buch davon, wie er den Zweiten Weltkrieg erlebte.

Ebert, Hans

Der Autor wurde 1929 in Stettin geboren. Von Beruf Jurist, lebt er heute in Bad Salzdetfurth (Niedersachsen).
Hans Ebert kann auf eine Vielzahl von Veröffentlichungen verweisen, darunter Kurzgeschichten in Tageszeitungen, „Zitatensammlungen zur Wirtschafts- und Gesellschaftspolitik“ (Hildesheim 1975, 1979, 1983,

1987), „Betrachtungen eines Nichtpolitikers zur Wirtschafts- und Sozialpolitik" (Köln 1976) und Aufsätze in Fachzeitschriften. Im Verlag Haag+Herchen erschien sein Roman „Kennen Sie Ostbrandenburg?" (Frankfurt/M. 2004). Der Frieling-Verlag veröffentlichte von ihm den Roman „Stettin, Kochstr. 6" (1991) sowie weitere literarische Texte in 24 Sammelwerken.
In den beiden Romanen wird das in der vorliegenden Anthologie kurz und bündig behandelte Thema des vom Autor im Osten erlebten Kriegsendes jeweils ausführlicher geschildert.

Gritsch, Gisela
Die Autorin wurde 1934 in Ostpreußen geboren und lebt heute in Achim (Niedersachsen).
Von Gisela Gritsch erschienen im Frieling-Verlag das Buch „Ulli und Otti – Hitlerjugend und Gefangenschaft. Schicksale in Ostpreußen und Fünfeichen" (2000) sowie Beiträge in acht Sammelwerken.
In der vorliegenden Anthologie schildert die Autorin anhand der Schicksale mehrerer Freunde das Ende des Zweiten Weltkriegs und die Flucht aus Ostpreußen.

Jesse, Horst
Der Autor, Jahrgang 1941, ist Pfarrer der Evangelisch-Lutherischen Landeskirche in Bayern, verheiratet und hat fünf Kinder. Er gründete 1984 in Augsburg den „Bert-Brecht-Kreis" und promovierte an der Ludwig-Maximilians-Universität in München in Neuerer Deutscher Literatur über die Lyrik Bertolt Brechts.
Horst Jesse (www.dr-horst-jesse.de) veröffentlichte mehrere Bücher zu theologischen, kirchengeschichtlichen und literarischen Themen. Im Frieling-Verlag erschienen von ihm die Monografien „Leben und Wirken des Philipp Melanchthon" (1998) und „Friedrich Daniel Ernst Schleiermacher. Der Kirchenvater des 19. Jahrhunderts" (2002, ISBN 978-3-8280-1720-7) sowie publizistische und literarische Beiträge in insgesamt 29 Sammelwerken.

Madaus, Udo
Der Autor wurde 1924 in Radeburg bei Dresden in der Familie eines Arzneimittelfabrikanten geboren. Nach Krieg und Gefangenschaft nahm er ein Studium der Rechtswissenschaft auf, das er mit Examen und Promotion abschloss. Seit 1957 gehörte er der Firma Dr. Madaus & Co. an, zuletzt als Vorsitzender des Verwaltungsrates der Familiengesellschaft. Daneben war er ehrenamtlicher Richter beim Landgericht Köln.
Seit seiner Pensionierung im Jahre 1997 widmet sich Udo Madaus intensiv dem Tabuthema der Enteignungen und Konfiskationen in der

Sowjetischen Besatzungszone Deutschlands zwischen 1945 und 1949 sowie einer politisch motivierten Rechtsprechung zu dieser Frage durch das Bundesverfassungsgericht nach 1990. Im Ergebnis dessen erschienen von ihm im Frieling-Verlag die Bücher „Allianz des Schweigens“ (2003, ISBN 978-3-8280-1840-2), „Wahrheit und Recht“ (2006, ISBN 978-3-8280-2307-9), „Wahrheit und Recht. Sonderdruck“ (2007, ISBN 978-3-8280-2492-2) und „... damit die Wahrheit nicht vergessen wird!“ (2014, ISBN 978-3-8280-3180-7) sowie Beiträge in zwei Ausgaben der Anthologie „Die großen Themen unserer Zeit“ (2008 und 2013).
Auch in dieser Anthologie setzt der Autor sich mit den Geschehnissen nach dem Zweiten Weltkrieg in der Sowjetischen Besatzungszone und dem Umgang damit im Rahmen des Einigungsprozesses auseinander.

Melchert, Günther
Der 1936 in Köln geborene und dort lebende Autor war als Beamter, Industrieangestellter, Personalleiter, Arbeitnehmerberater und Mitarbeiter der Gewerkschaft Erziehung und Wissenschaft (GEW) tätig.
Günther Melchert ist Mitglied des Verbandes deutscher Schriftsteller (VS) und Gründungsmitglied der Kölner Literaturgruppe 78; er war Mitarbeiter des Werkkreises Literatur der Arbeitswelt und Vorstandsmitglied des Förderzentrums „Jugend schreibt“. Sein Schaffen umfasst unter anderem Romane, Erzählungen, Hör- und Fernsehspiele. 1987 erschien sein Erzählband „Die Uhr mit dem Tick“. Weitere Werke wurden in Zeitschriften und Anthologien des In- und Auslandes veröffentlicht, darunter in 66 Frieling-Sammelwerken. Zudem betätigte er sich als Mitherausgeber, Übersetzer und Lektor.
In der vorliegenden Anthologie erzählt der Autor von schrecklichen Ereignissen nach dem Zweiten Weltkrieg und deren Nachwirkungen im Leben der betroffenen Familie.

Meyer, Hans
Hans Meyer, Jahrgang 1932, aufgewachsen im hessischen Butzbach und Offenbach, wanderte 1974 mitsamt seiner peruanischen Frau und zwei Töchtern nach Brasilien aus. Als Rentner verwirklichte er den Jugendwunsch, zu schreiben. Aus seiner Feder stammen die beiden beim Frieling-Verlag veröffentlichten Bücher „Reisenotizen aus Peru“ (ISBN 978-3-8280-2534-9) sowie „Soldatenspiele im Gartenparadies, Butzbach, 1937-1946“ (ISBN 978-3-8280-2961-3), woraus Auszüge in dieser Anthologie wiedergegeben sind.

Müller, Gerlinde
Die Autorin wurde im Sudetenland geboren und wuchs nach dem Krieg in Köthen (Sachsen-Anhalt) auf, wo sie auch die Handelsschule be-

suchte. Danach war sie als Arztschreiberin und Sekretärin tätig. Seit ihrer Heirat lebt die Mutter von zwei Kindern in Gröditz.
Gerlinde Müller ist von jeher vielseitig talentiert: Sie war Balletttänzerin und Kunstturnerin, leitete eine Volkstanzgruppe, schreibt, malt und zeichnet und war zudem bis 2014 über zehn Jahre für einen US-amerikanischen Verlag als Illustratorin tätig. Literarische Texte aus ihrer Feder wurden in der „Sächsischen Zeitung“ sowie in insgesamt 20 Frieling-Editionen veröffentlicht.
Im vorliegenden Sammelband schildert sie das Kriegsende aus der Sicht ihrer Familie, die aus ihrer Heimat im Sudetenland vertrieben wurde.

Radusch, Dolly
Die Autorin wurde 1933 in Berlin geboren und wuchs in Berlin-Wannsee auf. Nach dem Studium der Kunsterziehung war sie von 1955 bis 1994 im Berliner Schuldienst tätig.
Schon als Kind verfasste Dolly Radusch kleine Gedichte und Verse für Geschwister, Mitschüler und Freundinnen. Später erfreute sie ihre Schüler und Freunde zum Beispiel mit Liedübersetzungen, Geburtstagsgedichten und Rätseln. Seit ihrer Pensionierung widmet sie sich der Malerei und Aufzeichnungen von historischen Ereignissen und Begebenheiten aus dem bürgerlichen Leben in Berlin-Wannsee. Beiträge aus ihrer Feder erschienen bislang in der „Berliner Morgenpost“ sowie in insgesamt fünf Frieling-Sammelwerken.
In den drei Erzählungen in der vorliegenden Anthologie schildert sie Szenen aus der Zeit nach dem Zweiten Weltkrieg.

Restetzki, Monika
Die in Berlin lebende Autorin wurde 1949 in Fürstenwalde/Spree geboren. Nach Abschluss der zehnklassigen Oberschule absolvierte sie eine Ausbildung zur Großhandelskauffrau. Anschließend arbeitete sie zunächst als Warenbuchhalterin, später als Zivilbeschäftigte bei der NVA und schließlich, nach Heirat und Geburt von zwei Kindern, als Lohnbuchhalterin. Nach der Wende war sie für einige Zeit in der Besucherinformation des „Museumsparks der Baustoffindustrie“ in Rüdersdorf sowie als Maßnahme-Leiterin tätig.
Von Monika Restetzki (E-Mail: monikarestetzki@aol.com), die sich heute vornehmlich dem Aufschreiben ihrer Familiengeschichte widmet, erschienen im Frieling-Verlag bislang Beiträge in sieben Sammelwerken. Im Wettbewerb um den Zeitzeugenpreis Berlin-Brandenburg errang sie 2009 den zweiten sowie 2010 und 2013 den ersten Preis.
In dieser Anthologie erzählt die Autorin eindrücklich von der Zeit nach dem Zweiten Weltkrieg und der Trennung der Familie zwischen Ost und West.

Richter, Elfriede
Die 1929 in Ascheberg im südlichen Münsterland geborene Autorin absolvierte an der Universität in Münster ein Studium der Biologie, Geografie und Chemie. Später war sie am Mädchengymnasium in Lüdinghausen sowie am Gymnasium Augustinianum in Greven tätig.
Im Stuttgarter Trias Verlag erschien von Elfriede Richter der Ratgeber „Ich habe Asthma, mir geht es trotzdem gut“. Im Frieling-Verlag wurden von ihr in insgesamt 16 Ausgaben der Sammelwerke „Im Regenbogenland“ und „Frieling's Tierleben“ Geschichten veröffentlicht, die vornehmlich, aber nicht nur im Bereich der heimatlichen Flora und Fauna angesiedelt sind. Außerdem publizierte sie zeitkritische Beiträge in der Sonderanthologie „Kapitulation und Neubeginn in Deutschland“ und in „Damals war's (2011, 2013, 2014).
Im vorliegenden Sammelband berichtet die Autorin von ihrer Kindheit im Zweiten Weltkrieg.

Schienmann, Gabriele
Gabriele Schienmann ist diplomierte Juristin, verheiratet und hat zwei Töchter. Vor einigen Jahren entdeckte sie ihre Liebe zum Malen und Schreiben. Vor allem ihre drei Enkel beflügeln die kreativen Talente der Autorin und inspirieren die Großmutter, ihren Phantasien nachzugehen und diese in Bilder und Geschichten umzusetzen.
Inspiriert durch die phantasiebegabte und sportbegeisterte jüngste Generation schrieb sie das Kinderbuch „Die Geschichte von der zahnlosen Minka, der besten Fußballtrainerin von Klein Kleckersdorf“, die im Frieling-Verlag Berlin erscheint (ISBN 978-3-8280-3243-9).

Schneider, Hans-Ulrich
Hans-Ulrich Schneider, Jahrgang 1949, erlernte im Kaliwerk in Bischofferode den Beruf eines Schlossers. Nach dem Studium in Eisleben arbeitete er als Ingenieur für allgemeinen Maschinenbau und, nach einer weiteren Qualifikation, als Konstrukteur im Technischen Büro des Kaliwerkes bis zu dessen Schließung im Jahre 1994. Anschließend übte er zeitlich befristete Tätigkeiten in weiteren Unternehmen aus. Eine fortschreitende Parkinson-Erkrankung zwang ihn zur vorzeitigen Berufsaufgabe. Der Autor lebt in seinem Geburtsort Werningerode. Im Frieling-Verlag erschienen seine Erinnerungen an die DDR unter dem Titel „Improvisieren großgeschrieben“ (ISBN 3-8280-3129-6).

Schupp, Walter
Der Autor, 1934 in Königsberg (Ostpreußen) geboren, wurde im Januar 1945 aus der Heimat vertrieben. Nach der mittleren Reife und einer Ausbildung zum Chemielaboranten verließ er 1955 die DDR.

Neben seiner beruflichen Tätigkeit ließ er sich zum Chemotechniker ausbilden und arbeitete anschließend bis zu seiner Pensionierung in verschiedenen Laboratorien der chemischen und pharmazeutischen Industrie.

Wehrt-Schmorell, Brigitte

Die 1925 in Moskau als Kind deutscher Eltern geborene Autorin erlebte zwei Kulturen und Sprachen während zweier Diktaturen von Stalin und Hitler. Ihre langjährigen Berufserfahrungen als Physiotherapeutin hat sie im zweiten Beruf fortgeführt mit Menschen in Grenzsituationen im Rahmen der Seelsorge und in einem Team von evangelischen Theologen an einer Universitätsklinik. Sie lebt mit ihrem Mann, einem Naturwissenschaftler, in Hamburg und hat an seinen langjährigen interdisziplinären Gesprächen zwischen Naturwissenschaftlern und Theologen und an seinen Studien, die immer stärker zu humanökologischen Fragen führten, intensiv teilgenommen.
Von Brigitte Wehrt-Schmorell erschienen im Frieling-Verlag die Bücher „Von der Dreiergemeinschaft Arzt, Patient und Seelsorger" (2008, ISBN 978-3-8280-2600-1) und „Erlebtes Leben unter Stalin und Hitler" (2009, ISBN 978-3-8280-2767-1) sowie Beiträge in den Sammelwerken „Die großen Themen unserer Zeit" (2009 und 2011), „Damals war's" (2009–2012, 2014) und „Autoren im Dialog" (2013, 2014).

Wild, Uschi

Die Autorin wurde 1932 in München im Atelier ihres Vaters, eines Kunstmalers, geboren. Sie absolvierte eine Lehre als Schneiderin und arbeitete in München unter anderem für Künstlerinnen und Künstlerfrauen. Später zog sie in die Schweiz, wo sie bei Textilfirmen beschäftigt war, heiratete und dann in einer Stellenvermittlung für Italiener tätig war. Nach der Geburt des ersten Kindes zog die Familie nach Holland. Hier hatte Uschi Wild, die schon in jungen Jahren zu malen begann, 1971 ihre erste eigene Ausstellung, der weitere folgten. Später führte sie Töpfer-, Mal- und Zeichenkurse durch und engagierte sich für Ausstellungen ihrer Kursisten.
Seit vielen Jahren schreibt die Autorin an ihren Lebenserinnerungen. In zwölf Frieling-Editionen erschienenen bereits autobiografische Texte aus ihrer Feder. In diesem Band präsentiert sie zwei in ihrer Kürze und Prägnanz zum Nachsinnen anregende Geschichten.

Windecker, Wolfgang A.

Der Autor wurde 1949 in Frankfurt am Main geboren. Nach einem Studium der Wirtschaftswissenschaften in seiner Heimatstadt legte er das Examen als Diplom-Handelslehrer ab und ging dann an eine berufs-

bildende Schule in Alfeld (Leine), Niedersachsen, wo er bis zu seiner Pensionierung als Oberstudienrat tätig war.
Im Frieling-Verlag erschienen von Wolfgang A. Windecker die Romane „Fußballerküsse schmecken bitter“ (1993) und „Anna Maria: Der letzte Kampf einer einsamen Frau“ (1995), der Erzähl- und Gedichtband „Der alte Mann und der Fußball“ (2001) sowie weitere literarische Texte in 54 Sammelwerken. Darüber hinaus wurden von ihm der Roman „Der große Bär muß sterben“ (1988) sowie die Gedichtbände „So gesehen“ (1989) und „Ganz in der Nähe“ (1992) publiziert.

Reise, reise!

Ausflüge – Fahrten – Impressionen

Wenn einer eine Reise tut, dann kann er was erzählen. Diese alte Volksweisheit liegt dem Jahrbuch *Reise, reise!* zugrunde. Es sammelt und präsentiert Erlebnisse, Impressionen und Erfahrungen von Autoren, die diese auf ihren kleinen und großen Reisen innerhalb der Heimatlande, zu den europäischen Nachbarn oder auf fernen Kontinenten gesammelt haben.

Wer sich in diesem Sinne auf den Weg macht, wer mit wachem Verstand und offenem Herzen die Straße betritt, der wird die Vielfalt der Welt mit neuen Augen sehen und sich dabei nicht lange wundern, dass Schönes, Bestaunens- und Erzählenswertes einmal ganz fern, ein anderes Mal aber gleich hinter der nächsten Wegbiegung zu finden ist.

Die hier gesammelten Beiträge zeugen von Entdeckerlust und Welt-Erfahrung. Farbenfrohe Erlebnisberichte, spannende Erzählungen und Gedichte malen ein facettenreiches Bild von Menschen und Natur, Stadt und Land. *Reise, reise!* erzählt von verborgenen Orten, prägenden Begegnungen, von Sitten und Gebräuchen der Menschen nah und fern. Fotos, Zeichnungen und andere Illustrationen unterstreichen den vielfältigen Charakter der Texte und verleihen ihnen zusätzlichen Reiz.

Einsendeschluss: 30. März · Erscheinungstermin: Juli

In diesen Sammelband können Fotos und Illustrationen aufgenommen werden.

Welt der Poesie

Almanach deutschsprachiger Dichtkunst

Im Zeichen Euterpes, der „Erfreuenden“, Muse und Schutzgöttin der Lyrik, steht diese Frieling-Anthologie. Sie führt in moderner, kreativer Weise die traditionsreiche, vor allem in der deutschen Klassik und Romantik ausgeprägte Publikationsform des Musenalmanachs fort, in dem Poetinnen und Poeten ihre neuen Gedichte präsentieren können. Beim meist klangvollen, mitunter auch bewusst gegensätzlichen Spiel der Poesie kommt deren ganzer Formenreichtum zum Tragen – vom eher volksliedhaften Liebes- oder Naturgedicht über die Gedanken-, Laut- und Spruchlyrik, die feierliche Hymne oder Ode bis hin zu experimenteller Dichtung. Diese Lyrik-Anthologie vereint die unterschiedlichsten Vertreter jener besonderen Zunft von „Irrlichtern, die überall das Gold herauslecken“ (Hugo von Hofmannsthal). Jede poetische Klangfarbe ist gefragt.

Mit *»Welt der Poesie«*, dem Almanach der deutschsprachigen Dichtkunst, bereichert der Frieling-Verlag Berlin den deutschsprachigen Buchmarkt mit einer Edition, an der sich sowohl die Schöpfer der Poesie als auch deren geneigte Leser erfreuen können. Hierzu leistet die gediegene bibliophile Ausstattung des Hardcovers, einschließlich der Ausstattung mit einem Leseband, ihren Beitrag.

Einsendeschluss: 25. Mai · Erscheinungstermin: Oktober

In diesen Sammelband können Fotos und Illustrationen aufgenommen werden.

Autorenstimmen

Rita Reutter an den Verleger und Herausgeber der Frieling-Anthologien: Ihrem Verlag kann sich jeder Autor ruhig anvertrauen, denn hier stimmt alles: Aufmachung, Gestaltung (mit Fotos und Zeichnungen), Inhalt der Texte und eine kompetente Beratung durch qualifizierte Mitarbeiter.

Claudia Herber zu den Frieling-Anthologien: Es macht mich sehr glücklich, meine Textbeiträge unter dem Logo »Frieling-Verlag« und mit anderen Autoren Ihres Hauses zu veröffentlichen.

Hans Ebert zur Anthologie »Welt der Poesie«: Dieser Tage erhielt ich die Belegexemplare der Anthologie. Ich sage hierfür besten Dank; erstaunt konnte ich angesichts der Reichhaltigkeit des Inhaltes schon beim ersten Durchblättern feststellen: „Das Gedicht lebt!!"

Wolfgang Schuster zu Anthologie »Damals war's«: Die Anthologie ist meines Erachtens eine wichtige Sammlung von Zeitzeugenberichten, die in unserer heutigen, schnelllebigen Zeit und Spaßgesellschaft sonst kaum noch beachtet werden. Auch finde ich den Band im Erscheinungsbild sehr ansprechend und gelungen.

Rudolf Peter Wachs zum Sammelband »Die großen Themen unserer Zeit. Autoren im Dialog«: Bei diesem Buch ging es mir, wie bei den bereits erschienenen auch: Es ist ein Augenblick der Zufriedenheit, einen Text fertiggestellt zu haben. Diesen dann gedruckt und gebunden in den Händen zu halten, ist ein magischer Moment. Diesen zu schaffen, wird wohl dem E-Book versagt bleiben.

Nancy Steinhoff zur Edition »Ly-La-Lyrik«: Der Verlag, die Autoren sowie die Leser werden sicherlich ihre Freude an dieser Edition haben, denn die ganze Ausstattung des Lyrik-Bandes ist wieder einmal hervorragend gelungen, und gerade zur Osterzeit wurde die Frühlingsanthologie in meinem Verwandten- und Bekanntenkreis gerne gekauft und verschenkt.

Niklas van Thorn zum Frieling-Verlag Berlin: Informationsmaterial, Autoren-Service und nicht zuletzt die Text- und Buchgestaltung bilden eine vorzeigbare und recht überzeugende Gesamtleistung, die kaum Wünsche offenlässt (wobei ich es als Freund der Vielfalt sehr zu schätzen weiß, dass selbst extrem unterschiedliche Autoren „unter Ihrem Dach" vertreten sein dürfen). Weiter so – im Sinne der Vielfalt, aber auch der Qualität!

Dagmar Graß zum Jahrbuch »Auslese zum Jahreswechsel«: Die Auswahl der Beiträge, die Umschlaggestaltung, der Einband selbst, das Schriftbild, die Möglichkeit, das Buch als Geschenk persönlich adressieren zu können, und nicht zuletzt der Preis – es stimmt einfach alles! Auch die Zusammenarbeit mit dem Lektorat war genau so, wie ich es mir immer vorgestellt habe: schnell, konstruktiv, kollegial und sehr korrekt.

Christian Barsch zum Frieling-Verlag Berlin: Ich bin glücklich, dass der Frieling-Verlag existiert und sich seit vielen Jahren fachmännisch und verständnisvoll meiner bescheidenen Arbeiten annimmt; er bildet seit diesen vielen Jahren über allem Zerfließen, nicht zuletzt dank seiner wohltätige Ordnung ausstrahlenden Zuverlässigkeit, eine feste und beständige Größe in meinem Leben.

Thomas Fix zur Anthologie »Welt der Poesie«: Man meint, eine moderne Form der romantischen Liedersammlungen von Brentano oder von Arnim vor sich zu haben. Machen Sie weiter so!

Monika Kasüschke an den Verleger und Herausgeber der Anthologie »Welt der Poesie«: Es ist ein ganz besonderer Moment für mich, meine Texte abgedruckt und eingebunden in diesem wieder wundervollen Band zu sehen. Danke, dass Sie diese Anthologie speziell auch für kreatives Schreiben anbieten.

Marc Lüger zum Jahrbuch »Auslese zum Jahreswechsel«: Die »Auslese zum Jahreswechsel« ist ein sehr ansprechendes Buch mit guten Texten, das auch durch seine exklusive Gestaltung überaus positiv auffällt.